नटी

(उपन्यास)

लोकभारती प्रकाशन
पहली मंजिल, दरबारी बिल्डिंग, महात्मा गाँधी मार्ग, इलाहाबाद-1

नदी

महाश्वेता देवी

लोकभारती प्रकाशन
पहली मंजिल, दरबारी बिल्डिंग, महात्मा गाँधी मार्ग
इलाहाबाद-211 001
वेबसाइट : www.lokbhartiprakashan.com
ईमेल : info@lokbhartiprakashan.com
शाखाएँ : 1-बी, नेताजी सुभाष मार्ग, दरियागंज
नई दिल्ली-110 002
अशोक राजपथ, साइंस कॉलेज के सामने
पटना-800 006 (बिहार)

संस्करण : 2013

इण्डियन प्रेस प्राइवेट लिमिटेड
इलाहाबाद-211002 द्वारा मुद्रित

NATI
by Mahashweta Devi

ISBN : 978-81-8031-782-8

मूल्य : ₹ 300

युवनाश्व को!

નટી

एक सौ साल पहले की बात है। ग्वालियर शहर के राजपथ पर रंगारंग जुलूस निकला है।

विशाल हाथी, ख़ूबसूरत अरबी घोड़े और ऊँटों का काफिला उस जुलूस में आगे बढ़ रहा है। दौड़ में शामिल जन-समुदाय के बीच रह-रहकर नकीब की आवाज़ सुनायी पड़ती—हटो, हटो।

राह-बाट गर्द-गुबार से भर गये हैं, आँखों में धुँधलापन तैर रहा है। दुकानों की बत्तियाँ महीन मलमल की ओट में निस्तेज सितारे-जड़े बेल-बूटों-जैसी लग रही हैं।

गूजर बालाएँ जुलूस के रेले से बचती हुई चमकदार पीतल की कलसियों में दूध और घी लेकर जा रही हैं। छत्ते से निकाला हुआ शहद, मिठाई और रबड़ी-काँजी की मटकियाँ बेच रही हैं। मालिनों का दल चिल्ला रहा है—कमल, कमल, चम्पा, चमेली-बेला के गजरे। तरबूज बेचनेवाला हरे तरबूज को काटकर और उसके एक हिस्से को उठाकर चिल्ला रहा है—ज़मीन में पैदा होने के बावजूद इसकी खुशबू और स्वाद बहिश्त के जैसा है।

अमरूद की टोकरी माथे पर रख मुसलमान विक्रेता चिल्ला रहे हैं—अमरूद! अमरूद! चमड़े की मशक कन्धे पर रखे भिश्ती पानी छींट-छींटकर सड़क भिंगो रहा है। प्यासे घोड़े हौज में मुँह डालकर पानी पी रहे हैं। आराम और शीतलता से उनके बदन के रोंगटे खड़े हो गये हैं। तिरछी निगाहों से एक बार वे भी जुलूस की ओर देख लेते हैं और हिनहिनाकर उसकी तारीफ करते हैं। दूसरों के दुःख से दुःखी होनेवाले साईस यद्यपि उम्र की लम्बी सरहद लाँघ आये हैं लेकिन आज वे भी शरीफ हो गये हैं। घोड़े की पीठ थपथपाकर कहते हैं, "हाँ बेटे, पहले प्यास बुझा लो।"

भिल्सा, शिपरी से होकर आगरे के आदमियों की जमात ग्वालियर के जुलूस में शामिल होने के लिए ढोलपुर की सड़क पर इकट्ठी हो रही है।

आज तानसेन का सालाना उर्स है। उनके समाधि-प्रांगण में बहुत बड़ा जलसा होनेवाला है। गायक और गायिकाओं का दल किरण फूटने के पहले ही संगीत-गुरु की समाधि के पास आकर श्रद्धाञ्जलि अर्पित करेगा। भक्तों का समुदाय आशीर्वाद पाकर कृतार्थ होगा।

राजा-रजवाड़ों के सभा-गायक हाथी की पीठ पर रखे हौदे पर सवार होकर आ रहे हैं। काशी, लखनऊ, फिरोजपुर, ढोलपुर, रामनगर और आगरे की शीशमहल में रहनेवाली ख़ूबसूरत औरतें तामजान, पालकी और मियानों पर बैठकर आ रही हैं। कोई

संगीत के लिए मशहूर है, तो किसी के वंकिम कटाक्ष और नृत्य पर घुँघरू-बँधे पाँवों के ताल में नवाब साहब बन्दी हैं। कोई अपनी ख़ूबसूरती के लिए ही मशहूर है, उसके हाथ के जाम से शराब न मिले तो काशी के बड़े-बड़े घरानों के नौजवानों की शाम ही फीकी हो जाती है। वे लोग दीवार से घिरे लम्बे-चौड़े सहन में मियाँ तानसेन और गुरु मुहम्मद गौस के मज़ार के एक किनारे बैठी हैं। शाम की रोशनी में तानसेन का मकबरा झिलमिला रहा है।

सिन्धिया दफ़्तर का कोई मुलाजिम ज़मीन में दो मशालें गाड़कर खड़े-खड़े पहरा दे रहा है। उर्स में शामिल होनेवाली औरतें अपना गहना-जेवर और रुपया-पैसा सावधानी से रखें, इसके लिए वह ऊँची आवाज़ में निहोरा कर रहा है।

एक ओर लाल रेशम के टोपदार तम्बू खड़े हैं। दीवार के बाहर भी तम्बू गाड़े गये हैं। वहाँ नौकर-चाकर अपने-अपने मालिकों की रास्ते की थकावट दूर करने के लिए गरम पानी और दूध का इन्तजाम करने में लगे हैं।

मालिक-मालिकों से मुलाकात होती है तो बार-बार 'रहीम-रहीम', 'राम-रहीम' और 'राम-राम' सुनायी पड़ता है। कोई एक मालिक अपने कान के हीरे को चमकाकर दूसरे मालिक से पूछ रहा है, "खाँ साहब, अबकी राग हिण्डोल का फैसला हो जायेगा? दूसरा मालिक भी अपने गले के असली मोती के हार को तसबीह की तरह फेरता हुआ कहता है, "क्यों नहीं, मिसिर जी? लेकिन बात यह है कि राणा साहब के साथ आज ही हैदराबाद जाना पड़ रहा है।"

दोनों एक-दूसरे को चुनौती दे रहे हैं और शिकारी की तरह मूँछों की ओट में मुस्कुरा रहे हैं।

किसी एक खेमे में एक मानिनी रूठकर बैठी है। घबराया हुआ सेठ हाथ जोड़कर खड़ा है। उसके मान का कोई ओर-छोर नहीं—पिछले वर्ष उसने जो हार पहना था उसी हार को वह इस वर्ष पहनने को तैयार नहीं, क्योंकि काशी की कमल इस वर्ष नया जेवर पहनकर आ रही है।

सेठ निहोरा कर रहा है—देवी यदि प्रसन्न हों तो वह निवेदन करना चाहता है कि बीजापुर का सबसे बड़ा जौहरी अम्मलचाँद अबकी असली हीरा और पन्ने का एक सेट जेवर लेकर आया है—बस, ख़रीदने-भर की देर है।

किसी-किसी खेमे में धूप का धुआँ ऊपर की ओर उठ रहा है और मीठी-मीठी ख़ुशबू फैल रही है। लम्बी चोटी गूँथे, साफ़-सुथरी बिना किनारे की साड़ी पहने उसकी मालकिन वीणा को अपनी गोद में रख मीठी-मीठी झंकार पैदा कर रही है और—

...मुरलिया नहीं बोले श्याम नाम...

गुनगुनाहट भरी ध्वनि धीरे-धीरे रागिनी पटमंजरी को मूर्त रूप दे रही है। लगता है, लम्बे अरसे तक साधना करते रहने के कारण आज रात वह रागिनी को साकार

रूप ही देगी और पति वियोग से शीर्ण, उज्ज्वल कांचनवर्णा; प्रिय विरह से अधीर पटमंजरी सम्भवतः उसे स्वयं आशीर्वाद देगी।

किसी तम्बू से अधूरे गीतों के पद फुलझड़ियों की तरह उमड़ रहे हैं। गायक का रेशमी कुरता पसीने से भींग गया है, चेहरे पर मुस्कुराहट तैर रही है, उँगली की अँगूठी से रोशनी छिटक रही है, मोती का हार ऊपर-नीचे उठ-गिर रहा है—सारंगी और तबले पर संगत करनेवाले मुग्ध होकर बीच-बीच में शाबाशी दे रहे हैं। कुशल गायक स्वर और कथा की अवहेलना कर ताल-ताल पर उन्हें नचाकर फेंक देते हैं और फिर नये कौशल से पकड़ लेते हैं।

चन्देरी साड़ी, हीरा-मोती, गलीचा, चन्दन की लकड़ी के असबाब लेकर बनियों का जत्था बड़े-बड़े तम्बुओं के पास आ-जा रहा है। पिछले साल बाई-साहबों की जमात ख़ुश थी, हज़ारों रुपये का माल बिका था। अबकी अगर फरमाइश करें तो वे लोग असली चीज़ें दिखाने को राजी हैं।

इस भीड़-भाड़ से अलग हटकर उस ओर भी कई तम्बू हैं। उनमें रहनेवाली औरतों की हालत खस्ता है, उनके चेहरे पर उदासी की छाप है, सुख की जो भी स्मृतियाँ उनके पास हैं, वे सब-की-सब बीते दिनों की हैं। वर्तमान और भविष्य—दोनों उनके लिए एक ही जैसे हैं, अँधेरे से भरपूर।

कभी काशी, फिरोजपुर, लखनऊ और आगरे तक उनकी ख्याति फैली थी। सेठों और नवाबों की चहेती बनकर वे उनके घरों पर रहती थीं। नौजवान मालिकों से रुपया-पैसा पाकर शीशमहल में बैठकर नाचती-गाती थीं, शीशे के जाम में शराब ढालकर सबको देती थीं और कजरारी निगाहों से चोट किया करती थीं। जवानी बीत जाने पर या मालिकों की तबीयत में बदलाव आ जाने पर उनके दिन बीत गये हैं। ऐसी हालत में झाँझर नाव की तरह वे घाट की तलाश करती रहती हैं। यही उन लोगों की नियति है। दुनिया का मालिक भी उस नियति को अब नहीं बदल सकता।

हर साल वे तानसेन के उर्स पर आती हैं। मियाँ तानसेन शाहंशाह के दरबार के गायक थे। उनके नाम में ही जादू था। गीत ही उनका प्राण था और प्रेम ही विलासिता। उनके ध्यान में जीवन-भर राग-रागिनियाँ आकार धारण करती आयी थीं। ध्यान टूटने पर वे मूर्तियाँ मरीचिका की तरह ग़ायब हो जातीं। ध्यान के जगत् की मायामयी मूर्तियों को वे पकड़ नहीं पाते थे शायद इसीलिए तानसेन का व्यक्तिगत प्रेम भी बिना ताल-मेल का था, ख़ामख़याली और दुर्निवार। तानसेन संगीत-साधकों के उस्ताद थे, उनका मजार तीर्थ-स्थान है। उसी तीर्थ-स्थान में हर साल विगत यौवना अभागिन औरतें आकर इकट्ठी होती हैं। धूपबत्ती जलाकर श्रद्धा के साथ प्रणाम करती हैं और आनेवालों के मनबहलाव की कोशिश में एक तम्बू से दूसरे तम्बू का चक्कर लगाती हैं।

इसी तरह के एक तम्बू में एक धुँआती हुई बत्ती जल रही है और उसकी फीकी छाया में पुआल के बिस्तरे पर रोशन लेटी है। दुबली-पतली भुजाएँ निढाल पड़ी हैं। साथ में आयी तीन अन्य औरतें मीठे स्वर में फातिहा पढ़ रही हैं। मृत्यु-पथयात्री को कुरान की आयतें सुना रही हैं। रोशन की बग़ल में मुट्ठी-भर जूही के फूल की तरह मोती, रोशन की दो साल की बच्ची, लेटी है। इतनी बड़ी मुसीबत की टोकरी उसके सिर पर है, फिर भी वह इतने इत्मीनान के साथ लेटी है कि नजर पडे तो मौत को भी रहम आ जाये। बूढ़ा हकीम बग़ल में बैठा है।

रोशन को अभी मृत्यु के बारे में कोई ख़याल नहीं है। उसकी आँखों में अभी भी सिर्फ एक नौजवान की प्रेमभरी दृष्टि नाच रही है और कानों में गूँज रहा है बहुत दिन पहले सुना हुआ किसी जाने-पहचाने कण्ठ का उच्छ्वास—

एक झलक दिखा जाता तो तेरा क्या जाता
ओ गरीबों के मजारों से गुज़रनेवाले.........

दिल्ली की नर्तकियों में रोशन अपना कोई सानी नहीं रखती थी। उसके रक्त में पूनम के सागर की आकुलता थी। प्रेम की पुकार पर दीवानी होकर उसकी माँ घर छोड़कर निकल गयी थी। फिरोजपुर के नवाब के महल में उसका मुजरा चलता रहता था। तब कुल मिलाकर अठारहवीं सदी ख़त्म हो चुकी थी और उन्नीसवीं सदी की शुरुआत ही हुई थी। उस समय राजा-रजवाड़े और बादशाह हुकूमत करते थे। नाचनेवालियों की उन दिनों बहुत कद्र थी। उस जमाने की चहल-पहल ही कुछ और थी। राजपथ पर घोड़े की टापों के साथ जवानी का ख़ून हिलकोरें लेने लगता था, तलवार से तलवार और बर्छे से बर्छा टकराने लगता था। गुलाब, चमेली, बेला की खुशबू से लदी शाम उतरते ही, शीशे के झाड़-फानूस रोशनी से झिलमिलाने लगते थे। मखमल के गाव-तकिये से टिका विगत यौवन सामन्तवाद आराम कर रहा था और घुँघरुओं की रुनझुन से रंगीन घाँघरे में लहर पैदा कर नाचनेवालियाँ मीठे स्वर में गा रही थीं—

तिरछी नजर से मैं कैदी बनी हूँ...

इसी माहौल से जीवन-रस खींचकर रोशन लता की तरह फली-फूली और जवानी के भार से जिस्म थोड़ा झुक गया, काली-काली आँखों में अतल रहस्य उमड़ आया, प्रवाल-जैसे अधरों की हँसी पर मीठा स्वर उमड़ आया। रोशन की माँ से सबने कहा, अब लड़की की दौलत से माँ रानी हो जायेगी।

लेकिन तभी किस्मत ने पलटा खाया और रोशन के जीवन में प्रेम का आगमन हुआ।

रोशन सात पुश्तों से नाचनेवाली रही है। हृदय से खिलवाड़ करना यद्यपि उसका पेशा था लेकिन उसके ख़ून में थी प्रेम-दीवानी होने की व्याकुलता। प्रेम दुर्निवार रूप

में आया और समुद्र की तरह उसे बहाकर ले गया। एक व्यक्ति के चेहरे पर नज़र पड़ते ही रोशन लाल गुलाब की नाईं असह्य पीड़ा और आनन्द से खिल उठी। मगर उसके प्रेमी के पास दिल नाम की कोई चीज़ न थी।

फिरोजपुर का जवान नवाब शमसुद्दीन दुःसाहसी और बेपरवाह था। रोशन से उसकी मुलाकात भरी महफिल में हुई। माँ और बेटी मोहरें चुनने में व्यस्त थीं। उसी वक़्त न जाने कैसे रोशन की नज़र जवान नवाब पर पड़ गयी। एक ही लमहे में रोशन आत्म-विभोर हो उठी।

भरपूर जवानी! आधी रात में ऊँट-गाड़ी की बग़ल से नवाब रोशन को बुलाकर ले गया। कहा, "मैं तुम्हारे कारागार का बन्दी हूँ..."

एक झलक दिखा जाता तो तेरा क्या जाता
ओ गरीबों के मजारों से गुज़रनेवाले...

रोशन ने फीके चाँद की रोशनी में अपने प्रेमी की विह्वल आँखों में लैला के सपने को साकार होते देखा था। लगा था, मरुभूमि के कोने-कोने में उसका प्यासा मन इसी मजनूँ को पुकारता आया है। इसलिए निश्चिन्तता के साथ भौंरे के समक्ष उसने अपना मुखड़ा आगे बढ़ा दिया था और शमसुद्दीन ने एक ही घूँट में सारा रस पान कर लिया था।

बूढ़ी माँ ने उसे मना भी किया था। कहा था, "बेटी, मुहब्बत के ही फन्दे में फँसकर हमारी जात मौत का शिकार हो जाती है और वे लोग भौंरे की तरह उड़कर दूसरे बगीचे के फूल पर चले जाते हैं। किसी साधारण आदमी के साथ गृहस्थी क्यों नहीं बसाती? क्यों ऐसी ग़लती कर रही है?"

रोशन ने माँ की बात नहीं मानी। नर्तकी में प्रेम की आकुल आत्म-समर्पण कामना जगी, सब-कुछ लुटाये बगैर उसे तृप्ति नहीं मिल सकती थी। रोशन को लगता, चाँद कभी समाप्त होनेवाला नहीं है, बुलबुल का गीत कभी थमनेवाला नहीं है।

लेकिन एक दिन वही चाँदनी रात सूनी सुबह में बदल गयी। शमसुद्दीन ने शहर छोड़ दिया। रोशन उससे एक बात कहना चाहती थी, वही कहने के लिए दौड़ी-दौड़ी गयी थी लेकिन उसके एक दिन पहले ही नवाब साहब जा चुके थे। आगरे में कश्मीर की गुल जो आयी थी—उन्नीस साल की उर्वशी।

यह ज़िन्दगी एक जाम है नर्तकी शराब। प्यासे आकर उसे हाथ में थाम लेते हैं, उनकी ज़िन्दगी सार्थक हो जाती है। प्यास बुझ जाने पर प्यास बुझानेवाला अगर कीमत चुकाकर चला जाता है तो वह फिर नये सिरे से काजल लगाती है, वेणी में मोती गजरे गूँथती है, कंगन से हीरे की जोत झलकाती है, घाघरे को लहराती है। लेकिन रोशन के मन ने इस जीवन-दर्शन को स्वीकार करना नहीं चाहा। जवानी ही

में एक आदमी ने उसका मन-प्राण हर लिया। कभी बेचैनी के समय उसे अहसास हुआ था कि वे दोनों ही लैला और मजनूँ हैं। मरुभूमि के यायावरी जीवन की पृष्ठभूमि में वह प्रेम सफल न हो सका। उसने सोचा जिसकी पीड़ा हृदय में लेकर बार-बार अन्तहीन गीत गाया है, वह प्रेम भी उन्हीं लोगों का है। वही उस जन्म की लैला है और शमसुद्दीन उसके प्रेम का दीवाना भाग्यहीन मजनूँ। कभी-कभी गहरी रात में उसकी नींद उचट जाती। आँसू से तकिया भिंगोकर वह सोचती, वे दोनों ही शीरीं और फरहाद हैं। उसकी आँखों के आँसू पोंछकर प्रेमी कहता, "तुम्हारे गाल के एक तिल के लिए... ।" दुनिया का सबसे पहला अनुभव प्रेम होता है और प्रेम का धर्म होता है विश्वास। और सिर्फ विश्वास ही क्यों? अपने प्रेमी में सारे गुण आरोपित कर, उसे ही सारा प्यार देकर भी तृप्ति नहीं मिलती। यह भी प्रेम का ही धर्म है।

इसीलिए रोशन ने कोई गिला-शिकवा नहीं किया। माँ की तमाम शिकायतों को बरदाश्त कर वह अपने प्रेमी की तलाश में निकल पड़ी। मिलने पर उसे उसका तिरस्कार ही मिला। शिकार करके लौटने पर इन्तज़ार करती रोशन को देखकर उसकी भौंहों पर बल पड़ गये थे। कहा था, "तुझे अन्दर किसने आने दिया?"

उस रूखी आवाज़ ने रोशन के मर्म को बेध दिया। वह तुरन्त वहाँ से लौट आयी थी। छिः छिः, वह क्या भीख माँगने गयी थी? दया माँगने गयी थी? उसे दीन-हीन वेश में देखकर ही शायद नवाब को वितृष्णा का अनुभव हुआ था? घर लौटकर उसने पत्र लिखा। पत्र भेजकर वह उसी दिन फिरोजपुर छोड़कर चली आयी। नवाब ने पत्र खोलकर देखा। उसमें लिखा था–प्यारे, किसी दिन तुम्हीं ने मुहब्बत को जेवर समझ मस्तक पर पहना था, आज उसी को तुमने फेंक दिया, मगर मैं उसे नहीं फेंक सकती, इसीलिए उसे तिलक की तरह माथे से लगाकर भिखारिन बन गयी हूँ। यही क्या तुम्हारे लिये लाज की बात नहीं है?

उसी रात की यादगार रोशन की आँखों में सम्भवतः फिर से तैरने लगी। एक बार जी में हुआ कि वह यमुना के जल में छलाँग लगा दे। बरसात की लबालब भरी यमुना हाथ नचा-नचाकर लाखों लहरें जगा रही थी। रोशन को उन लहरों में किसी के हाथ का इशारा दिखायी पड़ा था। लेकिन अब तो वह एकाकी नहीं है। दिल को तार-तार कर कठोर आघात देकर जो बेदर्द चला गया है उसकी पीड़ा के अतल में सम्भावना का एक अंकुर उग आया है। एक दिन वह अंकुर भी प्राणवान् हो उठेगा। उसी के चेहरे को देखकर रोशन ने धीरज बाँधा था। बड़ा ही सुन्दर माहौल है। बड़ा ही मीठा प्रलोभन। सामने उत्ताल तरंगों से भरी यमुना। बादलों की धुँधली रोशनी से पहाड़ और प्रान्तर की रेखाएँ और अधिक काली हो गयी हैं–जन-समाज के कोलाहल से भरपूर नगरी दूर है। उस रात प्रकृति की गोद में निपट एकाकी खड़ी रोशन के मन में धीरे-धीरे शान्ति लौट आयी थी। जीवन को अर्थ मिला था, शान्ति मिली थी।

उसके बाद का इतिहास राह-घाट में बिखरा पड़ा है। रोशन ने कितने ही शहरों का चक्कर लगाया—हर राहगीर से अनुग्रह की भीख माँगकर उसने अपने-आपको जिन्दा रखा। आखिर में काशी आयी। वहाँ एक फकीर की कुटिया में मोती पैदा हुई। उस निष्कलंक निष्पाप शिशु को देखकर रोशन एक बार हँसी और फिर रो पड़ी। बच्ची को छाती से लगाकर बोली, "मेरी मोती, मेरी मोती..."

न्याय कहाँ है और कौन न्याय करता है, यह एक अजीब ही बात है। सच कहने में हर्ज ही क्या, उससे बढ़कर कोई भी परी-कथा आश्चर्यजनक नहीं हो सकती। यौवन के उच्छृङ्खल गर्व में शमसुद्दीन ने रोशन-जैसी कितनी औरतों के प्रेम को पैरों से ठुकरा दिया था, इसका कोई हिसाब नहीं। भाई को उसकी सम्पत्ति से वंचित करने में झगड़े की शुरुआत हुई और शैशव के शुभाकांक्षी फ्रेजर साहब की हत्या करने के लिए शमसुद्दीन पागल हो उठा। इसका नतीजा यह हुआ कि शमसुद्दीन को कैद में डाल दिया गया। इन्साफ होने पर उसे फाँसी की सज़ा मिली।

शहर की खुली जगह में फाँसी के तख़्ते पर चढ़ने के पहले शमसुद्दीन ने पिछले जीवन की बात एक बार भी सोची थी या नहीं, कौन जाने! हाँ, कई नाचनेवालियाँ उसकी मौत से रो ज़रूर पड़ी थीं और उनके अनुरोध पर ही मौलवी ने फातिहा पढ़ा था। ख़बर मिलने पर रोशन के कलेजे को चोट पहुँची थी और उसने भी छिपकर आँसू बहाये थे। सुन्दर बलिष्ठ देह, बड़ी-बड़ी आँखों की प्रशस्त ललाट पर क्या कहीं इस हीन परिणति की कहानी लिखी हुई थी?

किसी स्त्री की सार्थकता उसके मातृत्व में है और किसी की प्रेम में। इस आखिरी वक़्त में भी रोशन की खोयी हुई चेतना जीवन के एकमात्र सुख की स्मृति के उत्सव में मानो सुसज्जित हो उठी।

रोशन के हृदय में एकाएक बहुत ही मीठा अहसास जगा, शान्त और गम्भीर प्रेम ने जैसे उसे दोनों बाहुओं में भर लिया हो।

यह जैसे एक नया ही प्यार है जो उसके प्रेमी की तरह निष्ठुर नहीं है। देह के तमाम बन्धनों को अस्वीकार कर उसने रोशन को अपने बलिष्ठ बाहुओं में भर लिया। उस अन्तिम आत्म-समर्पण के क्षण में रोशन की तमाम चेतना खो गयी। आँखों के कोने में आँसू लुढ़क पड़े।

मोती तब भी गहरी नींद में डूबी हुई थी। सहेलियों ने जब रोशन का चेहरा ढँक दिया और उठकर खड़ी हो गयीं तब कहीं मोती की नींद टूटी।

मन्नू ने उसे गोद में उठा लिया। वह रोशन की माँ के जमाने का सारंगिया है। बोला, "बेटी, आज से तू मेरी है...।" उसके बाद मृतक की ओर मुख़ातिब होकर कहा, "चिन्ता नहीं करना रोशन, सब ठीक है।"

उर्स का इन्तज़ार किये बगैर ही दूसरे दिन सुबह वह मोती को गोद में लेकर वहाँ से रवाना हो गया।

रास्ते में ही मोती की ज़िन्दगी की शुरुआत हुई।

'निर्मल जल ले बहती शत तटशालिनी यमुने...'

शत तटशालिनी यमुना की उत्ताल तरंगों को टकराते देख कब वृन्दावन की कन्याओं का मन चंचल हो उठा था, यह सब बहुत पुरानी कहानी है। 1843 ईसवी। पहाड़ पर बारिश होती है तो अब भी यमुना का जल तरंगित हो उठता है, यह सच है, मगर उस जल से किसानों के खेत नहीं भींगते। रेत में बहती पतली जलधारा में स्रोत न पाने के कारण किसानों के सपने मर जाते हैं। ग्रीष्म की क्षीणधारा यमुना वर्षाकाल में लबालब भर जाती है। उसमें बाढ़ आ जाती है।

वृन्दावन के प्रेम को गल्प-गाथा और गीतों के हाथ सौंपकर यमुना सम्राट् के मर्मस्थल की प्रतिच्छाया अपने हृदय में ले धन्य-धन्य हो उठी है। हीरा, मुक्ता-माणिक के इन्द्रजाल की छटा के दिन भी समाप्त हो गये हैं। आज यमुना के दोनों किनारे ग्राम और जनपद हैं। वहाँ रहनेवाले ज़्यादातर मुसलमान हैं। सिपाहीगीरी उनका मनपसन्द पेशा है। तलवार हाथ में ले सिर झुकाकर राजा-रजवाड़ों को सलाम करने का जिन्हें सौभाग्य प्राप्त है, वे ही लोग खेती-बारी करते हैं। जवान हाथों से फसलें पैदाकर दूसरों का गोदाम भरते हैं और बूढ़े घर पर बैठ पुरखों की शान-शौकत की बातें करते हुए तकदीर की फटी कथरी में रंग-बिरंगे पैबन्द लगाते हैं। लिखने-पढ़ने की बात उठती है तो बच्चे ठहाका लगाने लगते हैं। कहते हैं—

भूखे से कहा।

दो और दो क्या?

कहा चार रोटियाँ।

इन लोगों की बस्ती और गाँव इलाहाबाद के बिलकुल निकट हैं। गाँव के जितने भी मातबर आदमी हैं वे लाला और चौधरी लोग ही हैं। उन लोगों के मकान मिट्टी की ऊँची दीवारों से घिरे हैं, कोठे किले की तरह दुर्भेद्य हैं। रोशनी और हवा से शून्य, सफेद रंग से रँगे इन कोठों की छतें पक्की हैं। नौकर-चाकर, गाय-बैल-भैंस से भरे ये मकान हमेशा गुंजार-भरे मधु के छत्ते-जैसे लगते हैं। पर्व-त्योहार और शादी-ब्याह में लाला-चौधरी लोग हाथियों का जुलूस निकालते हैं। गुलाबी पगड़ी बाँधे सन्तरी घोड़े की पीठ पर सवार हो पीतल की परात से दरिद्र बाल-बच्चों के गुलाबी रेवड़ी, तिलकुट और सोहन हलुआ बाँटते हैं। उनके घर का कोई आदमी मर जाता है तो मसान में पीतल का स्तम्भ खड़ा किया जाता है। कभी-कदा कम्पनी के साहब आ जाते हैं तो

लाला लोगों के घर से तम्बू भेजे जाते हैं। उनके खाने-पीने का खर्च भी वे ही लोग देते हैं।

लाला लोगों के घर के आदमी साल में एक बार तीर्थ-यात्रा पर निकलते हैं। मथुरा, गया, वृन्दावन—सभी स्थानों के मन्दिरों में लाला लोग चढ़ावा चढ़ाते हैं। दान की बात कहने से लाला की माँ दहशत में आ जीभ काढ़ने लगती हैं—छिः छिः, आदमी होकर भी वे कहीं देवताओं को दान-दक्षिणा दे सकती हैं? ऐसा सौभाग्य उन्हें कहाँ प्राप्त है?

वे लोग दान नहीं करते। सिर्फ खास-खास दिनों में छाती के बल चलकर, दण्डवत् करते हुए चाँदी के तुलसी के पौधे और सोने के शंख चढ़ाकर मनौती कर आते हैं।

मनौती जिस दिन पूरी होती है उसके दूसरे दिन सबसे पहले छाती के ख़ून से पूजा करते हैं। देवता से आशीर्वाद माँगते हैं कि उनके परिवार का भला हो।

कहा जा सकता है कि उनकी इच्छा पूरी हो गयी है। गाँव के सौ में से नब्बे आदमी का भाग्य लाला के महाजनी खाते से बँध गया है। तिजारती सूद के कारोबार का सारा हिसाब लाला ने छोटे-छोटे नागरी हरूफों में लिख रखा है। खाते को तैलाक्त डोरी से बाँध रखा है। बकाया ब्याज भरने में ही किसानों की ज़िन्दगी बीत जाती है और इधर लाला का गोदाम भरता चला जाता है। भैंस दुगुना दूध देती है, सौभाग्य का चन्द्रमा सोलह कलाओं से पूर्ण हो जाता है।

हिन्दू वाशिन्दों में लाला लोगों का ही प्रभाव सबसे अधिक है। उन लोगों के मकान से दो कदम आगे बढ़ने पर मौलवी साहब का आलीशान कोठाघर शुरू होता है। मौलवी साहब भी बहुत बड़े अमीर हैं, ताजा मेंहदी के रंग रँगी उनकी दाढ़ी है और हाथ की उँगलियों में जाफरान। मौलवी साहब की बोली भी बड़ी ही मीठी है, बात-बात में फारसी की सारमयी वाणी निकालकर श्रोताओं को समझाने की कला में निपुण शिकारी-जैसे पारंगत हैं।

"समय बदलता जा रहा है", अकसर वह यह बात दुहराते रहते हैं। 1843 ईसवी का जमाना। चारों तरफ अंग्रेज़ों की छावनी। सुदूर कलकत्ते में अजीब-अजीब घटनाएँ घट रही हैं। उनके शैशव-काल में ऐसी बात नहीं थी। तब लोग मौलवी के नाम पर तीन बार सलाम करते थे। अनाज, भैंस, सोना-चाँदी, कपड़ा-लत्ता सब-कुछ रोजाना मौलवी साहब को नजर किया जाता था। अब वैसा वक़्त नहीं रहा।

मौलवी साहब के मकतब में पढ़कर कितनों ने ही योग्यता हासिल की है। शुरू में लड़के को लाने के पहले बाप आकर एक लाख बार सलाम करता। पीछे से बेटा एक बड़ी टोकरी ढोकर लाता। घर में पाले गये मुर्गी-मुर्गे, मौलवी की बीबी के लिए रेशमी कपड़ा, पीतल का बर्तन। अधमुँदी आँखों से निहारकर मौलवी मुस्कुराते। उसके

बाद लड़का पढ़ने आता। चार साल तक बँहगी पर लदकर कितनी ही चीज़ें आती थीं—बीकानेर की मिसरी, लखनऊ के चिकन का थान, दिल्ली का नागरा, आगरे का इत्र, देहात का घी, थाल में सेव, सेंवई और फालूदा के नाना प्रकार के व्यंजन।

शेख मसल हार्दन सादी का पन्दनामा, गुलस्ताँ, बोस्ताँ जोमे खाँ का जामे-जल कवासिन, मुन्शी जानमीर का ख़त—लड़के सिर हिला-हिलाकर यह सब पढ़ते। ज़मीन पर लकीर खींचकर 'अलीफ-बे-पे-ते' सीखते। फारसी लिखना सीखते, मोती के जैसे हरूफ लिखकर।

उसके बाद अपने लायक बेटे को बाप शहर ले जाता। जान-पहचान के इल्मदार लोगों की तलाश करता। सरकारी दफ़्तर या किसी अमीर राजा की कचहरी में नौकरी पर लगाने-भर की देर थी। फिर सिर्फ अर्जी लिखो, हिसाब लिखो, खाता ठीक रखो। रुपया-पैसा खिड़की से सन्दूक में आयेगा। गाँव में ज़मीन खरीदी जायेगी। बीबी हीरे का नथ पहनेगी, पाँवों में जरीदार जूते। माँ-बाप हर साल हज करने जायेंगे।

जिन लोगों को बड़े आदमी बनने का नशा है, उन्हें ही यह सब शोभा देता है। इधर-उधर ढेर-सारे आदमी पड़े हैं जो दिनभर खेतों में काम करते हैं, तपिश में तपते और बारिश में भींगते हैं। उन लोगों की बीबियाँ पर्दे में रहें तो भारी मुसीबत का सामना करना पड़े।

शिकार के गोश्त को सुखाकर वे रसोई पकाती हैं। चपाती और भुजिया के साथ उसे चीनी मिट्टी की तश्तरी में रखकर मर्दों के पास खेत पर भेजती हैं। फसल झाड़ने-चुनने, गेहूँ धोकर सुखाने, गेहूँ पीसकर आटा बनाने, जलावन चुनकर चूल्हा जलाने और मुर्ग़ियों को पकड़कर दरबे में बन्द करने में ही उनका पूरा दिन गुज़र जाता है। शाम के वक़्त रोशनी जला रंगीन सूत से बालों को सजाने के लिए जाली तैयार करती हैं। त्योहार के दिनों में चाँदी के गहनों को घिसकर माँजती हैं और मेंहदी के पत्ते पीसकर उससे हाथ, पाँव और नख रँगती हैं।

उनके मर्दों का शरीर तगड़ा है, छाती चौड़ी, गोरा-चिट्टा रंग और चौड़े कपाल। बादशाह की ओर से यहाँ-वहाँ वेतनभोगी सिपाही बनकर लड़ने के बाद वे आहिस्ता-आहिस्ता एक स्थान में जम गये। तलवार खोलकर रख दी और हाथों में हल उठा लिया। इस काम से भी उनके हाथ उसी प्रकार बलिष्ठ हो गये जैसे कि किसी जमाने में लड़ाइयाँ लड़ने पर हो गये थे।

अब उनका काम है चौड़े पत्थर से बँधे कुएँ से घोड़ों और भैंसों की मदद से पानी निकालकर खेतों को सींचना। गेहूँ के पौधों का जतन वे लोग लड़के से भी अधिक करते हैं। फसल पक जाती है तो सुनहले-हरे गेहूँ की खबर लेकर हवा इधर-उधर चली जाती है। उस समय हिरन और सूअरों का झुण्ड अन्धेरे में बाहर निकल आता है।

खेतों में मचान तैयार कर मर्द वहीं रात बिताते हैं। निशाना साधकर बर्छा और भाला फेंकते हैं। जानवर तीव्र आर्त्तनाद कर पीछे हट जाते हैं।

कभी-कभी घोर अँधेरे में हाथियों का झुण्ड आता है। भावर के जंगल से निकल, कुमाऊँ के निचले हिस्से से जंगल का रास्ता पकड़े प्रकी फसलों के लालच में चले आते हैं।

इस दुनिया में आँख खोलने के बाद खुदा के द्वारा मापकर दी गयी हुई तीन हाथ ज़मीन के नीचे जाने के पहले उन लोगों को कितनी ही बार जंग के मैदान में भी उतरना पड़ता है। शैशव जब तक रहता है तो उस समय की बात मालूम नहीं। लेकिन मर्द होने पर तीन बार लड़ना ही होगा। बचपन में बाप के साथ, जवानी में स्त्री के साथ और उसके बाद बुढ़ापे में लड़के के साथ। इसके अलावा ज़िन्दगी में गाहे-बगाहे और कितनी लड़ाइयाँ लड़नी पड़ती हैं, कौन जाने! दुनिया का मुकाबला करने पर कलेजे में कितने ज़ख़्म लिये मर्दों को घर वापस आना पड़ता है, इसका मर्म कौन समझेगा? मर्दों जैसा मर्द बनकर जिन्दा रहने की खातिर ज़िन्दगी में दो-चार दुश्मनों का आगमन तो होगा ही।

और अग़र मुकाबला करना ही न पड़े तो फिर ज़िन्दगी में मज़ा ही क्या? वह तलवार ही क्या जिससे चोट न लगे? वह जीवन भी क्या जिसकी दरी के हर खाने में नया-नया रंग न हो?

खासकर ऐसे वक्त में जबकि हिन्दुस्तानियों के अनजाने ही देश की किस्मत अंग्रेज़ों ने खरीद ली हो। यही तो जिन्दा रहने का वक्त है।

यह एक आश्चर्यजनक दिन है, आश्चर्यजनक समय। आम लोगों की भूमिका सजीव हो उठी है। यह देखने, जानने और जिन्दा रहने का वक़्त है। आज जो लोग गंगा के किनारे खड़े हों, कीचड़ में पाँव रखे यहाँ की सम्पदा जहाज में लादकर बाहर भेज रहे हैं, उन लोगों के प्राणों की कीमत भी स्वीकारनी ही पड़ेगी। वह समय भी आ रहा है। सम्पूर्ण देश के रंगमंच पर उसकी तैयारियाँ चल रही हैं। जब तक वह वक़्त आ नहीं जाता तब तक किसान हल जोतते रहेंगे हिन्दुस्तान के जवान अंग्रेज़ों की खिदमत करते रहेंगे।

गाँव के एक छोर पर अनवर का मकान है। इस इलाके में ऐसा कोई व्यक्ति नहीं जो अनवर को पहचानता न हो। अनवर और उसका लड़का खुदाबख़्श दोनों घमण्डी हैं। लड़के की उम्र कुल मिलाकर चौदह साल होगी मगर वह सीना तानकर चलता है। मस्ती के साथ गीत गाता है और मौलवी के शासन की परवाह नहीं करता।

उसके बाप में इतना गरूर कहाँ से आया, यह सोचकर गोकुलदास को हैरानी होती है। कितनी ज़मीन है उसके पास! खेत की शक्ल भी कैसी है!

यह बात सुनते ही अनवर दाढ़ी चूमकर कहकहा लगाता है। हाथी को छलाँग लगाना कौन सिखाता है? शेर किस ताकत से लड़ता है? दुनिया की मिट्टी में वे उसी गरूर को लेकर पैदा होते हैं। अनवर का गरूर भी जन्मजात है। उसके बाप की कहानी आज भी घर-घर में प्रचलित है।

अनवर का बाप यूसुफ अपने जमाने का खिलाड़ी था। लम्बा-चौड़ा गठा हुआ शरीर। ईश्वर ने उसके अन्दर कूट-कूटकर स्वाभिमान भर दिया था। मगर छप्पर फाड़कर धन-दौलत नहीं दी थी। उन दिनों धन-दौलत राजा-रजवाड़ों के घरों में ही रहती थी। यही वजह है कि यूसुफ खेल दिखाता था। खेल दिखाते-दिखाते जाने कब वह खुद नियति के हाथ का कठपुतला बन गया और उसके जीवन में नये खेल की शुरुआत हुई। वह एक अजीब ही कहानी है। परीकथा से भी विचित्र।

अनवर ने सुना है, उसका बाप राजपुर के महल में शेर से युद्ध करता था। चौबीस साल के जवान पठान का दुःसाहस भरा खेल देखकर राजा की चौदहवीं पत्नी जानकी का मन डोल उठा था।

जानकी ने जब छिपकर उससे मुलाकात की तो यूसुफ ने कहा था "चलो, भाग चलें। मुझ पर भरोसा तो है न?

भरोसा ज़रूर था। टूटे मन्दिर में आमने-सामने खड़ी हो जानकी ने दृढ़ता के साथ कहा था, "हाँ पूरा भरोसा है।"

उन्नीस बरस की राजपूतनी और चौबीस बरस का पठान। मरुभूमि की पृष्ठभूमि में प्रेम, हिंसा, हत्या और रोमांच का पागलपन उनकी रगों के ख़ून में दौड़ता रहता था। उसी संस्कार ने उन्हें लापरवाह बना दिया। उन्हें लगा कि दुनिया उनके पैरों पर लोट रही है। ऊपर आसमान है, नीचे ज़मीन और आदमी कोई है तो बस वे दोनों ही हैं।

शरीर के ख़ून में तेजी आ गयी और उस ख़ून की तरंगों में नाव बहाकर यूसुफ ख़ूबसूरत जानकी का चेहरा देखता हुआ निरुद्‌देश्य यात्रा पर निकल पड़ा। प्रेम बाढ़ पर आया था। वे लोग आगरा, लखनऊ और गढ़ मुक्तेश्वर का दौरा करने लगे। लेकिन उस मुक्त-प्रेम में दैवी प्रकोप का आगमन हुआ। शिद्‌दत की गरमी से चारों तरफ हाहाकार मचा है, खेत जल रहे हैं, कुएँ सूख गये हैं। तभी हिमालय की बर्फ पिघलती है और नदियों में बाढ़ आती है। उस बाढ़ की चपेट में आकर वीरात्तन और नौगढ़, जो लखनऊ के उत्तर के समृद्ध जनपद थे, बह गये। और उसी बाढ़ में यूसुफ का मकान भी बह गया।

बाढ़ के पानी में वे दोनों भी बह गये थे। यूसुफ को बचाने के फेर में, अपनी इक्कीस साल की जवानी और हजारों इच्छाओं को दफनाकर जानकी गोमती की तेज धारा में बह गयी। नवाब के जंगल के इजारेदार ने बेहोश यूसुफ को पानी से बाहर निकाला और उसकी लड़की ने सेवा-शुश्रूषा कर यूसुफ की जान बचायी। इस तरह का कर्ज अदा नहीं किया जा सकता इसलिए यूसुफ ने बाद में उससे शादी कर ली थी। यूसुफ ने गृहस्थी बसायी और अनाड़ी हाथों से खेती-बारी भी की। आधी रात में खेत के मचान पर बैठ यूसुफ सूअरों को भगाता, तीखी बयार में भेड़ें के ऊन का कम्बल बदन पर डाल ठण्ड से काँपता और मन-ही-मन जानकी की बातें याद करता। गृहस्थी बसाकर उसने कितना बड़ा अन्याय किया है? जानकी क्या उसे दोषी नहीं ठहरा रही होगी? जानकी ने भी गृहस्थी बसानी चाही थी। राजा की रानी होने के बावजूद यूसुफ के साथ चक्की की आवाज़ से मुखरित, बच्चे की किलकारी से चहकते, काँच और चाँदी की चूड़ियों की खनखनाहट से भरपूर एक साधारण परिवेश की उसे आन्तरिक इच्छा थी। चाँदनी में लेटी जानकी ऐसी लगती जैसे चाँदनी से ही वह गढ़ी गयी हो। उसकी सुन्दरता मायामयी थी। यूसुफ को लगता, आसमान की किसी परी को ही उसने बन्दी बना लिया है। लेकिन जानकी अपनी तनी भृकुटि से उसकी आशंका का निवारण करती। वह राजपूतनी है, विश्वास उसका जातिगत धर्म है। उसकी दादी, परदादी वगैरह सुहागिन सती थीं। सुहागिन सती वही कही जाती है जो मृत पति के साथ चिता में जल मरे। 'इमा नारीरविधवा'—इस मन्त्र को उसने अनेक बार सुना था।

इस तरह के संस्कार पाकर भी जानकी ने एक विधर्मी के साथ कैसे गृहस्थी बसायी? यूसुफ के इस आदर भरे प्रश्न के जवाब में जानकी कुतूहल भरी आँखों से हँस देती थी। यूसुफ को उसकी आँखों में ही उस प्रश्न का उत्तर मिल जाता। यूसुफ के साथ जानकी का जीवन बँध गया है इसलिए उसने उसके धर्म को भी स्वीकार कर लिया है। और वह धर्म है जवानी का। जवानी हालाँकि कुछ ही दिनों के लिए आती है, मगर उसके दावे क्या कुछ कम हैं? राजा के अन्तःपुर की अनगिनत नारियों के बीच भी क्या कोई नारी सुखी रह सकती है? सुख क्या हीरे के कंगन और मोती के हार में ही है? उन्नीसवीं सदी की शुरुआत में संगमरमर के कोठों और मणिकक्षों में सामन्तवाद ने नारियों को सिर्फ प्रिया बनकर जीवित रहने का अधिकार दिया था। सुन्दर रमणी प्रिया होती थी और वंशजों को शृंङ्खला कायम रखने के लिए विवाहित पत्नी को माता के पद पर प्रतिष्ठित होना पड़ता था।

ऐसे आदेश को मान, एक जरा-जर्जर नृपति की अनुगता पत्नी होकर जो जिसे स्वर्गलोग के सुख का उपभोग करने की दुराशा में सती की मौत मरना हो, उस तरह का जीवन जीना जानकी को स्वीकार नहीं था। किसी एक व्यक्ति की अर्द्धाङ्गिनी

बनकर उसने लता की तरह फूलना-फलना चाहा था। जीवन के चरम क्षण में किसी एक व्यक्ति का वरण कर उसकी आँखों में अनन्या बनकर रहना ही उसने चाहा था। किसी के जीवन में वह उसकी एकमात्र प्रेयसी होकर रहेगी, इसी सत्य को उसने धर्म मानकर स्वीकार कर लिया था।

फिर भी सब समाप्त हो गया। आज यूसुफ चाहकर भी उसे देख नहीं पाता। अब वे लोग गोमती में नाव खेकर सैर नहीं करेंगे। बीरात्तन के जंगल में उस छोटे-से पत्थर के मकान में जानकी अब मीठे स्वर में नहीं गायेगी—

याद रखो जो प्यार नाम से बुलाया....

बसन्त की दोपहर जैसे मधुर और आवेश से भरे वे दिन उसे याद आते हैं—बेला-चमेली से कोयल मस्त बनी है...। बेला और चमेली की खुशबू से लदी कोयल की कूक-जैसी मीठी ग्रीष्मकाल की रात, उर्दू बैतों, ब्रजभाषा के सवैया-जैसा उन्मत्त प्रेम और दुर्लभ स्वर्ग लेकर जो स्त्री उसके जीवन में आयी थी, वह अब कहाँ खो गयी?

जानकी अगर किसी अदृश्य लोक में होगी तो उसने यूसुफ को अवश्य इसके लिए क्षमा कर दिया होगा कि उसने फिर से शादी कर गृहस्थी बसा ली और अब उसके एक पुत्र भी है। यूसुफ के लिए कोई दूसरा उपाय भी नहीं रह गया था। जानकी न रही तो नये सिरे से जीवन को रंग-रस से सराबोर करने की उसकी ख्वाहिश भी दूर हो गयी। जानकी सारी कामनाओं को अपने साथ लेकर चली गयी थी। उस शाम कितनी ही इच्छाएँ गाँव के तीर के जल में बहकर चली गयीं। और-आदमियों की तरह शिशु और पत्नी के साथ गृहस्थी बसाने की इच्छा यूसुफ के मन में ही रह गयी।

यूसुफ साधारण इच्छा ले साधारण जिन्दगी जी लेता। मगर शिकारी की मौत इस तरह नहीं होती। शायद इसीलिए उसका जीवन भी जंग का मैदान बन गया।

गाँव में अंग्रेज़ साहबों का आना-जाना शुरू हो गया। साहब लोग पड़ाव डालते तो उनके सरिश्तेदार जलावन की लकड़ी के लिए गाँवों पर हमला करते। गरीबों के घर से मुर्गी-बत्तखें उठाकर ले जाते।

एक दिन एक सरिश्तेदार की निगाह यूसुफ के अच्छे किस्म के फल देने वाले आम के पेड़ पर भी पड़ी। खबर मिलते ही यूसुफ दौड़ा-दौड़ा आया। तब तक पेड़ आधा कट चुका था। सरिश्तेदार ने कहा, "तुम्हें पाँच रुपया मिलेगा।"

सुनकर यूसुफ को गुस्सा आ गया। गला पकड़कर पेड़ काटनेवाले दोनों गूजरों को उसने पटक दिया। सरिश्तेदार डर गया। मगर उसकी जमात में आठ आदमी थे और यूसुफ था अकेला। मारपीट में यूसुफ के सिर में चोट लगी।

गाँव के आदमी दौड़े-दौड़े आये। सरिश्तेदार जान बचाकर भाग गया। तीन दिन-तीन रात तक यूसुफ अनाप-शनाप बकता रहा। एक बूँद पानी भी गले से न उतरा। आखिरी वक़्त तक सरिश्तेदार को गालियाँ बकता रहा।

आखिर में साहबों ने कब्रिस्तान के लिए कफन देना चाहा था। सरिश्तेदार को भी नौकरी से हटा दिया गया। मगर अनवर की माँ ने उस पैसे को लेना स्वीकार नहीं किया। कहा था, यह पैसा उसके लिए हराम है।

यूसुफ ने इस तरह मृत्यु का वरण किया था कि वह सब बात आज भी कहानी के तौर पर कही जाती है।

अनवर उसी यूसुफ का लड़का है। उम्र होगी पैंतीस साल। लेकिन एक ही पुरखे के भाग्य के कारण सब-कुछ पलट गया। दादा-परदादा के वक़्त में अभाव किसे कहते हैं, यह लोग नहीं जानते थे। यमुना पानी देती थी, माटी फसल और आसमान से अल्ला मियाँ सुख-समृद्धि, स्वास्थ्य और निश्चिन्तता उँड़ेल देते थे। वह दिन कैसे बदल गया, अनवर यही सब आम के पेड़ के नीचे चारपाई बाँधते-बाँधते सोच रहा था।

फसल का मौसम ख़त्म होते ही साहब लोग खेमे डालकर गाँव-गाँव का चक्कर लगाते हैं। ताल्लुकेदार चिरौरी-मिन्नत करते हैं, "हुजूर आप माई-बाप हैं, जिन्दा रखें या मार डालें..."

कई दिनों तक गाँव में शोर-शराबा मचा रहता है। साहब के खेमे में बकरा, भेड़ा, मुर्गी, बत्तख, दूध, घी, मधु और लकड़ी भेजे जाते हैं।

साहब का अमीन मूँछे ऐंठ, नागरा जूते पहन, सीना ताने गाँवों का चक्कर लगाता है। बच्चे छिपकर आश्चर्य-भरी निगाहों से साहबों को देखते हैं, कुएँ से पानी भरकर लौटती औरतें तिरछी निगाहों से मेमों को देखती हैं और लाज से दोहरी हो जाती हैं।

सब-कुछ ठीक था, मगर अब दिन-दिन चुपके से बदलाव आता जा रहा है। समय की गतिविधि उनकी समझ में नहीं आ रही है।

पहले इस तरह की बात न थी। पिछले सात सालों में चार बार फसलें मारी गयीं—खेतों के सुनहले गेहूँ के पौधे जल के अभव में जल गये। सूखे के बाद बाढ़ आयी। लगातार तीन सालों तक बाढ़। यमुना लबालब भर गयी। घर-द्वार-फसल सब बाढ़ में बह गये।

अनवर को अपने मित्र नन्दलाल की याद आयी। जब-जब मुसीबत की बात उठती है, नन्दलाल कार्य-कारण बताते हुए कहता है, "जानते हो, दुनिया से धरम-करम उठता जा रहा है। इसीलिए मुसीबत का यह दौर चल रहा है।"

ऐसा ही होगा, नहीं तो ऐसी-ऐसी अजीब घटनाएँ क्यों घट रही हैं जिनका कोई ओर-छोर नहीं।

नन्दलाल का बड़ा भाई छगनलाल लगातार दो वर्षों तक मनौती मान मर्यादा के जल में स्नान-दान करने गया था। दो महीने पहले घर वापस आया है। कहता है, "चाहे हिन्दुओं के शास्त्र की बात कहो, चाहे कुरान-शरीफ की, नर्मदा-गंगा की जलधारा की बात कहो या हेरा पहाड़ की पुण्यधारा की—नयी अंग्रेज़ सरकार ने सबका महत्त्व घटा दिया है। आजकल चाहे गवाही देने जाओ, या साहबों से बात करने जाओ, साहब लोग हर बात पर कसम खिलाते हैं। छोटी-छोटी बात के लिए, पाप-पुण्य और स्वार्थ के लिए विधर्मी गोरों के हुक्म पर हम सौगन्ध खाते हैं, इसीलिए दोनों धर्मों का सिर झुक गया है और दीन दुनिया के मालिक रुष्ट हो गये हैं।"

अधर्म की सबसे बड़ी बात कहकर नन्दलाल खुद भी हतप्रभ हो जाता है। उसके कान के पास मुँह ले जाकर कहता है, "तुम्हारे मजहब में कोई मनाही नहीं है मगर वह मांस कभी तुमने खाया है?"

"तौबा! तौबा!!" कहकर अनवर नाक-कान मलता है। 'वह मांस' का अर्थ है निषिद्ध गो-मांस। इस शब्द को नन्दलाल मुँह से उच्चारण भी नहीं कर सकता।

"मजहब में मनाही नहीं है तो क्या हुआ?"

"मजहब कोई एक तो नहीं, हजारों हैं। व्यावहारिक जीवन का भी तो धर्माचरण है। जिस पड़ोसी के साथ बचपन से लेकर अब तक खेलकर बड़े हुए हो, उसमें भी तो मन नामक चीज है, उसका भी तो कोई विश्वास है। उसे तुम चोट नहीं पहुँचा सकते। ऐसा करने से मजहब को धक्का लगता है। इसीलिए एक ही गाँव में अगल-बगल बसकर लोग दशहरा और मुहर्रम, होली और ईद मनाते हैं।" नन्दलाल कहता है और अनवर चेहरा झुकाकर सुनता है।

नन्दलाल कहना जारी रखता है, "आज वह बात नहीं रही। गोरे लोग आज बेहिचक हर जगह उसी मांस का भक्षण करते हैं।"

"हर जगह?"

"क्यों नहीं? धरती पर कोई ऐसी जगह है जहाँ गोरे न हों? ऐसा कोई गाँव है जहाँ गोरों के खेमे न पड़ते हों?"

"चाहे गाँव का यह किनारा हो चाहे वह। यहाँ गंगा है, दक्खिन में नर्मदा। गंगा-यमुना के जल में स्नान करने से पुण्य होता है। और स्नान ही क्यों, उस जल का स्पर्श करने से भी पुण्य होता है। नर्मदा चिरकुमारी है, पवित्रता का मूर्त रूप। नर्मदा के दर्शन से ही पुण्यार्थियों को पुण्य होता है। मगर गोरों के व्यभिचार के कारण नर्मदा भी आज कुपित हो गयी है। वहाँ भी हर साल अकाल, अनावृष्टि, शिलावृष्टि और बाढ़ का दौर चल रहा है—प्रकृति का मनमाना अत्याचार। मुट्ठी-भर अनाज का सपना लिये खेतों के राजा किसान अपनी औरत का हाथ पकड़ घर से बाहर राह पर निकल आये हैं। सागर शहर के राजपथ पर वे मौत के शिकार हो रहे हैं। माँ की

गोद में बच्चा मर रहा है, बूढ़े बाप की बगल में उनकी सुहागिन लड़कियाँ मर रही हैं।''

नन्दलाल की आँखें अड़हुल फूल-जैसी लाल हो गयी हैं। कहता है, ''भक्तों पर देवता क्या कभी कुपित होते हैं? फिर महापातक का यह बोलबाला क्यों? किस पाप से? किसके पाप से?—इन गोरों—इन्हीं गोरों का यह सब काला कारनामा है।

अनवर सोचता है, नन्दलाल जो कुछ कह रहा है, बहुतेरे लोग भी यही कहते हैं। उस दिन दरगाह के फकीर ने भी कहा था, इन्साफ और मजहब को जिन्होंने तिलांजलि दे दी है, वे महापापी हैं, और उन महापापियों को जो लोग बरदाश्त कर रहे हैं वे भी महापापी हैं। इसीलिए इस दुनिया की सारी सुख-समृद्धि उनसे विदा हो गयी है। हम तुम सभी गुनहगार हैं। राजा का राज्य नष्ट हो गया और राजा की प्रजा होने के कारण आम लोगों के दुःख-तकलीफ की भी आज कोई सीमा नहीं रही।

यही वजह है कि आज प्रकृति भी कुपित है। मनुष्य के दुःख के दिन में अभिमान के कारण उसने भी मुँह मोड़ लिया है।

यही कुछ वर्ष पहले की तो बात है! कितनी अच्छी फसल थी! समृद्धि के बोझ से पेड़-पौधे धरती पर झुक आये थे। इलाहाबाद और बाँदा के लोगों ने बताया कि पिछले पचास वर्षों के दौरान भी किसी ने इस तरह की फसल नहीं देखी। मेहनती लोग तनिक सुस्ताने के बहाने कितने ही गीत रचकर अपनी औरतों को सुनाते थे; इसी फसल से उसकी घरनी की कलाइयाँ चूड़ियों से भरी रहेंगी, गले में चाँदी की हँसली होगी, ईद-उल-फितर और छठ त्योहार के मौके पर हाट से नये-नये घाघरे आयेंगे। सुख के दिनों में पाँवों का छल्ला कैसे बजेगा—किसानों ने इसी छन्द में गीत गाया। और काली-काली भौंहों को नचाकर उनकी औरतों ने मीठी धमकी दी।

शाम के वक़्त सहन की चारपाई पर बैठे किसान और उनकी औरतों को कितनी ही बातें याद आयीं : टूटे घर पर छावनी डाली जायेगी, पुराना कर्ज अदा किया जायेगा, दोस्त-मित्रों को भी किसी दिन दावत देंगे। त्योहार के अवसर पर बाल-बच्चों को जी-भर गुलाबी रेवड़ी, तिलकुट और सोहन हलुआ खरीद देंगे।

इन्हीं एकान्त इच्छाओं के सूत्र को पकड़कर दो दिल एक-दूसरे के निकट आये। कितनी ही अलस सन्ध्याएँ आयीं और गयीं। हर रोज़ उपयोग में लाये जाने के कारण जो प्यार फीका पड़ गया था उसमें नयापन आ गया।

भाव को भाषा नहीं मिली। शब्द न मिल पाने के कारण किसान ने अपनी पत्नी के हाथ को सहलाकर सोचा, पहले के कोमल हाथ यद्यपि आज सूखकर दुबले हो गये हैं लेकिन कल फिर सुडौल हो जायेंगे। और कृषक-वधू ने गर्व के साथ सोचा, उसका मर्द जब गेहूँ के खेत में फसल काटना शुरू करेगा तो दसियों मर्द के बीच वह सबसे निराला दीखेगा। ऐसा मर्द किसके घर में है?

लेकिन तकदीर की बात, जैसे ही फसलों ने पकना शुरू किया कि हवा अपने साथ मौत की सौगात ले आयी। रातों-रात गेहूँ की बालियाँ जाफरानी रंग की हो गयीं। तीन दिनों के दरमियान जाफरानी रंग गाढ़े बादामी रंग में बदल गया और फसलें भूसे में बदलकर ज़मीन पर झर गयीं, मानो उनके अन्दर का रस किसी ने निचोड़ लिया हो। फसलों का असमय सूखकर झर जाना! इस तरह की घटना बहुत साल पहले हुई थी जब हेस्टिंग्स साहब ने अवध की बेगमों पर जुल्म किया था।

खटिया बुनना ख़त्म होते ही अनवर उठकर खड़ा हो गया। पीठ सीधी कर पुकारा, "लाल!" तीखी आवाज़ में उत्तर देकर परी अन्दर चली आयी। घर में सुराही रख दी और बड़बड़ाती हुई हवा को सुनाने लगी कि इस तरह तो उसके लिए गृहस्थी चलाना मुश्किल है। घर में जो मर्द है उसका रहना न रहना एक जैसा ही है। वैसे भी उसका सम्बन्ध परी से वीतरागी-जैसा ही है। एक ही लड़का है और वह भी शरारती। परेशानी क्या कोई कम है! पानी लाने जाती है तो हर रोज़ झमेले का सामना करना पड़ता है। उसका फैसला कौन करेगा?

लाला की औरत इतने गरूर में रहती है कि पूरे कुएँ को छेंककर बैठ जाती है और गपशप करती रहती है। परी क्या उसी बाँदी है? उसकी क्या कोई गृहस्थी नहीं है? उसे क्या कुछ काम नहीं है? यमुना की नानी की भी अक्ल मारी गयी है। दो धरा आटा जाने कब दिया था! वही बात रास्ते में कहनी चाहिए क्या?

अनवर मुस्कुराकर कहता है, "आदमी में इतनी हिम्मत कहाँ से आती है?"

"क्यों नहीं आयेगी? मेरा खसम ताल्लुकेदार तो है नहीं। मेरा नसीब ही ऐसा है।"

अनवर की रसिकता में कोई कमी नहीं आयी है। परी के कन्धे पर हाथ रख कर कहता है, "लो, नाम लिखकर दे दो। यमुना की नानी को हवालात भिजवा दूँगा और लाला की औरत की मजहमत कर दूँगा। सबको बड़ा गुमान हो गया है।"

अनवर का हाथ झटककर परी तल्खीभरी आवाज़ में कहती है, "अभी खेल करने का वक़्त नहीं है। मुझे ढेर-सारा काम है। ओसारे से सूखे पत्तों को बुहारना है, रोटी सेंकनी है, दोनों बकरियों को खेत से ले आना है।"

"काम पर जाना है तो जाओ। बड़ी आयी काम करनेवाली!" अनवर ने यह कहा तो ज़रूर लेकिन परी को छोड़ा नहीं। ठोढ़ी पकड़कर देखने लगा और बोला, "याद है, गृहस्थी नहीं बसाओगी, यह कहकर घास की गाड़ी के पीछे बैठकर तुम मायके भाग गयी थीं?"

"और तुम खेत से भागे-भागे मेल-मिलाप करने आये थे।"

पुराने दिनों की बातें सोचकर परी की आँखों में मीठा सपना उत्तर आया। तभी उसका लड़का नाचते-नाचते घर के अन्दर आया और कहा, "माँ, भूख लगी है, खाना

दो।" परी घबराकर अनवर से हाथ छुड़ाती है और बाज़ार की ओर चली जाती है। आज वहाँ लोगों का खासा अच्छा मजमा जमा हुआ है।

कभी इस इलाके के मुसलमान किसान थे—बादशाही जमाने की फौज। उन्हें नवाब-बादशाहों से ज़मीन मिली हुई थी इसीलिए खेती-बारी करने लगे थे। लेकिन कई सालों से आघात-पर-आघात सहकर सभी रोजी-रोटी के लिए चिन्तित हो उठे हैं। मौका देखकर नवलप्रसाद जो फौज की भर्ती शुरू होने की ख़बर लेकर इलाहाबाद से आया है। यह नयी बात बतायेगा।

गाँव के बीच से होकर रास्ता सीधे बाजार की ओर चला गया है। निकट ही ऊँचा शिव-मन्दिर है। अनवर को इस मन्दिर में प्रवेश करने का अधिकार नहीं है। लेकिन उसे पता है कि उजले पत्थर पर नागरी लिपि में परम सौभाग्यवती अयोध्याकुमारी का नाम लिखा है।

अयोध्याकुमारी बूढ़े लाला की बुआ थी। सो क्या आज की बात है! वह सती हो गयी थी। उसके पहले और बाद में भी बहुत-सारी स्त्रियाँ सती हुई हैं। नदी के किनारे उनके नाम के चौरों की कतारें हैं। लेकिन अयोध्याकुमारी उनमें सबसे श्रेष्ठ हैं। उसका चौरा सबसे अधिक ऊँचा है।

सुबह-शाम नहा-धोकर लौटने के समय हिन्दू औरतें और मर्द वहाँ पानी चढ़ाते हैं, प्रणाम करते हैं। पुण्य तिथि आने पर मिठाई और फूल का चढ़ावा भी चढ़ाते हैं।

लाला का लड़का माखनलाल अनवर के बचपन का दोस्त है। साथ ही दोनों खेलते-कूदते थे। यमुना का चर पार कर जब वे तरबूज चुराने जाते तो माखनलाल नाव पर बैठकर कहता, "मालूम है, सती होने से क्या होता है? सती पैंतीस करोड़ वर्ष तक स्वर्ग में रहती है। सती की माँ, बाप और पति का खानदान चौदह जन्मों के लिए पवित्र हो जाता है।"

विडम्बना की बात यह है कि माखन जब चौदह साल का था, सबने पकड़-धरकर उसकी माँ को सती बना दिया था। माखन इकलौता बेटा था। उसका बाप दूसरी औरत के साथ इलाहाबाद में रहता था। माखनलाल माँ के अलावा किसी को नहीं जानता था। माखन की माँ की वंश-मर्यादा कम थी, इसलिए वह सहमी-सहमी-सी रहती थी। माखनलाल के बाप की मौत शहर में ही हुई थी। पति के द्वारा उपयोग में लाये गये जूतों को, जिन्होंने माखन की माँ के बदन को सोलह साल से ज़ख्मी और मन को डरपोक बना दिया था, छाती से लगाकर वह मरने चली गयी। उसके ससुराल में हमेशा ऐसा ही होता आ रहा है। यही रिवाज़ है।

अयोध्याकुमारी सिर्फ दस साल की लड़की थी। फिर भी उसे छुटकारा नहीं मिला। पति के मरते ही हाथ में आम का डण्ठल लेकर लाल साड़ी पहने पीढ़े पर बैठ गयी और कहा, "सत्-सत्।" आखिर में डर लगा था। उछलकर बाप के पास भागकर जाना चाहा। लेकिन बाप ने उसे जोर-जबर्दस्ती से पकड़कर चिता में डाल दिया। ढोल-ढाक के कारण उसकी रुलायी सुनायी नहीं पड़ी थी। भाँग के नशे में उसने चिता की प्रदक्षिणा की थी। कहते हैं, वही उसका असली रूप था। दस साल की उम्र में सती होकर अयोध्याकुमारी अपने परिवार के लोगों को बहुत बड़ा पुण्य दे गयी है। भाई के हिस्से की बहुत बड़ी जायदाद पाकर उसके देवरों ने यमुना के किनारे बड़ा-सा चौरा बनवा दिया है और बाप ने गाँव में मन्दिर।

अयोध्याकुमारी का उदाहरण देकर माखन की माँ को उसकी माँ और ननदों ने समझाया था। कहा था, "माखनलाल अब छोटा नहीं है। कितनी ही औरतें कच्ची उम्र के बाल-बच्चे छोड़कर चली जाती हैं। माखन की माँ उस समय भाँग और अफीम के नशे में धुत्त थी। कुछ बातें उसके कान के अन्दर गयीं और कुछ नहीं। झण्डा उड़ाते, बाजा बजाते, कौड़ी, फूल और मिठाई फेंकते धूमधाम के साथ वे लोग माखन की माँ को ले गये थे। जेवर जेठ ने उतार लिये थे और ससुर ने उसके हाथ में ताँबे की पाई थमा दी थी—इसलिए कि बहू दान कर पुण्य अर्जित करे। माखन की माँ को अन्तिम घड़ी में होश आया था। लड़के का नाम लेकर पुकारा। लेकिन तब समय नहीं था। दसियों गाँवों के लोग चारों तरफ से आकर इकट्ठे हो गये थे। ढोल-ढाक जोर-जोर से बज रहे थे। धूप के धुएँ के कारण आँखों में धुँधलापन तिर रहा था। हज़ारों आदमी एक साथ जय-जयकार कर रहे थे। जलती चिता में घी की आहुति देते हुए पुरोहित उच्चारण कर रहे थे—अनश्रयो अनमोवाः सुशेवा आरोहन्तुः...।

उस रात जब सब लोग शोरगुल मचाने में मगन थे, माखन भागा-भागा अनवर के घर गया था। अनवर की माँ की गोद में सिर छिपाकर फूट-फूटकर रो पड़ा था और अपनी जात को उसने जी भर कोसा था।

उसी वक़्त से माखनलाल ईसाई हो गया है। गाँव भी लौटकर नहीं आया। सबको पता है कि वह कानपुर में रहता है। बूढ़े पादरी की बदौलत फारसी और अंग्रेज़ी सीखकर मुनीम हो गया है। साहब के साथ खेमे-खेमे का चक्कर लगाता है और दुभाषिये का काम करता है। इसके अलावा हिसाब-किताब रखता है, खाता लिखता है। बहुतों का कहना है कि उसका नाम भी बदल दिया गया है। यह सब सोचते-सोचते अनवर बाज़ार की ओर चल दिया।

सबेरे का समय। शिव-मन्दिर के पुरोहित जी नदी में स्नान कर लोटे से पानी छींटकर आसपास के तमाम रास्तों को पवित्र करते हुए आ रहे हैं। उनका तीव्र

कण्ठ-स्वर दूर से सुनायी पड़ रहा है—किरपा होई राघव राम से उद्धार भेल सन्तापी...। पत्थर से पाटे गये रास्ते के दोनों किनारे दो मंज़िलें मकान हैं। निचली मंज़िल में बैठा बूढ़ा दर्ज़ी कपड़ा सी रहा है। मौलवी साहब हाथ में चाबी का गुच्छा थामे मकतब का दरवाज़ा खोलने जा रहे हैं। लड़कियाँ साग-सब्जी, दूध और घी के मटके सिर पर थामे, घाघरे को लहराती जोर-जोर से बातचीत करती हुई जा रही हैं। यमुना की नानी चक्की पीस रही है।

बिजली गिरने के कारण यमुना का जो पेड़ झुलस गया है उसे पारकर अनवर बाज़ार पहुँचा। सबसे पहले उसकी नज़र मोटे नवलकिशोर पर पड़ी जो चारपाई पर खड़ा होकर चिल्ला-चिल्लाकर कुछ बोल रहा था।

बहुत बड़ा चबूतरा है। नवलकिशोर उसी पर खड़ा है। उसके इर्द-गिर्द सभी लोग बैठे हैं। सफेद गोलाकार चिकन की बेलबूटेदार टोपी सिर पर डाले गाँव के सम्मानित बूढ़े लोग आये हैं। नवल क्या कह रहा है? वह फौजी ज़िन्दगी के बारे में बता रहा है। कह रहा है : नौकरी मिलेगी, छुट्टी मिलेगी और बुढ़ापे में 'पेनसिल' भी मिलेगा। वहाँ सुरक्षा है, रुपया-पैसा है, कद्र और ख़ातिर है।

अनवर ने हाफिज के कान में फुसफुसाकर कहा, "नवल कब से इतना विश्वासी आदमी हो गया?"

हाफिज बोला, "जात-पाँत पूछे न कोई, जनेऊ पहन के ब्राह्मण होई। शहर का चक्कर लगाकर आया है। उसकी औरत का चाचा कानपुर में रिसालेदार है। इसीलिए उसमें बिलकुल बदलाव आ गया है। थैली-भर रुपया लेकर आया है। अपने घोड़े पर सवार होकर आया है। देह पर शाल और पैरों में नागरा जूते भी हैं।"

नवल समझाने लगा—किसान होकर पैदा हुए हो तो सर पर कर्ज लादकर आये हो। कर्ज मर्दों का शौहर है। कर्ज चुकाते-चुकाते मर जाओगे और फिर औलाद के सिर पर छोड़ जाओगे। हमारे बाप-दादे सिर्फ खेती ही करते आये हैं। उस समय एक रुपया कमाता था तो आदमी तीन महीने खाता था। अब पैसे के भी लाले पड़ गये हैं। पैसा लाने की ज़रूरत है।"

भीड़ के लोगों ने हामी भरी। पैसे की हर आदमी को ज़रूरत है।

नवलकिशोर का कण्ठ-स्वर पुनः सुनायी पड़ा, "फौजी ज़िन्दगी बड़े ही सम्मान की ज़िन्दगी है। नवाब साहब की प्रजा के सारे लोग आज बड़े-बड़े फौजी सिपाही हैं। अब वह दिन ही रहा कि पूरी मज़दूरी के बदले आधी मज़दूरी देकर कोई ठग लेगा। कभी ऐसा होता था। उस समय दुःखित होकर जत्थे-के-जत्थे सिपाही नौकरी छोड़कर चले गये थे। आज के गोरे बड़े ही भले हैं। पूरी तनख़्वाह दी जाती है। गाँव के निकट ही रहना पड़ेगा। चिन्ता की कोई बात नहीं।

नवलकिशोर के स्वर में अनवर को सचमुच ही आशा की झलक दिखायी पड़ी। अभावों की चोट से जीवन बहुत ही विशीर्ण हो गया है। पैसे की उसे बेहद ज़रूरत है।

उस दिन की बात को केन्द्र बनाकर घर-घर चर्चा चलने लगी। उसके बाद विदा की बारी आयी। घर-घर से विदा होकर लोग यमुना पार चल दिये। नाव की छतरी पर बत्ती जलाकर रातोंरात कितने ही आदमी पार चले गये।

इतिहास के पासे में भी हेर-फेर हुआ है। काल के अमोध विधान के कारण दुलकी चाल से चलनेवाले दिन बीत गये हैं। ठगों और पिण्डारियों के जुल्म से मुसाफिरों का कलेजा काँपता रहता था, तीर्थयात्रियों और हाजियों की भी यही हालत थी। ऊँट की पीठ पर इस्तम्बूली कालीन लादे घुमक्कड़ी पोशाकवाले अरब सौदागर और तामजान में बैठी मिसरी और फल बाँटनेवाली राजपूतनियों के दिन लद गये हैं। नये लोगों का आगमन हुआ है। हिन्दुस्तान उन्हीं लोगों का है। हिन्दुस्तान के करोड़ों आदमी उनकी प्रजा हैं। फौज उनकी ज़रूरत का हथियार है।

एक रात अनवर कलेजे में हिम्मत बाँधकर घर से निकल पड़ा। परी के अनुनय-विनय और चौदह साल के खुदाबख़्श के भले-बुरे की चिन्ता से उसे प्रेरणा मिली।

अनवर नाम लिखाने गया, उसके बाद फिर लौटकर नहीं आया। आजकल करते-करते दस दिन गुज़र गये फिर भी न तो उसकी कोई ख़बर मिली न ही वह खुद लौटकर आया। परी सिर्फ दुआएँ माँगती रही। अल्ला मियाँ जाने किस आसमान पर बैठे हैं कि दुआएँ उनके कानों में पहुँचती ही नहीं।

अचानक आधी रात में ख़बर आयी। किसी की पुकार से परी की नींद टूट गयी। कौन दरवाज़ा ठेल रहा है? कोई जानवर तो नहीं है? परी ने भाला उठा लिया। उसी समय अनवर की आवाज़ सुनायी पड़ी, "परी, परी...।"

दरवाज़ा खोलने पर अनवर पर नज़र पड़ते ही परी अवाक् हो गयी। पैर से घुटने तक कीचड़ और लोहू से लथपथ है। बदन पर धूल। आँखों में दहशत।

"क्या हुआ?"

अनवर ने बहुत बड़ा गुनाह किया है। वह फौज से भाग आया है। फौज के सिपाही के लिए इससे बढ़कर कोई गुनाह नहीं हो सकता। जफर और हबीब भी भाग गये हैं। वे लोग भी उसी के साथ थे।

अनवर तख़्ते पर बैठ गया। लड़खड़ाती जबान में पिछले कई दिनों की बातें बता गया। सरकारी कागज़ पर सबने जब अँगूठे की छाप दी तो अनवर ही अकेला ऐसा व्यक्ति था जिसने उर्दू में दस्तखत किया। खुश होकर साहब ने उसे बुला भेजा।

बताया, चूँकि वह लिखना-पढ़ना जानता है इसलिए जल्द ही उसकी तरक्की हो जायेगी।

उसके बाद उन लोगों की गतिविधि पर साहब लोग कड़ी निगरानी रखने लगे। सबके मन में सवाल पैदा हुआ कि आखिर उन पर निगरानी क्यों रखी जाती है। शाम के वक़्त ख़बर आयी और वह ख़बर एक जबान से दूसरी जबान पर पहुँचकर चारों तरफ फैल गयी। उन्हें सुदूर पंजाब जाना होगा। बरखास्त किये गये कुछ सिपाहियों से यह ख़बर मिली। नये-नये फौज में भर्ती किये गये जवानों से ये लोग मिल-जुल न सकें, इसी के लिए साहब लोग कड़ी निगरानी रख रहे थे। फिर भी ख़बर दबाकर नहीं रख सके। अब पता चला, जिस शर्तनामे पर उन लोगों ने अँगूठे की छाप दी है उसमें लिखा है कि बिना किसी तरह की आपत्ति किये हिन्दुस्तान की हर जगह जाना होगा।

"नवलकिशोर ने तो यह नहीं कहा था।" कहेगा क्यों? वह तो गोरों का आदमी है। फौज के लिए सिपाहियों का इन्तजाम करना ही उसका पेशा है। लेकिन बेईमानी कर नवल भी पार नहीं पा सका। अनवर पीठ सीधी कर खड़ा हो गया। वह इतना विशाल लग रहा था जैसे फूस की छावनीवाले कमरे में अँट नहीं रहा हो। उसके बाद बोला, "उस बेईमान को मैंने ख़त्म कर दिया है। चाकू उसकी देह के इस पार से उस पार निकल गया। वह अब दुनिया की रोशनी नहीं देख पायेगा। उसका ख़ून कर हम भाग आये हैं। फौज हमारा पीछा कर रही है।"

वे लोग तीन दिनों से भागते चले आ रहे हैं। रात में छिपकर रास्ता चलते हुए इतनी दूर आये हैं। सामने बहुत बड़ी मुसीबत है। उस मुसीबत की शक्ल वह पहचानता नहीं मगर इतना ज़रूर समझ रहा था कि उसे अभी तुरन्त भागना है।

"कितनों दिनों के लिए?"

यह तो अभी नहीं बता सकता। हो सकता है कुछेक महीनों के लिए।

फिर अनवर आज रात बिठौली क्यों आया? बिठौली तो बड़ी सड़क के उस पार ही है। पिछले साल ही बिठौली के निकट ही कनात डाली गयी थी। वहाँ मिलीटरी साहब शिकार करने आया था जिसकी मेम साहब घोड़े पर सवार होकर घूमती थी।

यह सब बात अनवर को भी मालूम है। जफर और हबीब गाँव के पास नहीं आये। रातोंरात यमुना पार कर वे सासाराम का रास्ता पकड़कर निकल गये। अकेले वही आया है। परी और खुदाबख़्श को एक बार देखे बगैर चले जाने का मन नहीं हो रहा था।

आमने-सामने खड़े हो वे निर्वाक् जैसे हो गये नयी-नयी समस्याएँ मुँह बाये खड़ी हो गयीं। नये-नये सवाल पैदा हो गये। सहज उद्वेगहीन जीवन के साधारण सुख-दुःख

के प्रश्न गौण हो गये। यही परी उसके सामने खड़ी है जिसके रूप और गुण उसे इतने दिनों तक बहुतों से हीन महसूस होते थे। सहजता से उसका सेवा-भाव स्वीकार लिया। परी आलस को परे रख उसके घर का कामकाज करती चली आ रही है। लड़के की देख-रेख की है, फसल काटने के मौसम में चपाती बनाकर खेत पर ले गयी है और उसे खाना खिलाया है। रात जगकर रोशनी के सामने बैठ कपड़े को रफू किया है, टोपी में पैबन्द लगाया है। त्योहार के मौके पर पहननेवाले लाल रेशम के कुरते में बेलबूटे काढ़े हैं।

आज इतने बरसों के बाद अनवर के ध्यान में आया कि परी के चेहरे में अब पहले-जैसा सलोनापन न रहा, सेहत भी पहले-जैसी न रही। माथे पर शिकन पड़ गयी है, बाल पतले हो गये हैं और दोनों हाथ कठिन परिश्रम की गवाही दे रहे हैं। फिर भी इसी नारी के साथ उसका जीवन जुड़ा हुआ है। इसे छोड़कर जाना होगा, यही सोचकर उसकी छाती तेज़ी से धड़क रही है।

विदा के क्षण की विह्वलता को संयत कर परी बोली, ‘‘बैठो, पानी ला देती हूँ, हाथ-पाँव-मुँह धो लो।''

‘‘वक़्त नहीं है, परी।''

‘‘कुछ खाओगे नहीं?''

‘‘वक़्त नहीं है।''

वक़्त क्यों नहीं है? जरा-सा सुस्तायेगा नहीं, कुछ खायेगा नहीं, अनवर यह किस तरह की विदा ले रहा है? तीन बरसों से परी आधा पेट खाकर रहने की तकलीफ महसूस करती आ रही है। उन लोगों को जब निराहार रहना पड़ता था तो गाँव के किसी-किसी घर में दशहरा और रामनवमी धूमधाम से मनायी जाती थी। ईद और शबे-बरात में भी किसी-किसी घर में जश्न मनाया जाता था। पटाखे छोड़े जाते थे, रंगीन काग़ज़ से ढँकी टोकरी में नये कपड़े और तरह-तरह की मिठाइयों की सौगात आती थी। उन दिनों इनी खसम ने उसे कितना अपमानित किया था! खाने की थाली उठाकर फेंक देता था, बात-बात पर लड़के को मार बैठता था। शाम के वक़्त जब परी पानी लाने जाती तो लाला लोगों की बूढ़ी दादी रहम खाकर, स्वयं को उसके स्पर्श से बचाती हुई उसके आँचल में आटा डाल देती थी। यह बात अनवर को मालूम हो जाती तो वह गाली-गलौज करने लगता था।

फिर भी परी उस दुःख से दुःखित नहीं थी, सुदिन की उम्मीद में अपने कलेजे में हिम्मत बाँधे थी। चाहे जो हो, मर्द तो घर में है न! आज उसकी उसी उम्मीद पर पानी फिरने जा रहा है। परी बेसहारा हो जायेगी और खुदाबख्श को दूसरे के रहम पर ज़िन्दगी जीनी होगी।

परी पति के घुटने पर सिर रख ज़मीन पर बैठकर रोने लगी। फूट-फूटकर रोने के कारण उसका जिस्म रह-रहकर काँप उठता था। अनवर ने झुककर उसे उठाना चाहा। वह भी ज़मीन पर बैठ गया। परी को अपने पास खींच लिया।

कमरे में खिड़की से चाँदनी आ रही है। टूटे मकान में चाँदनी! उसी रोशनी में अनवर बहुत देर तक अपनी बीबी की ओर ताकता रहा। परी का चेहरा ताँबई है। चोटी के सामने रूखे-सूखे बाल। जब शादी हुई थी, उस वक़्त भी उसने इतनी कशिश महसूस नहीं की थी। उसने बहुत बड़ी ग़लती की थी। लगता है, इसीलिए आज रात ख़ुदा ने उससे मुलाकात करा दी है।

चाँद जब नीचे झुक गया उस समय भी सोये अनवर के चेहरे की ओर ताकती परी बैठी रही। पति ने कहा था : मुझे जगा देना, अँधेरे में ही निकल जाऊँगा। उसके कहने से ही वह क्यों जागने लगी? रात अब भी बाकी है। परी भी उठँगकर बैठ गयी।

नींद न टूटती तो शायद अच्छा होता। नींद टूटी भी तो तब जब सूर्य की किरणें प्रखर हो उठीं। घोड़े की टाप और कुछ लोगों की चिल्लाहट कानों में आयी।

अनवर की समझ में सारी बात आ गयी। एक ही छलाँग में उठकर खड़ा हो गया और छुरा बाहर निकाल लिया। जैसे ही बाहर निकला फिरंगी अफसर चिल्ला उठा। परी ने रोकर पति को छाती से लगा लिया। परी को एक ही झटके में अनवर ने ठेलकर गिरा दिया और चिल्ला उठा, "चलो जाओ, कौन मर्द है?"

उसका सीना तन गया। आँखों से चिनगारियाँ निकलने लगीं। परी उसके इस रूप को पहचानती नहीं थी। बहुत दिन पहले अनवर का बाप शेर से लड़ा करता था। उस क्षण अनवर को अपने बाप की याद आ गयी। उसका भी ख़ून खौलने लगा है। कँटीली झाड़ी, सूखे नाले, गेहूँ के खेत, अँधेरे जंगल पार कर डेविसन तीन रातों से तीन बदमाश नेटिवों की तलाश कर रहा है। तीन के बदले दस को फाँसी के फन्दे पर लटका देने से भी काम चल जाता मगर जोन्स साहब गुस्से में हैं। उसे वही तीनों आदमी चाहिए। सबने बताया है यही आदमी दल का सरदार है। अनवर पर नज़र पड़ते ही उसने एक भद्दी गाली दी और बन्दूक थाम ली।

तब तक अनवर का छुरा सबसे आगे खड़े सिपाही के गले पर लग चुका था। खुदाबख्श ने उसके हाथ में भाला थमा दिया। लेकिन प्रतिपक्ष पर दूसरी बार आघात करने का उसे मौका नहीं मिला। डेविसन की गोली से उसके पहले ही उसका कलेजा बिंध चुका था।

सुबह की शान्ति को दबोच परी और खुदाबख्श की कराह गूँज उठी। अनवर के जवान जिस्म को रौंदता घोड़ों का झुण्ड निकल गया। अनवर का कद्दावर जिस्म छिटककर गिर पड़ा। रेत पर ख़ून का फव्वारा छूटने लगा।

तब तक मुसीबत की ख़बर गाँव के घर-घर में पहुँच चुकी थी। सबसे पहले गाँव के मदन मोहन का सेवायत परमेश्वर मिश्र दौड़ा-दौड़ा आया। अपनी शक्तिशाली भुजाओं में उसने अनवर का सिर उठा लिया। हाफिज ने उसके पैर पकड़े। बूढ़ा लाला चारपाई खींचकर ले आया और उस पर अपने बदन की चादर डाल दी।

पानी के छींटे से ज़मीन भींग गयी। चादर के आवरण को भेदकर रक्त का फव्वारा बाहर आने लगा। कुछ देर के बाद अनवर ने आँखें खोलीं। खुदाबख्श उसके सामने झुककर खड़ा हो गया।

अब्बा उससे क्या कहना चाहता है? उसके होंठ हिल रहे हैं। खुदाबख्श के कान बहुत ही तेज हैं।

बेटे के चेहरे की ओर ताककर अनवर ने आहिस्ता-आहिस्ता टूटे स्वर में कहा, "बेटा, बेटा, लाल!"

"अब्बाजान!"

"तू इसका बदला लेना... मेरा ख़ून कर दिया... भूलना नहीं।"

"कभी नहीं भूलूँगा अब्बा!"

"भूलना नहीं।"

इन शब्दों को अनवर ने जोर से कहा। चंचल उँगलियों ने मृत्यु के बन्धन को तोड़ देना चाहा। रक्त के दो-तीन फव्वारे और छूटने लगे। पूरा बदन थरथर काँपा और फिर शान्त हो गया।

खुदाबख्श पागल की तरह अपने बाप के शरीर की ओर झपट पड़ा। परी तब भी बेहोश थी।

उस रात घर के सहन में लोगों का मजमा लगा रहा। कफन का बन्दोबस्त हो चुका है, मौलवी साहब के फातिहा पढ़ने-भर की देर है। मौका देखकर मौलवी इठलाने लगा। बोला, "मेरे साथ उसने कैसा सलूक किया है! मुझे कितना अपमानित किया है।"

मौलवी की बात सुनकर गँवार हाफिज ने उसे धमकी दी, "घर में आग लगा दूँगा। खेत लूट लूँगा।" आखिर में मौलवी डरकर आया।

अनवर ने जिस आम के पेड़ को रोपा था, उसी के नीचे उसे दफनाया गया।

ख़बर पाकर सुबह के वक़्त परी का चाचा भैंसागाड़ी पर आया। सान्त्वना देता हुआ बोला, "मेरे साथ चल बेटी, दोनों आदमी वहीं रहेंगे।"

खुदाबख्श ने भी हामी भरते हुए कहा, "मैं तो बाहर निकल जाऊँगा। तुम किसके पास रहोगी माँ? नाना के साथ ही चली जाओ न।"

परी अपने बेटे को छाती से लगाकर रोने लगी। लेकिन बेटा संकल्प से नहीं डिगा। अपने बाप का वह योग्य पुत्र है, उसका प्रमाण उसे देना ही है। वरना वह

सहन की कब्र की ओर कैसे ताकेगा? बाप को वह कौन-सी कैफियत देगा? बाप की बातें और उसकी दृष्टि उसके मन में निरन्तर चाबुक मार रही है। किसी भी हालत में वह घर में नहीं रह सकता। दूर, बहुत दूर निकल जायेगा।

उसका किशोर मुख अग्निशिखा की तरह पवित्र है। परी उसकी ओर देखकर रो पड़ी, "अरे तू क्या करेगा मेरे लाल?"

"पठान कभी फिक्र नहीं करता, माँ। हिम्मत करने से आदमी को अपने-आप रोजी-रोटी मिल जाती है।"

जिन्दा रहने पर अनवर जिस तरह समझाता-बुझाता था, उसी तरह खुदा-बख्श ने भी परी को समझाया। परी ने कहा, "ठीक है, मैं लेकिन इस पुश्तैनी मकान को छोड़कर कहीं नहीं जाऊँगी। घर में चिराग कौन जलायेगा?"

पड़ोस के लोग खुदाबख्श को समझाने आये। हाफिज, सुजान, किसनसिंह, लाला। सबने कहा कि परी उन लोगों के भरोसे रह सकती है। खा-पीकर वे लोग जीवन जी सकते हैं तो परी क्यों नहीं जी सकती? उसे किसी तरह का अभाव नहीं होने दिया जायेगा।

खुदाबख्श को नन्दलाल ले जायेगा। वह अनवर का बचपन का दोस्त है। परी ने रात जगकर लड़के के कपड़-लत्ते रफू किये। सहेजकर गठरी बना दी। कमर में बात का छुरा खोंस लिया।

पौ फटने के पहले ही रवाना होना है। नन्दलाल बुलाने आया। नदी में नाव चल रही है। खुदाबख्श धुँधली आँखों से माँ को देखने लगा। परी अर्जुन के पेड़ को पकड़े माथे पर हाथ रखे खड़ी है। वह उसकी केवल माँ नहीं, बल्कि गाँव है। गाँव ही उसे विदा देने के लिए सुबह-सुबह नदी किनारे आया है।

नाव से नदी पार कर दूसरे किनारे पर पहुँचते ही उसने नयी मिट्टी पर पाँव रखा। उसके नये जीवन की शुरुआत हुई।

नन्दलाल और खुदाबख्श लगभग पन्द्रह दिन तक राह चलते रहे। बीच-बीच में सरायें हैं। राह चलते दोस्तों पर यकीन नहीं करना चाहिए। ठगों का जोर-जुल्म बेशक थम गया है मगर हर पग पर डाकू और बटमारों का भय तो बना ही रहता है।

बाँदा पहुँचने पर नन्दलाल ने खुदाबख्श को केन नदी के तीर पर आश्चर्यजनक चीज़ें दिखायीं। बोला, "बीच नदी में यह जो लाल, हरे और गेरुए पत्थर देख रहे हो, उन्हें मन्त्र से अभिषिक्त किया गया है। देखोगे?" यह कहकर उसने एक पत्थर को पटककर तोड़ डाला। उसके अन्दर सचमुच ही अजीब-अजीब लकीरें थीं। किसी में

आकर्षक मुद्रा में नृत्य करती हुई रमणी का चित्र तो किसी में अरण्य के ऊपर उगे चाँद का चित्र। नन्दलाल ने कहा, "पूनों की रात चन्द्रदेव स्वयं उतरकर आते हैं। कुछ देर तक वह जल की जिन-परियों के साथ लीला करते हैं। और फिर लौटकर चले जाते हैं। उसी वजह से पत्थरों पर इस तरह के चित्र खिंच जाते हैं।" इसी तरह की विचित्र परी-कथाएँ सुना-सुनाकर नन्दलाल ने खुदाबख्श को भुलाये रखा—आदमी और शेर की कहानी, बाँदा के राजा द्वारा मन्त्रपालित घड़ियाल की कहानी।

हमीरपुर, बाँदा और छतरपुर पारकर पन्द्रह दिनों के बाद वे दोनों ओरछा पहुँचे। शाम के वक़्त सारे शहर की परिक्रमा करने के बाद नन्दलाल ने टीकमगढ़ में अपने मित्र परन्तप का डेरा खोज निकाला।

परन्तप विशालकाय और चौड़े चेहरे-मोहरे का आदमी है। मूँछे ऐंठकर कान तक चली आयी हैं। पहनावा जोधपुरी और पैरों में पीतल के सलमे जड़े नागरा जूते।

प्रारम्भिक बातचीत और परिचय के बाद परन्तप तोंद नचाकर ठहाका लगाने लगा। बोला, "अरे मुसलमान पठान का छोकरा है?" खुदाबख्श की तरफ ढाल जैसे हाथ को बढ़ाकर बोला, "एक बार पंजा लड़ाओ बेटे, तुम्हारा इल्म भी देख लूँ।"

नन्दलाल बोला, "क्यों जी, सरकारी नौकरी क्यों छोड़ दी?"

परन्तप की भौंहों पर बल पड़ गये। बोला, "अरे भाई मेरे, चौहान कहीं नौकरी करता है? नौकरी क्या है—दोनों वक्त सिर्फ 'लेफ्ट-राइट' परेड करो, वर्दी पहनो और ये गँवार सूअरखोर फिरंगी कहेंगे—'टेन्सन!' तीन महीने तक किसी तरह रहा भैया, उसके बाद कनेर का फल खाकर खूब कै की। गोरे डॉक्टर ने कहा : हैजा हुआ है, इसे छुट्टी दे दो वरना छावनी में महामारी फैल जायेगी। अरे भाई मेरे, चौहान कहीं नौकरी करता है?" परन्तप फिर ठहाका लगाने लगा। उसके बाद जरा गम्भीर होकर बोला, "और काम करूँ तो किसके लिए? औरत उदयपुर के पास अपनी भैंस लेकर पड़ी है। मुझे भले ही छोड़ दे मगर अपनी चार भैंसों की मोह-माया नहीं छोड़ सकती। लड़के की शादी की मगर तकदीर ऐसी की उसकी औरत ने मन्तर पढ़कर उसे अपने काबू में कर लिया। फिर कहो भैया, खाँ साहब, किसकी खातिर अपना मान-सम्मान बरबाद करूँ? कौन ऐसा शेर है जिसका नौकर बनकर रहूँ?" यह कहकर उसने पहले की तरह ही ठहाका लगाया। परन्तप ने कहना जारी रखा, "भाई खाँ साहब खुदाबख्श, यह सब बात एक दिन तुम भी कहोगे; हाँ, मेरी ही तरह बूढ़े हो जाने के बाद। अभी तुम्हारा सीखने, मेहनत करने और लड़ने का वक़्त है। मर्द की ताकत हिम्मत ही होती है। हिम्मत-ए मरदा...।

नन्दलाल मुस्कुराने लगा, "देख रहा हूँ, बात-बात पर शेर-शायरी कहने की तुम्हारी आदत आज भी बरकरार है।"

"बेशक", परन्तप ने कहा।

शेर और शायरी तो शब्दों के जेवर की तरह हैं। उसे तो पहनाना ही होगा।

दूसरे दिन स्नान-आहार कराकर और कुरता पहनाकर परन्तप उसे अर्जुन सिंह पवार के पास ले गया। अर्जुन सिंह के घर में उस दिन तुलसी-शालग्राम का ब्याह था। बहुत बड़ी भीड़ थी और जोर-शोर से दावत चल रही थी।

अर्जुन सिंह पर आँख जाते ही परन्तप ने हँसकर गाली देते हुए बातचीत शुरू की, "अरे लुटेरे, अरे डाकू, अरे पवार के बच्चे, इत्र-गुलाबजल लेकर आओ, खातिर और सेवा-जतन करो, भरपेट खिलाओ-पिलाओ। देखो, तुम्हारे लिये क्या ले आया हूँ।"

दोनों जवानों ने एक-दूसरे को खींचकर गले से लगाया। उसके बाद परन्तप ने खुदाबख्श से कहा, "सलाम करो बेटे, यहीं तुम्हें काम मिल गया। बन्दूक चलाओगे, घोड़े की सवारी करोगे, तलवार चलाओगे। देखो भाई अर्जुन, जो-जो सिखाने लायक चीज़ है, वही सब सिखाना। तुम लोगों के कुछ खास-खास खेल हैं, वह सब नहीं सिखाना।"

गोपनीय बात का रहस्य कहीं खुल न जाये, यह सोचकर अर्जुन की बेचैनी महसूस होने लगी। कहा, "क्या बकते हो! जो होने को था, हो चुका है।"

परन्तप ने मुस्कुराते हुए कहा, "जो भी करना हो, सावधानी से करो। बहुत-सी चीज़ तुम लोगों की आदत में शुमार हो गयी है। इन्हीं सबके लिए परेशानी है। तुम लोग राजपूत सरदार ठहरे। कहाँ तो खेती और शिकार करते लेकिन नहीं उसकी जगह हज़ारों तरह की चोरबाज़ारी और लूटपाट का धन्धा करते हो। यह सब क्या राजपूतों का काम है?"

अर्जुन सिंह ने सिर हिलाकर कहा, "नहीं-नहीं; मैं फौज तैयार करना चाहता हूँ! राजा की मोहर प्राप्त हो चुकी है। तीन सौ फौजी सिपाही रखूँगा। इसके लिए आदमियों की तलाश कर रहा हूँ।"

उसी समय खुदाबख्श को काम मिल गया।

खुदाबख्श पाँच साल तक प्रशिक्षार्थी बनकर रहा। उसे तनख्वाह नहीं मिली। उपयोग के लिए उसे घोड़ा, बन्दूक और तलवार मिले। राजपूत लड़के प्रताप से उसकी बेहद घनिष्ठता हो गयी। दिन भर हज़ारों तरह का काम रहता था। छोटों का काम ही था हज़ारों तरह के काम की शागिर्दी करना। उसके अलावा घोड़े का सेवा-जतन करना, उसे पालतू बनाना, मालिश करना—सब-कुछ प्रशिक्षण में शुमार था।

लेकिन कुछ राज की बातें भी मालूम पड़ती हैं। बीच-बीच में जब सरकारी तहसीलदार मालगुजारी लेने आता है तो खाने-पीने की धूम मच जाती है। नाचनेवाली आकर नाचती है! उसका साजिन्दा संगत करता है। उस महफिल में सबकी बुलाहटें होती हैं। लेकिन रात में जब दूत कोई खबर लेकर आता है तो दस-बारह घुड़सवार

रातोंरात घोड़ा दौड़ाकर निकल जाते हैं। कभी-कभी बीस, पचीस या चालीस भी। रात में वे जाते हैं और भोर होते न होते घोड़े की पीठ पर थैला बाँधे लौट आते हैं। कुरते में खून का दाग लगा होता है। उस समय दरवाजे के पल्ले बन्द कर धीमी आवाज़ में वे लोग मालिक से बातचीत करते हैं।

खुदाबख्श ने एक दिन जब पूछा कि वे लोग क्या करते हैं तो उसे फटकार सुननी पड़ी। गर्जन सिंह ने उसे पुकारकर खूब डाँटा-फटकारा। एक भद्दी गाली सुनकर खुदाबख्श की आँखें अपमान से लाल हो उठीं। बोला, ''खबरदार, मैं पठान का बच्चा हूँ, यह बात याद रखना।''

गर्जन सिंह बोला, ''क्या करेगा तू? सिर उतार लेगा?''

अगर सम्भव होता तो खुदाबख्श सचमुच ही उसका सिर उतार लेता। उसके ख़ून में उबाल जो आ गया था। लेकिन प्रताप उसे जल्दी खींचकर ले गया। समझा-बुझाकर कहा, ''जालिम ने भालू का बच्चा पकड़ा है। चल देख आयें।''

प्रताप भालू का बच्चा दिखाने की बात कहकर उसे बहुत दूर ले गया—बेतवा की पतली धार पार करने के बाद जहाँ बालू का चर जंगल को छूता है। वहाँ पहुँचकर एक बड़ा पत्थर दिखाते हुए बोला, ''बैठो।''

''नहीं, बैठूँगा नहीं। जालिम कहाँ है?''

''जालिम आज हाट गया है। बैठो न।''

प्रताप ने जब बहुत ही इसरार किया तो खुदाबख्श शान्त होकर बैठ गया।

सामने का दृश्य जितना शान्त है उतना ही सुन्दर सफेद। रेत अचानक रोशनी से झलमलाने लगती है। बीच में पतली लेकिन स्वच्छ धारा प्रवाहित हो रही है। रेत पर आने-जानेवाले लोगों के पैरों की छापें उभर आयी हैं। हर रोज़ सुबह-शाम गाँव की लड़कियाँ झकझकाती पीतल की कलसियाँ एक पर एक रखे, घाघरे लहराती पानी लेने आती हैं। कोई-कोई अपने साथ छोटे-छोटे बच्चों या भाई-बहनों को भी लेकर आती हैं। नदी में कम पानी है इसलिए किसी मुसीबत की सम्भावना नहीं। अभी दोपहर का समय है आसपास कोई नहीं है। धूप में तपिश है। हवा से बीच-बीच में चाबुक-जैसी सन्न-सन्न आवाज़ आती है। एक प्यासा कुत्ता अपनी पूरी देह डुबोकर पानी पी रहा है और एक हीरामन अपने गुलाबी और हलदिया डैने से पानी को छूता ऊपर-नीचे उड़ रहा है। गले के अन्दर अपनी बड़ी चोंच को दुबकाये काँक पक्षी एक जोड़ा बैठा है। आँखों को बाल भर फैलाये वे नदी की छोटी-छोटी रुपहली मछलियों की गतिविधि की निगरानी करते हैं। जामुन के पेड़ की शाख पर गिलहरी ऊपर-नीचे हो रही है।

धूप ढल चुकी है। इस अनुपम परिवेश में प्रताप जो कुछ कह गया, वह जितना अविश्वसनीय लग रहा था उतना ही भयावह था। खुदाबख्श अपलक ताकता रहा और

अपने मित्र से कहने लगा, "बहुत दिन पहले, अर्जुन सिंह जैसे सभी परवार सरदार मराठा राजा के खिलाफ भुँइयावत करते थे। भुँइयावत का अर्थ है, ज़मीन के लिए लड़ाई। मगर अब परवर सरदारों के अभियान का मतलब था—लूटपाट, ख़ून-ख़राबा और स्वेच्छाचारिता। अराजकता पैदाकर ये लोग अपने-अपने गोदाम भर रहे हैं। आज यद्यपि वे भुँइयावत नहीं करते मगर अर्जुन का पुराना दल अब भी नहीं टूटा है। इन लोगों में बहुत-सारे व्यक्ति पुराने ठग या पिण्डारी हैं—लुटेरों के उस्ताद। ये लोग सरकारी डाक और मालगुज़ारी लूटते हैं। आगरा-सागर सड़क से जो सब राहगीर आते-जाते हैं, मौका देखकर ये लोग उनकी हत्या तक करके सोना-चाँदी, रुपया-पैसा लूट ले जाते हैं। यह सब तुम्हें जो मैं बता रहा हूँ, उसका एक शब्द भी उन लोगों को मालूम नहीं होना चाहिए। मालूम होने पर वे लोग मुझे मार डालेंगे। कई दिनों से लग रहा है कि वे अब तुम्हें भी अपने साथ ले जायेंगे।" यह सुनकर खुदाबख्श बहुत देर तक ख़ामोश बैठा रहा। उसके बाद प्रताप के कन्धे पर हाथ रखकर बोला, "यह सब बताकर तुमने एक दोस्त का फर्ज़ अदा किया है।"

मुहल्ले में लौटने के वक्त दोनों मित्रों ने ओरछा के लोगों को घोड़ा दौड़ाकर आते देखा। अर्जुन सिंह ख़ुद आकर उन लोगों को ले गया। प्रताप सिंह ने धीमी आवाज़ में कहा, "ओरछा में इन लोगों के बहुत-से आदमी आये हैं। वे लोग अकसर ख़बर पहुँचा जाते हैं। दो लुटेरे आपस में चचेरे भाइयों-जैसे होते हैं। लगता है, आज ही रात कुछ-न-कुछ होगा।"

शाम के वक़्त खुदाबख्श को बुलावा आया। अर्जुन सिंह ने कहा, "आज रात सब लोग शिकार करने जा रहे हैं। तुम गर्जन सिंह के पास रहना और वह जो कहे वही करना।

उस रात की बात खुदाबख्श को जब-जब याद आती है, वह मन-ही-मन बहुत लज्जित होता है। विवेक के समक्ष उसका मस्तक झुक जाता है। वह रात सचमुच लज्जा और कलंक की स्मृतियों से भरी थी।

उस रात वे घोड़े पर सवार होकर बरुवा सागर की ओर गये थे। खुदाबख्श के द्वारा हज़ारों बार पूछने के बावजूद गर्जन सिंह, महबूब या शान्तिप्रसाद ने उसे कुछ भी नहीं बताया था। तारों की धुँधली रोशनी में चारों तरफ चौकसी से देखते हुए लकड़बग्घे की तरह वे आगे बढ़ रहे थे। दूर टिमटिमाती रोशनी पर नज़र पड़ते ही तेज़ कदमों से सभी लोग उस ओर बढ़ गये।

खुदाबख्श का कलेजा अज्ञात उत्तेजना से उछल रहा था। हाथों में नंगी तलवारें लिये जब वे अचानक नींद में खोये मुसाफिरों पर टूट पड़े तो वह किसी भी हालत में आगे नहीं बढ़ सका। असहाय नारियों के क्रन्दन, शिशुओं के आर्त्तनाद और गर्जन सिंह के छुरे के वार से घायल मर्दों की दर्द भरी चीख़ों ने उसके कलेजे को दहला दिया।

पेड़ की टहनी में लटकी बत्तियों के प्रकाश में उसके संगी-साथी यमदूत-जैसे लग रहे थे। 'ख़ूनी! बेईमान!' कहकर उसने शान्तिप्रसाद के हाथ पर ज़ोरों से वार किया था। सुर्जन सिंह के हाथ पर भी आघात कर उसके हाथ की तलवार दूर फेंक दी थी।

"अरे बेवकूफ! पठानों के कुल-कलंक!" कहकर गर्जन सिंह ने उस पर वार किया तो खुदाबख्श के सिर पर जैसे ख़ून सवार हो गया था। वह अपने चारों साथियों से बहादुरी के साथ लड़ ही रहा था कि अचानक दूर से किसी पुरुष-स्वर का हुङ्कार सुनायी पड़ा था, कौ...न...है....

दूर बहुत-सारे घोड़ों की टापें सुनायी पड़ी थीं। मशालों की रोशनी तेज़ी से आगे बढ़ती आ रही थी। गर्जन सिंह ने हिंसक जन्तु की तरह दाँत पीसते हुए कहा था, "जाओ, अब मरो दुश्मन के हाथ से।" और साथ ही उसके कन्धे पर तलवार का भरपूर वार किया था लेकिन तलवार लोहे के जाल में फँसकर रह गयी थी।

तभी सामने के अँधेरे से बरछों की बौछार होने लगी थी। एक बरछा आकर खुदाबख्श के पैर में भी लगा था। उसका सिर चकराने लगा था परन्तु पछाड़ खाकर गिरने के पहले एक बालक-कण्ठ के चीत्कार ने उसे हज़ारों बरछों से ज़्यादा बींध दिया था! "पिता जी! पिता जी!" बालक की चीख़ ने खुदाबख्श के दिल को छलनी बना दिया था और उसकी आँखों के सामने बीते दिनों की तसवीरें तैरने लगी थीं—वह पाँच साल पहले की एक घटना थी। एक साहब के घोड़े के खुर से उसके अब्बा अनवर का शरीर क्षत-विक्षत हो रहा था और उस दृश्य को देखकर उसके कण्ठ से आकाश को विदीर्ण करनेवाली एक बेधक चीख़ निकल पड़ी थी। अनजाने ही उसके मुँह से निकल पड़ा : या अल्लाह।

और उसके बाद ही वह होश खो बैठा था।

होश आने पर शुरु में उसे महसूस हुआ जैसे वह अतल अँधेरे में आहिस्ता-आहिस्ता ऊपर उठ रहा हो। कोई उसे ऊपर की ओर ठेल रहा हो। अचानक उसने सुना, कोई उससे कह रहा है, "कैसा महसूस कर रहे हो अब?"

खुदाबख्श ने बहुत तकलीफ से आँखें खोलीं। एक कद्दावर बलिष्ठ पठान पर उसकी नज़र पड़ी। वह रक्तिम आँखों में कौतूहल, क्षमा और ममता लेकर उसकी ओर ताक रहा था।

आँखों में शिशु-जैसा विस्मय लिये खुदाबख्श ने उसकी ओर देखा समझ में आ गया कि वह एक चारपाई पर लेटा है। उसके सिर के ऊपर छत है। टूटी आवाज़ में उसने कहा, "पानी!"

अधेड़ पठान ने उसके मुँह में पानी डाला। खुदाबख्श ने उठकर बैठना चाहा तो उसने तत्क्षण लिटा दिया। बोला, "क्यों ख़ाँ साहब, बिलकुल चंगे हो गये? उठकर

बैठने का मन करता है?... समद!" नाटे कद और गोरे रंग का एक बूढ़ा दौड़ा-दौड़ा आया। वह पीतल के लोटे में कुछ लेकर आया था। अदब के साथ बोला, "उस्ताद!"

"अरे, तुम किस तरह के हकीम हो? मरीज़ अभी क्या खायेगा? क्या आज भी उसे इलायचीदाने के साथ गरम पानी ही पीना पड़ेगा? तुम्हारी किताब क्या बता रही है?"

"आज उसे दूध दूँगा, हुजूर। खास बीकानेरी मिसरी में पकाया है।"

अधेड़ ने अपनी आँखों में कौतूहल भरकर कहा, "इस जंगल में तुम्हें भैंस कहाँ मिल गयी, समद? वह भी क्या तुम्हारी किताब के पन्ने में ही बँधी हुई थी?"

"खास हकीमी कायदे से इन्तजाम किया है, हुजूर। कल गाँव के ताल्लुकेदार को साँप ने काट लिया था। बिना ज़हर का साँप था। फिर भी मन्तर-वन्तर पढ़ा। आज सवेरे आकर उसने कहा : हकीम साहब, ज़मीन लो और मेरे गाँव में बस जाओ। मैंने कहा : मेरी किताब में ज़मीन लेने की मनाही है। इस पर वह लौटकर चला गया और दूध, मिसरी के साथ दो बकरे भी भिजवा दिये।"

"बस! बस! कुछ और तो नहीं दिया न समद?"

"तौबा, तौबा" कहकर समद नाक मलने लगा। बोला, "हुजूर हकीमी करके रुपया-पैसा लेना मैंने बन्द कर दिया है।"

समद ने एक छोटे-से प्याले से खुदाबख्श के मुँह में दूध डाल दिया। खुदाबख्श ने अपने जिस्म में उष्णता और ताज़गी महसूस की। वह फिर नींद के आगोश में खो गया।

जब फिर उसकी नींद टूटी तो अँधेरा फैल चुका था। लगा रात काफी हो चुकी थी। उसके पास वही अधेड़ व्यक्ति अब भी बैठा हुआ था। बोला, "कल से सिर्फ सोते रहे हो, अब उठकर बैठ जाओ जरा।"

उसने खुदाबख्श को पकड़कर बिठा दिया और खुद भी उसकी बगल में सहारा देकर बैठ गया। कुछ देर वह ख़ामोश रहा उसके बाद सहसा अत्यन्त गम्भीर स्वर में पूछा, "मैं कौन हूँ, इसका तुम्हें पता है? मैं गुलाम गौस खाँ—झाँसी राज्य का सरदार तोपची।" उसके बाद कुछ देर तक उससे गाली-गलौज करता रहा। बोला, "तुम लोग पठान के नाम पर कलंक हो। कुछ लुटेरे-डाकुओं से हाथ मिलाकर तुमने निहत्थे मुसाफिरों को लूटा था। तुम लोगों ने दो आदमी और एक बच्चे की हत्या की है। तुम्हें शर्म नहीं आती? मैंने तुम्हारी जान बचायी है मगर इस तरह की जान रहने या जाने से क्या बनता-बिगड़ता है? होश या मानखातिर की कोई ज़रूरत नहीं? तुम बेहोश और बेईमान हो? अभी तुम्हें अगर फाँसी पर लटका दूँ तो? गोली मार दूँ तो? ज़ख्मी बनाकर शेर के सामने या बेतवा के चर में गाड़ दूँ तो? तुम्हारा कौन-सा मालिक तुम्हें बचाने आयेगा?"

"जबान सँभालो बड़े मियाँ!" खुदाबख्श तैश में आकर चिल्ला उठा। "यह सारी बात सच नहीं है।" इसके बाद खुदाबख्श ने हाँफते-हाँफते उसे पूरी बात बतायी।

सुनकर गुलाम गौश गुमसुम हो गया। थोड़ी देर बाद बोला, "काम करोगे?"

"ज़रूर करूँगा।"

"खातिर बनाये रखोगे न?"

'इम्तहान लेकर देखिये।"

"ख़ैर, मैं इत्मीनान कर लूँगा। इस राज्य में कुछ बदमाश लुटेरे भी हैं। इसीलिए मुझे अकसर यहाँ-वहाँ का चक्कर लगाना पड़ता है। आज से तुम्हें कम-से-कम तीन साल तक मेरी शागिर्दी करनी होगी। शागिर्दी ख़त्म होने के बाद मैं तुम्हें झाँसी ले जाऊँगा। वहाँ राजा से तुम्हारी मुलाकात कराऊँगा। उसके बाद तुम शहर में रहोगे। मेरे अधीन बाईस तोपची कमाने हैं। तुम्हीं उनकी देख-रेख करोगे। राजा की मोहर लगवाकर मैं तुम्हारी शागिर्दी मंजूर करा देता हूँ। तलब के तौर पर तुम्हें पचीस रुपया मिलेगा। राजी हो?"

खुदाबख्श राजी हो गया। उत्साह और आनन्द से उसका हाथ थर-थर काँपने लगा। अपनी ज़िन्दगी में उसने आज पहली बार कृतज्ञता स्वीकार की, "ग़रीबपरवर, सलाम! आपके कदमों पर मेरा सिर।"

कुछ दिनों के बाद उस्ताद गुलाम गौस फौज लेकर खुदाबख्श के साथ अर्जुन सिंह के डेरे पर भी गया था, रास्ता खुदाबख्श ने दिखाया लेकिन चिड़िया इसके पहले ही उड़ गयी थी।

एक बहुत बड़ी जली हुई छावनी पर उनकी नज़र पड़ी। सारा सरो-सामान हटाकर गोदामघर में आग लगा वे लोग उसी रात वहाँ से भाग गये थे। मगर प्रताप कहाँ चला गया? गाँव के लोगों ने बताया, प्रताप की लाश जंगल में पड़ी हुई थी। शुरू में लोग उसे पहचान नहीं सके थे। बाद में एक ताबीज पर निगाह जाते ही एक आदमी ने उसकी शिनाख्त की थी। अर्जुन सिंह के दल के लोग प्रताप की हत्या करके कहीं चले गये थे।

सब-कुछ सुनने के बाद खुदाबख्श गहरी व्यथा से उदास हो गया था। अपने अन्तरंग मित्र के वियोग में उसकी आँखों से आँसू की बूँदें ज़मीन पर चू पड़ीं। अस्फुट स्वर में उसने कहा था, "बदवक़्त बेचारा!"

उस्ताद से छुट्टी लेकर गाँव जाते समय भी खुदाबख्श को बहुत बार अपने मित्र की याद आयी थी। इकहरा, गोरा, लम्बा चेहरा, कोमल शरीर और तनिक भीरु स्वभाव का था वह। मगर खुदाबख्श को प्यार बहुत करता था। माँ-बाप को खो देने के बाद

रोज़ी-रोटी की ख़ातिर प्रताप चाचा के दल में शामिल हुआ था, मगर वह इस पेशे के लायक नहीं था। खुदा ताला शायद इस बात को जानता था। इसलिए उन्नीस साल की ही उम्र में उसका बुलावा आ गया। मृत्यु का आगमन अचानक ही हुआ था।

खुदाबख्श के मन में स्वार्थ की भावना आयी—खुदा करे उसकी मौत इस तरह न हो। मौत आये तो लुक-छिपकर नहीं, बल्कि सामने से आये ताकि खुदाबख्श उसे पहचान सके। अपने बाप-दादों की तरह वह भी मौत की शक्ल साफ-साफ देख सके और उसका मुकाबला भी कर सके!

बीस दिनों तक रास्ता चलने के बाद बिठौली के शिव-मन्दिर का त्रिशूल दिखायी पड़ा—साँझ की किरणों में दूर से झलमला रहा था। नदी पारकर नौका-घाट से ही खुदाबख्श ने करीब-करीब दौड़ना शुरू कर दिया। वह पाँच साल के बाद वापस आ रहा था। धूल, घास, खेत और कुएँ की जगत मानो उसकी अभ्यर्थना कर रहे हैं।

हर रोज़ की तरह आम के पेड़ के नीचे चिराग़ जलाकर परी अपने बेटे के लिए दुआ माँग रही थी। पाँच साल से रात-दिन रोते रहने के कारण उसकी आँखों की ज्योति धुँधली हो गयी थी। बेटे के बारे में सोचते रहने के कारण उसका मन हमेशा चंचल रहा करता था। हज़ारों तरह की चिन्ताएँ भी उसके मस्तिष्क में उमड़ती-घुमड़ती रहती थीं। कभी वह खुदा से दुआ माँगती और कभी अपने पति से मन-ही-मन बातचीत करती—दोनों प्रसंग जैसे आपस में गुँथ-से गये थे। परी मन-ही-मन पति से ढेरों प्रार्थनाएँ करती—उसका बेटा सकुशल स्वस्थ रहे, किसी प्रकार के अमंगल की छाया तक उस पर न पड़े। आज भी रोज़मर्रा की तरह चिराग़ को नीचे रख परी दरवाज़े के सामने आकर खड़ी हुई। लगा, कोई अस्पष्ट आकृति खेत के रास्ते अँधेरे में दौड़ती आ रही थी। चलने की भंगिमा उसके पति-जैसी ही थी। उसी तरह सिर पर आये बालों को पीछे की तरफ झिटकता कोई आ रहा था।

क्या वह खुदाबख्श ही है? एकाएक मुट्ठी बाँधकर उसने दोनों हाथ छाती के पास रख लिये। कलेजा जैसे फट जायेगा—हाल में कटे गेहूँ के खेत से होकर परी पागल की तरह दौड़ पड़ी। पाँच वर्ष पहले फिरंगी के घोड़े के खुरों के धक्के से परी की छाती ज़ख्मी हो गयी थी। बेटे की याद आते ही गले में ताज़ा ख़ून बाहर निकल आना चाहता था—वह सब बात परी अभी जैसे भूल-सी गयी। वह बिजली की गति से दौड़ने लगी, हवा के झोंके से रूखे बालों की लटें चेहरे पर टकराने लगीं।

बेटे की छाती से लगकर परी रोने लगी और माँ को सीने से लगाकर खुदाबख्श धूल पर ही बैठ गया। दोनों एक-दूसरे को बाँहों में भरकर फूट-फूटकर रोने लगे।

उन्हीं नीरव आँसुओं से अनवर का तर्पण किया गया। शाम की शक्ति को भेदता हुआ तोतों का एक झुण्ड उड़कर चला गया। मुट्ठी-भर हीरों के टुकड़ों की तरह आसमान में तारे उग आये।

पलाश, अबीर से भरी फागुन की होली का प्रातःकाल। किले के ऊपर नौबत-ख़ाने में शहनाई पर राग हिण्डोल बज रहा है।

किले के पास बड़ा दरवाज़ा है। दोनों तरफ के लोहे के फाटकों को जोरों से खींचकर उन्हें पत्थरों से अटकाया गया है। दो चाबदारों ने ज़मीन तक झुककर सलाम किया। गौस की लाल पगड़ी पर सबेरे की किरणें झिलमिला रही हैं। सालम का जवाब देते वक्त घुड़सवार की पगड़ी थोड़ी झुक गयी। तेज़ घोड़ों की लगाम थामे गुलाम गौस और खुदाबख्श ने शहर में प्रवेश किया।

अधेड़ गौस के दो-चार बाल पक गये हैं। इसके सिवा शाल वृक्ष-जैसे उस विशाल शरीर में कहीं कोई शिकन नहीं आयी है। वह अपने तरुण शागिर्द को स्नेह और गर्व के साथ अपनी बगल में लिये चल रहा है और बीच-बीच में उसकी ओर प्रशंसाभरी दृष्टि से ताकता भी जाता है।

स्वास्थ्य और सौन्दर्य की दृष्टि से खुदाबख्श का चेहरा भी तारीफ करने लायक है। लापरवाही से लगाम थामे वह बच्चे की तरह कौतूहलभरी दृष्टि से दसों दिशाओं को देखता हुआ जा रहा है। उसकी स्वच्छ बड़ी-बड़ी आँखों की अनगिन जिज्ञासाएँ गुलाम गौस के चेहरे का स्पर्श करती हुई किले के बुर्ज-बुर्ज की परिक्रमा कर रही हैं। हल्की दाढ़ी और पतली मूँछों ने नौजवान पठान के चेहरे को सुडौल बना दिया है। खुदाबख्श आज बहुत ख़ुश है।

नगरी में आज होली का उत्सव मनाया जा रहा है। होली है, होली है—आनन्द की ध्वनि राह-बाट, आँगन और अलिन्द में गूँज रही है। रंग खेलनेवालों की जमात राजपथ से होकर गलियों में घुस गयी है—

हँसत जनकपुर के लोग
कब अइहें राम देखब भर नज़री।

दस घुड़सवार सामने और पीछे की ओर से भाला उठाये राजमहल की ओर बढ़ने लगे। बीच में एक चमचमाते पीतल-चाँदी के नक्काशी किये तामजान में अबीर, मिठाई और कुमकुम का थाल सजा है। राजा का उपहार लेकर तामजान साहब की छावनी की ओर जा रहा है।

बाजीगर डुगडुगी बजाते हुए भालू नचा रहा है। "गहना पहनो, गहना।"—भालू हाथ, गले और सिर में गहना पहन रहा है। "ससुराल चलो।"—भालू ठुमक-ठुमककर

ससुराल जा रहा है। "बीबी गुस्से में है, रोना शुरू करो।" और भालू ज़मीन पर लोट-लोटकर रोना शुरू कर देता है। लड़कों, बच्चों और औरतों की जमात खुशियों से तालियाँ पीटती हैं।

"देखो बेटा, रानीमहल।" गौस की बात सुनकर खुदाबख्श चौंक पड़ता है और रानीमहल की ओर आँखें दौड़ाता है तभी महल के एकमंज़िले की झिलमिली से कोई पिचकारी छोड़ता है। गुलाम गौस की सफेद पोशाक लाल हो जाती है।

अबीर लगाये कहार किसी को सोने की नक्काशी की हुई पालकी पर ढोकर लिये जा रहे हैं। जनता अदब से रास्ते के दोनों ओर हट जाती है। गुलाम गौस झुककर सलाम करता है। खुदाबख्श से धीमी आवाज़ में कहता है, "बाई साहबा!"

खुदाबख्श भी अदब और भय से माथा झुका लेता है।

तामजान के जरीदार पर्दे को ईषत् हटाकर महारानी लक्ष्मीबाई ने आँखों में प्रसन्नता भरकर उस ओर देखा। पवित्र होली के दिन वह लक्ष्मीताल मन्दिर में पूजा करने जा रही हैं।

अब पूरा मुहल्ला शोर-गुल से भर गया है। सड़क के दोनों किनारे दुकानों की कतारें हैं लेकिन आज दुकानें बन्द हैं। ख़रीद-फरोख़्त नहीं चल रही है। सड़क के दोनों किनारे सिर्फ पत्तों और फूलों की मालाएँ हैं और सड़क रंग-गुलाल से फिसलन भरी हो गयी है। हवा में गुलाल और चन्दन की महक है।

बुन्देल नारियाँ ठुमकती हुई चल रही हैं। मुस्कुराती हुई, आँचल में अबीर लिये। माथे पर पुष्पाभरण लिये और रेशमी साड़ी घुमाकर बाँधे मराठा कुलवधुएँ पालकी पर दासियों के साथ जा रही हैं। बाज़ार में लोगों की भीड़ में बच्चे ज़ोर-ज़ोर से गीत गा रहे हैं। हज़ारों तरह के मिले-जुले शोर-गुल के बीच-बीच में समवेत स्वर तैर उठता है—होली है, होली है।

गौस बातचीत करते हुए जा रहा है, "देखो बेटा, इस बगीचे को देखो। आसपास कहीं तुम्हें झाँसी-जैसा शहर नहीं मिलेगा। वह देखो, सन्तरे का बगीचा, गुलबगीचा।"

खुदाबख्श सब-कुछ देखकर मुग्ध हो रहा है। उसका ताज़ा मन फागुन के रंग से रंगीन हो उठता है।

एक साँवला मोटा-ताज़ा ब्राह्मण कई किशोर श्रोताओं के सामने उँगली नचा-नचाकर एक दुरूह तत्त्व की मीमांसा करता हुआ आ रहा था। गुलाम गौस ने उससे कहा, "क्यों शास्त्री जी, क्या हुआ?"

आनन्दित ब्राह्मण ने अभिवादन करते हुए कहा, "बहुत बड़ी समस्या है खाँ साहब। तुम्हारे तोप-गोले से इसका समाधान नहीं निकलेगा।"

"तो भी कहिये न!" घोड़े की लगाम खींच गौस झुककर कहता है।

ब्राह्मण ने हँसकर कहा, "पजनेश ने यह कैसी कविता लिखी है खाँ साहब, कि छन्द ही नहीं मिल रहा है। उसी के बारे में तर्क कर रहा हूँ–

कोमल तन ललित नैन बसत निशिवासर मन
प्यारी मेरी लाज हूँ तिहारी फुलवारी है–

घोड़ा रोककर गुलाम गौस ने हँसते हुए कहा, "बहुत अच्छी तरह मिल गया है।"

"नहीं, यहाँ नहीं, खाँ साहब। आगे की पंक्ति में कहा है–

भनै पजनेस एक छत्राणी से
हम भी चूके–

"जात की चर्चा करके ही तो उसने छन्द को बेमेल बना दिया। शाम के वक़्त जब सुनायेगा कि रूपा जात की कोरिन है तो कैसे क्या होगा? बहुत बड़ी समस्या है, खाँ साहब। यह बात तुम्हारी समझ में नहीं आयेगी। हाँ, तो इतने दिनों तक कहाँ रहे?"

"राजा के लिए शेर पाल रहा था...।"

"उसके बाद...?"

"यहाँ ले आया हूँ।"

"शिकारखाने के लिए न? हाँ, तो शेर कैसा है? बड़ा या बच्चा?" गौस ने खुदाबख्श की ओर देखकर कहा, "यही तो मुश्किल की बात है, नारायण जी। समझ में नहीं आ रहा है। शेर का बच्चा ही होगा। अब सोच रहा हूँ किस शिकारखाने में रखूँ–"

नारायण राव ने कहा, "तुम अच्छी तकदीर लेकर आये हो, खाँ साहब। शेर पकड़ रहे हो, कमानें दाग रहे हो मगर इधर पजनेश ने कैसा हंगामा खड़ा कर दिया है। क्या करूँ, बताओ तो। 'प्यारी हमारी रूपा कोरिन है', कहने से ही क्या मिल जाता है? और लिखने से ही हो गया? इन्दौर के खज़ौरी बाजार में बैठकर खाता-बही लिखता था। सो वह सब छोड़कर कविता क्यों लिखने लगा?"

नारायण शास्त्री चला गया। वह बड़ा ही रसिक आदमी है। प्रेमी स्वभाव का रहने के कारण ही उसे तरह-तरह की समस्याओं का सामना करना पड़ता है। उन समस्याओं से छुटकारा पाने का उसके लिए कोई उपाय भी तो नहीं है।

वेला बढ़ती जा रही है। हवा में तपिश आ गयी है। रास्ते-रास्ते में होली का शोर-गुल मचा है। चारों तरफ रंग और गुलाल उड़ रहे हैं, आनन्द की ध्वनि और रासों के गीत गूँज रहे हैं। खुदाबख्श के मन में भी आनन्द उमड़ आया है। दुलकी चाल में चलते घोड़े की पीठ पर बैठा वह भी गुनगुनाकर गीत गा रहा है।

सामने ही एक विशाल दरवाज़ा है। खुशियों की रौ में आकर उसके अन्दर घोड़े को ले जाते ही सब चिल्ला उठे–"सँभाल के, हाय-हाय!" क्या हुआ, यह समझने

के पहले ही खुदाबख्श के घोड़े ने सामने की दोनों टाँगें ऊपर उठायीं और पीछे की ओर घूम गया। सामने के तामजान के कहार हड़बड़ाकर पीछे हट गये। एक बहुत बड़ी दुर्घटना जैसे टल गयी।

एक ही क्षण कभी-कभी आदमी के हृदय में अमिट रेखा खींचने के लिए पर्याप्त होता है। ताभजान में बैठी रमणी घटना की आकस्मिकता से विह्वल हो अस्फुट-स्वर में चीख उठी और दो उँगली-भर परदे को सरका दिया। खुदाबख्श ने विस्मय के साथ उसकी ओर देखा। चाँद की तरह पाण्डुर गौरवर्णा एक रमणी। चेहरा थोड़ा लम्बा, तूलिका से आँकी गयी-सी भौंहें, रक्त-गुलाब जैसे अधर। गौर तन पर घाघरा और दुपट्टा सिर पर चोटी से बाहर निकल आये घुँघराले बाल। तामजान में बैठी रमणी का भयार्त्त विस्मित आँखें खुदाबख्श की आँखों से मिलीं और उसकी भौंहें तन गयीं।

बस कुछ लमहे की बात थी, मगर उन्हीं लमहों में चन्द अनभिज्ञ नौजवान घुड़सवार के मानस-पटल पर अमिट रेखाएँ खिंच गयीं और उन रेखाओं के साथ ही उसके मन में प्रेम का आगमन हुआ।

रमणी ने तामजान के परदे को ठीक किया। खुदाबख्श ने भी घोड़े को सँभाला और किनारे हटकर खड़ा हो गया। तामजान चला गया।

दरबान ने प्रशंसा भरे स्वर में कहा, "मोती! मोतीबाई!"

मोती! दो अक्षर के इस छोटे-से नाम को अपने दिल में रखकर खुदाबख्श उस दिन वापस किले में लौट आया।

बाद में उस तसवीर के साथ तुलना करने के समय खुदाबख्श के मन में बहुत-सी अन्य तसवीरें भी आयीं लेकिन उस तसवीर से ख़ूबसूरत उसे कोई भी तसवीर नहीं लगी।

शाम का समय। प्रेक्षागृह में हज़ारों बत्तियों के झाड़-फानूस जल रहे हैं। फर्श पर लाल गलीचा बिछा है। इतना नर्म कि पाँव अन्दर धँसे जाते हैं। सामने कुरसियों की कतार। बहुत सारे कला-मर्मज्ञ बैठकर इन्तज़ार कर रहे हैं। थोड़ी ही देर बाद नाच-गाना शुरू होनेवाला है।

मोती शीशमहल में अंगराग लगाकर बैठी थी। उसका मन चंचल है। नर्तकी जूही ने उसके पाँवों में घुँघरू बाँध दिये और उठकर खड़ी हो गयी। और-और दिन तो मोती कितनी ही बातें करती थीं, चपल आँखों की भ्रू-भंगिमा से कितने ही नृत्य के बोल दुहराती थी। लेकिन आज मोती एक शब्द भी नहीं बोल रही है। खुशमिजाज़ मोती आज अनमनी-सी चुपचाप बैठी है। जूही को अच्छा नहीं लगता। कहती है, "तुम आकाश-पाताल कहाँ की सोच में डूबी हो?"

खुशबू से लदी हवा के झोंके की तरह आवाज़ आती है, "अरी जूही आज सुबह मैं देखने में कैसी लग रही थी?"

मोती की बात से जूही की जान-में-जान आती है। फिर वैसी कोई बात नहीं है। हँसकर कहती है, "सखी, न तो, तुमने कबरी बाँधी थी, न काजल ही लगाया था। लक्ष्मीताल जाकर स्नान कर आयी, बस इतना ही। उस समय तुम्हें देखकर लग रहा था कि तुम बस रागिनी आसावरी हो–

श्रीखण्ड शैल शिखरे शिखिपुच्छ वस्त्रा
मातंग मौक्तिक मनोहर हारवल्ली...

"क्यों क्या हुआ है?"

"प्रिय की प्रतीक्षा में आँखें चंचल हैं।"

"चुप रह।" ओठों पर उँगली रख प्रताड़ना की मुद्रा में मोती जूही को चुप रहने का आदेश देती है।

लेकिन जूही मनाही नहीं सुनती। आँख और भौंहों को नचाकर कहती है, "चुप क्यों रहूँ? तुम बुन्देलखण्ड की सर्वश्रेष्ठ सुन्दरी मोतीबाई हो। तुम पर दृष्टि जाते ही लोग चकित हो उठते हैं और तुम्हारे दिल की जो...।"

एकाएक नाट्यशाला की बाँदी ने प्रवेश किया और हाथ नचाकर बोली कि आज तो बहुत-सारे कला-मर्मज्ञ नाट्यशाला में आये हैं। सभी इन्तज़ार कर रहे हैं। जल्दी चलो।

मोती घुँघरुओं को झनकाती चल देती है। नाट्यशाला का परदा आहिस्ता-आहिस्ता एक ओर सरक जाता है।

वह मोती नहीं, श्रीराधिका है। सिर पर सुनहला दुपट्टा है, और घना नीला घाघरा। ठुमक-ठुमककर आर-पारहीन अँधेरे में यमुना से पानी लाने जा रही है। राजभय, लोकभय के अतिरिक्त घर में है तेज-तर्रार ननद। इसीलिए कुण्ठा के साथ डरते-डरते कदम रख रही है। गोरे सुन्दर पाँवों में चाँदी के छल्ले हैं। मोती धीरे-धीरे मैच के बीच चली आती है। उसका कण्ठहार, मोती की माला बल खाने लगते हैं। हंस-जैसी भंगिमा में आने के कारण कान के गहनों में बिजली खेलने लगती है। सारंगी के साथ-साथ मोती का स्वर भी मुखर हो उठता है–

प्रेम से बावरी रे...
राधा भई प्रेम से बावरी...

कन्धे की कलसी फर्श पर रख मोती उस लोक में चली गयी जो रूप के परे है। अब मोती मोती के बन्धन के परे चली गयी है।

दिनभर कोयल की कूक सुनायी पड़ी है, सहेलियाँ अबीर खेली हैं। प्रियतम ने उसे बुलाया नहीं, इसीलिए वह बाहर नहीं आयी। अब इस रजनी में बाँसुरी की ध्वनि सुनकर वह विह्वल हो बाहर निकल आयी है और यमुना के तीर पर एकाकी

रास्ता ढूँढ़ रही है। उसका प्रिय सखा कहाँ है। फिर क्या यह पूनों की रात भी व्यर्थ चली जायेगी? राधिका के हृदय में आज अशेष अबीर और कुमकुम है। उसका प्रियतम क्या उस रंग को ग्रहण नहीं करेगा? इसीलिए मोती गा रही है :

प्रेम से बावरी रे...।

मोती अपने गीतों के स्वर और नृत्य की भंगिमाओं से उपस्थित दर्शक-समुदाय को जाने किस कल्पना-लोक में ले गयी।

सबको अच्छा लगा परन्तु खुदाबख्श को तो उसने जैसे विक्षिप्त ही कर दिया। स्थान, काल और पात्र को भूलकर वह चिल्ला उठा, "बहुत अच्छा!"

उन दिनों नाट्यशाला के गण्य-मान्य दर्शकों के सामने नर्तकी को यों दाद देने का रिवाज़ नहीं था। इसलिए मोती ने नाचना बन्द कर उस तरफ मुड़कर देखा और उसकी दृष्टि सवेरे के उस घुड़सवार पर जा पड़ी।

बेमानी है उसका यह उद्गार! राजा-महाराजाओं के सामने इसे बेअदबी ही कहा जायेगा। सभी खुदाबख्श की ओर देखने लगे। अपमान से खुदाबख्श का चेहरा लाल हो गया। चौंककर वह नाट्यशाला से बाहर निकल गया। थोड़ी देर बाद राजा के आदेश पर फिर से नाच-गाना शुरू हुआ।

फागुनी पूर्णिमा की आधी रात। मोती के शयनकक्ष में चाँदनी की बाढ़ उतर आयी है। आज उसी के बीच शुभ्रवसना मोती मूर्त रागिनी-सी खड़ी है। दीवार पर राजपूत शैली के चित्र टँगे हैं। वेदी पर तानपूरा सजा। खूँटी पर घुँघरू।

आज चाँदनी जैसे पिघलकर फर्श पर गिर रही है। धरती मायामयी-जैसी लगती है। धीरे-धीरे कदम रखती हुई मोती झरोखे के पास आकर खड़ी हो गयी।

दूर कोई मुसाफिर मीठे स्वर में गीत गा रहा है—

निंदिया नहीं आवत सैयाँ!

आज मोती की आँखों में भी नींद नहीं है। अगर कुछ है तो थकान। मोती ने पुष्पावल्लरी की तरह स्वयं को बिछा दिया। चित होकर लेट गयी और अपलक चाँद की ओर निहारने लगी।

वह नर्तकी है। उसका यौवन आज भी सद्यःप्रस्फुटित फूल की तरह अनाघ्रात है। जिस गुलबग़ीचे में कोई बुलबुल अब तक बैठी न हो, मोती उसी की तरह प्रतीक्षा कर रही है।

मोती को उस नौजवान घुड़सवार का चेहरा याद आया। सुबह और शाम—दोनों ही वक्त उसे देखा था। मोती को रह-रहकर उसी की याद आने लगी। वह कौन है? उसका घर कहाँ है? क्यों उसने उस तरह ताका? नाच के जलसे में अदब-कायदे को बिसारकर क्यों उसने राजा के सामने ही उसकी तारीफ में वाह-वाह किया?

मोती के मन में आज सिर्फ उसी की याद जड़ी हुई है। बीच-बीच में वह याद झंकार-सी जगा देती है। मोती को उस झंकार में अपूर्व राग-रागिनियाँ सुनायी पड़ती हैं।

लम्बी साँस फेंककर मोती अस्फुट स्वर में बोल उठती है—

जाहि देखि रीझे नयन मन तेहि हाथ बिकान

यह कहकर मोती अपने-आपको दुतकारने लगती है। इस तरह बेशर्म होकर वह किसके बारे में सोच रही है? किसकी याद में दोहा गुनगुना रही है?

काफी रात ढलने के बाद कहीं मोती की आँखों में नींद उतरी। उसका निष्कलंक चेहरा निहारता हुआ चन्द्रमा आकाश में जगता रहा और सपनों में...

जूही-चमेली की खुशबू से लदी हुई रात! एक पखवारे से चली आ रही होली का आज आखिरी दिन है। चाँद शुक्ल पक्ष से कृष्ण पक्ष की ओर चला आया है। आधी रात हो चुकी है। नगरी का कोलाहल शान्त हो चुका है। रोशनी और अँधेरे के कारण निर्जन पथ रहस्य-जैसा लग रहा है।

किले के पूरबी छोर के मैदान में मजलिस जमी है। शामियाने से कुछ दूर लकड़ी की धूनी जलाये गौस मियाँ आराम से बैठा है। नटुआ दल शहर में आया था रघुनाथ सिंह रिसालेदार उन्हीं लोगों को पेशगी रकम देकर ले आया था। फौजी छावनी में रामचरित नाटक होगा।

सिपाही लोग मजमा जमाये बैठे हैं। शामियाने के नीचे बड़ी-बड़ी मशालें जल रही हैं। तेज़ रोशनी फैल गयी है। कई सिपाही बड़ी-बड़ी दरियाँ बिछाने में लगे हैं। चारों तरफ हो-हल्ला, शोर-गुल मचा है।

लेकिन असली बैठक तो गौस के इर्द-गिर्द ही जमी हुई है। गौस साहब भाँग का शर्बत बनवाने में व्यस्त हैं। आज सवेरे राजा से मिलकर उसने अनुमति ले ली है। मलाई और गुलाबजल लाने की जिम्मेदारी भी उसी पर थी। बाबा साहब अक्लमन्द आदमी हैं। उन्होंने ही गौस को शर्बत के साथ थोड़ा-सा इलायची का अर्क भी मिलाने का परामर्श दिया है।

इसका क्या नतीज़ा निकलता है यह देखने के लिए खाँ साहब ने सभी के चेहरे की ओर देखा। लेकिन होंठों तक प्याला ले जाने के पहले ही सब ख़ामोश हो गये हैं। गौस ने कहा, "बात क्या है? आप लोगों को पीने की इच्छा नहीं हो रही है क्या? या फिर कोई कमी रह गयी है?"

रघुनाथ सिंह ने झुककर कहा, "गुस्ताख़ी माफ हो, खाँ साहब! हमें भरोसा नहीं हो रहा है। आप ही पहले रास्ता दिखायें। दशहरे की बात ये लोग भूल नहीं पा रहे

हैं।'' और वह हँसने लगा। गौस भी हँसने लगा।

गौस ने खड़े होकर कहा, ''भाइयों, पाँच साल पहले एक बार दशहरे के बाद मैंने नये तौर-तरीके से खाना बनाने को कहा था और उसमें नमक डालने की बात कहना ही भूल गया था।''

''और दूध की बात?'' रघुनाथ सिंह ने पुरानी बात याद दिलायी तो कहकहों से वातावरण गूँज उठा।

गौस बोला, ''बहरम,–उस काने शैतान ने–दूध के मामले में तो कमाल ही कर दिया था। लेकिन बदनामी मेरे मत्थे मढ़ी गयी। लेकिन आज भंग के शरबत से मैं उस बदनामी को धो डालूँगा।'' यह कहकर वह मुड़ा और बहरम को खींचकर बाहर ले आया। बोला, ''अब अगर मरना होगा तो यही पहले मरे।''

बहरम एक घूँट पीकर ही चिल्ला उठा, ''अरे वाह, उस्ताद ने तो कमाल ही कर दिया है। एक बार देख लो भाइयों।''

ख़ुशियों के शोर-गुल में भाँग का प्याला एक हाथ से दूसरे हाथ में जाने लगा। खुदाबख्श ने सागर सिंह के कान में चुपके से कहा, ''बहरम का क्या मामला है?''

सागर सिंह बोला, ''बहरम के कान के पास जाकर कहो न। सुनेगा तो बिगड़ जायेगा। उस बार बहरम ने इसी तरह बाजी लगायी–खेत में जो गाय चर रही है, उसे पकड़कर वह दूध दुहकर ले आयेगा। बैशाख महीने की गरमी थी। बिलथरी से हम लोग पचीस आदमी वापस आ रहे थे। चारों तरफ जितनी गरमी थी, उस्ताद का दिमाग़ भी उतना ही गरम हो उठा था। तीसरे पहर रसोई का इन्तज़ाम किया गया। तकदीर की बात कि कुमार रघुनाथ सिंह ने एक हिरन का शिकार किया। हम सब इत्मीनान के साथ बैठ गये। बहरम जितना गँवार ही है, उतना ही जिद्दी। लेकिन दिल उसका बहुत साफ है। एकाएक वह गुस्से में आ गया। कहा, उस्ताद को तकलीफ हो रही, वह उन्हें दूध लाकर पिलायेगा। हम लोगों के साथ बाजी लगाकर वह बाल्टी लेकर दूध लाने गया। लेकिन उसके बाद खाली हाथ लौट आया।''

''क्यों?''

खुदाबख्श के कान को मुँह लगाकर सागर ने कहा, ''अरे भाई मेरे, मैदान में एक भी गाय नहीं थी, सब-के-सब बैल ही थे–अहीरों की गाड़ी में जुतनेवाले बैल।''

खुदाबख्श को हँसते-हँसते हिचकी आ गयी। देखा, बहरम खाँ उसकी ओर देख रहा है और दाँत पीस रहा है। भंग के नशे में चूर गौस ने आरक्त मगर स्नेहिल नेत्रों से उसकी ओर देखा। बोला, ''अब गीत शुरू होगा। तबीयत तो ठीक है न?''

खुदाबख्श ने मुस्कुराकर सहमति जतायी। उसकी तबीयत बिलकुल ठीक है। होली की शुरुआत से ही उनका मन और ही तरह का हो गया था। दुनिया भर के

रंगों से उसकी आँखें ख़ूबसूरत हो गयी थीं। मजलिस में लोगों की भीड़ है, सभी बातचीत में मशगूल हैं। इतने-इतने लोगों के बीच बैठकर खुदाबख़्श को लगा, वह एक अभूतपूर्व आनन्द का अनुभव कर रहा है। मन के किसी निभृत कोने में उस आनन्द का गणिकक्ष है। किसी की प्रसन्न दृष्टि के आलोक से उस मणिकक्ष का दरवाज़ा जैसे खुलता जा रहा है। यह एक दुर्लभ अनुभव था।

दीवार घड़ी ने डिंग-डांग कर बारह बजाये। महफिल में सूत्रधार का आगमन हुआ। पहरावा सफेद कुरता, धोती और उत्तरीय। गले में चाँदी के हार के साथ गुँथा हुआ रुद्राक्ष, कानों में कुण्डल। हाथ-जोड़कर वह सबका अभिवादन करता है और उसके बाद मंगलगीत गाता है। महफिल में तत्क्षण निस्तब्धता दौड़ जाती है।

गायक का स्वर मीठा है। वह भक्तिभाव से एक पुराना गीत गाने लगा। सूर्य, चन्द्रमा, शिव, कृष्ण, चारों दिशा, दसों कोण और श्रोताओं को उसने कोटि-कोटि प्रणाम किये। उसके बाद उसने इस बात के लिए क्षमा-याचना की कि वह अपने पापी मुख से नररूपी भगवान् श्रीरामचन्द्र की कीर्ति का बखान करने जा रहा है। उसने तुलसीदास का पद शुरू किया। राम विवाह कर अयोध्या में प्रवेश कर रहे हैं। लकड़ी के घोड़े पर सवार हो लक्ष्मण जी नाचते-नाचते आते हैं। राम और सीता जरीदार छतरी के नीचे आते हैं। एक पहरेदार छतरी थामे हुए है। उसी समय सूत्रधार तीव्र स्वर में कहता है—

अवधपुरी में रामचन्द्र जी सीता को लेकर आये।
धूमधाम से सबने मिलकर सिया राम गुण गाये।

उसके साथ ही आनन्दित नटुवा दल का नृत्य प्रारम्भ हो गया। कन्धे तक लटके बालों को झटके से हिलाकर सारंगिया सारंगी बजाने लगा। पूरी महफिल में 'वाह-वाह' की ध्वनि गूँजने लगी। घोड़े को दुलकी चाल में नचाकर लक्ष्मण ने भी नाचने में साथ दिया। राम और सीता गम्भीर होकर देखते रहे। सूत्रधार उत्साह में आकर कूदने लगा।

खुदाबख़्श ने थोड़ा-सा ही शर्बत पिया था लेकिन उसे महसूस हुआ कि नशा दिमाग़ तक पहुँच गया है। हालाँकि वह नाच और गाना ही देख रहा था लेकिन एक दूसरी ही महफिल का, दूसरी ही गानेवाली का। उसके बाद भीड़-भाड़ से फायदा उठाकर वह आहिस्ता-आहिस्ता पीछे हटने लगा। कुछ दूर जाने के बाद रस्सी के घेरे को पारकर वह बाहर चला गया। उसकी अनुपस्थितिं पर किसी का ध्यान गया हो, उसे ऐसा नहीं लगा। गौस गोद में गाव-तकिया लिये ध्यान से देख रहा था। सागर सिंह भाँग की प्याली से घूँट ले रहा है।

महफिल को पीछे छोड़ खुदाबख़्श आगे बढ़ जाता है। पत्थर के बने रास्ते की बगल में मकानों की छाँह लेटी है। उत्सव से थकी नगरी नींद की बाँहों में खो गयी है। राज उद्यान से फूलों की महक का रेला आ रहा है।

रात मायाविनी-जैसी लग रही है। अभिसारिका की तरह वह पद-संचालन कर रही है। कोई आकर्षण खुदाबख्श को बाज़ार के गोलाम्बर में घुमाते हुए इस रास्ते से उस रास्ते पर ले जाता है। किसी मन्दिर के सामने भिखमंगे सोये हुए हैं। कहीं चार-पाँच घोड़े खड़े हैं और उनके मालिक पास ही लेटे हैं। पंचकुआँ की बग़ल का नीम का पेड़ निबौरे से लदकर और सुन्दर दीख रहा है। उसके पत्तों पर चाँदनी के टुकड़े झिलमिला रहे हैं। खुदाबख्श वहाँ कुछ देर तक रुका। बहुत दूर से तैरता किसी के क्लान्त कण्ठ के गीत का बोल आ रहा है। गीत के शब्द समझ में नही आते हैं लेकिन उसका स्वर हवा के झोंके से टूटकर, चाँदनी से नहायी नगरी के वक्ष पर जुगनुओं की तरह बिखर गया है। ऐसी रात में कोई और भी जगा हुआ था? खुदाबख्श की तरह उसे भी रात ने अपने मोहपाश में जकड़ लिया था।

लक्ष्मी दरवाज़े के सामने का पहरेदार नींद की बाँहों में खोया हुआ है। खुदाबख्श ने उसी रास्ते को पकड़ा। रास्ते के दोनों किनारे मंजरी के भार से लदे आम के पेड़ हैं। मन्दिर के उद्यान से जूही, चमेली, चम्पा और बेला की खुशबू आकर उस अपरूप अल्पना-चित्रित रास्ते पर आवेश का सृजन कर रही है। खुदाबख्श झील के किनारे आकर खड़ा हो गया।

थिराये जल पर आकाश का प्रतिबिम्ब है। किनारे दो-तीन कश्तियाँ बँधी पड़ी हैं। खुदाबख्श जल्दी-जल्दी एक कश्ती पर बैठ गया, उसकी रस्सी खोल दी और डाँड़ हाथ में उठा लिया। वह अपनी रोजमर्रा की ज़िन्दगी भुला बैठा है। इस तरह की रात रोज़-रोज़ नहीं आती। इसलिए आज खुदाबख्श का मन मौज़ में आ गया है।

पानी पर काली छाया पसारकर विराम मंज़िल खड़ा है—सुरक्षित, उद्यान से घिरा जलमहल। एक विशाल बरगद की जड़ पानी पर उतर आयी है। वहीं कश्ती बाँधकर बरगद के तने पर पाँव रखता हुआ खुदाबख्श ऊपर चला आया।

सामने एक बग़ीचा है, कुछ सीढ़ियाँ, एक गोलाम्बर और फिर एक बगीचा। उसके बाद घास से भरी ज़मीन ढालू होकर पानी की तरफ उतर गयी है। खुदाबख्श वहाँ जाकर खड़ा हुआ। उस तरफ काले पत्थर की सीढ़ी के पास कोई नारी चिहुँककर बिजली की तरह उठकर खड़ी हो गयी। उस संत्रस्त चेहरे की ओर देखने के बाद खुदाबख्श की आँखों में अचानक सम्पूर्ण आकाश, वायु और विश्व स्थिर होकर खड़े हो गये। मोती घूँघट काढ़ना भी भूल गयी। वह काँपता क्षण पंचम स्वर-जैसा मधुर था। समय अब समय नहीं रह गया था। पल-अनुपलों के कमल खिल उठे और समय सौरभ से परिपूर्ण हो उठा। विस्मय की भावना दूर होते ही मोती ने घूँघट खींच लिया। खुदाबख्श स्वयं को दुतकारने लगा।

माथा झुकाकर अदब के साथ बोला, "अनजाने दो बार गुस्ताख़ी कर चुका हूँ। बहुत शर्म के साथ अर्जी पेश कर रहा हूँ, माफ करें।"

मोती कुछ कहना चाहती थी मगर उस समय उसे शब्द ही नहीं मिले। कुछ देर के बाद बोली, "क्यों?"

"उस शाम मैं अपने को संयत नहीं रख सका था। जबान काबू में नहीं थी।"

शर्म को परे हटाकर मोती ने उसकी ओर स्निग्ध दृष्टि से देखा। उसके बाद बोली, "मुझे तो कुछ भी याद नहीं है।"

"यह आपकी मेहरवानी है।"

मोती मुस्कुरायी। उसकी भावना जिसके इर्द-गिर्द मँडरा रही थी, वही उसके सामने खड़ा था मगर दुनिया-भर की शर्म ने जैसे उसे अपने बाहुओं में जकड़ लिया हो। शब्द बाहर नहीं निकल रहे थे। छाती की धड़कन तेज़ हो गयी थी। यह आकस्मिक साक्षात्कार जितना मधुर था उतना ही विपत्तिजनक भी।

उसकी चिन्ता का अनुमान लगाकर खुदाबख्श ने पूछ लिया "कौतूहल के लिए माफ करें। आप क्या यहाँ अकेली आयी हैं?"

दुपट्टे की फाँक से एक बार खुदाबख्श को देखकर मोती बोली, "यह उद्यान सुरक्षित है। मैं कभी-कभी यहाँ आकर ठहरती हूँ। पहरेदारों को यह बात मालूम है, इसलिए डर की कोई बात नहीं। लेकिन आप?"

"मैं गुलाम गौस के तोपखाने का हवलदार हूँ। शहर में नया-नया आया हूँ।"

मोती ने सुना और मुस्कुरायी। नया-नया आया है, इसका पता तो उसके बोल-चाल से ही प्रकट होता है। हवलदार है, लेकिन बोलने के तौर-तरीके में आदेश की कोई छाप तक नहीं।

जान-पहचान के बाद माहौल सहज हो उठा। मोती घाट की सीढ़ी पर बैठ गयी। खुदाबख्श भी निकट ही बैठ गया। अपने सपनों की रानी को उसने कौतूहल के साथ देखा। उस चेहरे ने उसे अनमना बना दिया, उन आँखों में उसका हृदय बन्दी हो गया, उस कण्ठ के संगीत से उसके हृदय के तार-तार बज उठे। इस समय वह बार-बार उसकी ओर देख रहा था, हालाँकि यह ठीक नहीं था मगर और कोई उपाय भी तो नहीं था।

उस शाम मोती ने उस तरह साज-सिंगार क्यों किया था! चाँदी के फूल खोंसकर उसने यत्न के साथ चोटी गूँथी थी, रेशम के सफेद गरारे के साथ नीले रंग का जरीदार दुपट्टा ओढ़े थी। आँखों में सुरमा और माँग में कश्मीरी टीका था और पाँवों में नागरा।

आज उसका साज-सिंगार सार्थक हुआ। दोनों एक-दूसरे की ओर निहारते हुए समयानुवर्ती की स्थिति में पहुँच गये।

मोती ने अपने शैशव में गुरु के चरणों में बैठकर स्वर-साधना की शिक्षा ग्रहण की थी और अन्तर्मन से संगीत की आराधना की। इस क्षण को सार्थक बना डालने के लिए उसके मन के तार-तार बज उठे—

बहुत बार से ध्यान, साधना, आराधना और आलाप से भी मोती को सफलता हासिल नहीं हुई थी, उसकी बेचैनी दूर नहीं हुई थी। आज वह उन्हीं चीज़ों को सफल होते देख रही थी। आत्मसन्तोष के साथ पानी के अन्दर पैर डालकर मोती बैठ गयी।

चाँद पश्चिम के आकाश में झुक आया।

अचानक मोती की आवाज़ सुनायी पड़ी, "अब मुझे लौटना होगा।"

"क्या कभी शहर में मुलाकात नहीं हो सकती?"

"नहीं", मोती दहशत में आकर कह उठी, "आपको मालूम नहीं है कि कितने निषेधों का घेरा मेरे चारों तरफ है?"

खुदाबख्श दुस्साहस के साथ बोला, "घेरे से तो हम भी घिरे हैं। हर आदमी बन्दी होना चाहता है बशर्ते मालिक का हृदय कोमल हो। और छुटकारा भी क्या कोई ऐसी चीज़ है कि हर समय मिल ही जाये?

मकतब-ए इश्क का ये दस्तूर निराला देखा।

उसको छुट्टी न मिली जिसने सबक याद किया।

"इसका मतलब?"

मोती की आँखों में आँखें डाले खुदाबख्श ने कहा, "मुहब्बत के मकतब का यही कानून है, कि न तो छुट्टी मिलती है और न ही खुशियों में कोई कमी आती है।"

मोती ने सोचा खुदाबख्श को उसके दुस्साहस के लिए फटकारे लेकिन उसकी कौतुक भरी आँखों को देखकर वह हँस पड़ी। खुदाबख्श भी हँस पड़ा।

अचानक शहर की ओर से शोर-गुल सुनायी पड़ा। लगा, मशाल लेकर लोग-बाग इसी तरफ आ रहे हैं। मोती घबरा उठी और सन्देह भरे स्वर में बोली है, "अब क्या होगा?"

दुस्साहस ने खुदाबख्श को सचेत कर दिया। मोती का हाथ पकड़कर उसे कश्ती में बिठा दिया और ज़ोर-ज़ोर से डाँड़ चलाने लगा। ताकतवर हाथों के द्वारा चलाये जाने के कारण कश्ती गहरे पानी में चली आयी। विपत्ति की सम्भावना से मोती का हृदय काँप रहा था फिर भी वह मुस्कुरायी। खुदाबख्श बोला, "अब भय की कोई बात नहीं है!"

कश्ती ज्यों ही तीर से लगी, मोती उतर पड़ी। सखुए के पेड़ के नीचे उसका बूढ़ा साथी मन्नू सारंगिया नींद में खोया हुआ था। मोती ने उसे जगाया और उसके बाद लमहे-भर में ही वह जगह छोड़ गयी। कुछ दूर जाने के बाद हाथ हिलाकर उसने विदा ली।

खुदाबख़्श किले की ओर जाने लगा। महफिल ख़त्म होने के पहले ही उसे वहाँ पहुँच जाना था। वह महफिल छोड़कर चला आया था। जाने, इसका पता किसी को चला या नहीं। मोती अब ज़रूर ही सकुशल घर पहुँच चुकी होगी। महफिल की रोशनी दूर से दिखायी पड़ी। गीत भी सुनायी पड़ रहा था। खुदाबख़्श ने इत्मीनान की साँस ली।

रामचरित का नाटक समाप्त हो चुका था। दश मस्तकधारी लंकापति रावण को मारकर राम सीता के साथ अयोध्यापुरी पहुँच चुके थे। नाटक समाप्त होने पर सूत्रधार ने हाथ जोड़कर उपस्थित जनता से विदा माँगी।

जिन तीन किशोर बालकों ने राम, सीता और लक्ष्मण का वेश धारण किया था, वे मुस्कुराते हुए पीतल का एक पनबट्टा लेकर आगे बढ़ आये और उसे दर्शकों के सामने रख दिया। उसमें दर्शनी के पैसे गिरने लगे। खजांची ज्वालानाथ के इशारे पर एक आदमी एक नयी थाली में धोती, चादर और रुपया ले आया! नजराना उठाते-उठाते लड़का खुदाबख़्श के सामने आकर खड़ा हो गया। मुस्कुराकर हाथ आगे बढ़ाया। महफिल के सब लोगों ने उत्सुकता से खुदाबख़्श की ओर देखा।

कद्दावर गठा हुआ बदन, पहरावा सफेद जोधपुरी पायजामा और पेशावरी कुरता और उस पर चटख लाल जमियार की बण्डी; सिर पर पगड़ी, पाँवों में नागरा। देखकर सब लोग मन-ही-मन तारीफ करने लगे। मानो वह अपने आनन्द में भूला मूर्त यौवन हो। अपनी ओर सबकी दृष्टि का अहसास कर खुदाबख़्श शर्मीली मुसकान मुस्कुराने लगा। जेब में जितना कुछ था सब मुट्ठी से बाहर निकालकर उसने थाल में डाल दिया। एक मोहर और चार-पाँच रुपये थे। अपने पूरे महीने का सम्बल। नटुआ लोगों के व्यवस्थापक, सूत्रधार सबने खुशियाँ जाहिर कीं। राम, सीता और लक्ष्मण परस्पर आँखें मिलाकर हँस पड़े। भाँग के नशे और नाटक के सरूर से सराबोर जलसे में उपस्थित लोगों ने पगड़ी नचा-नचाकर तारीफ की। "हद कर दी भाई खुदाबख़्श, कमाल कर दिया! दिल दरिया हो गया है?"—खुशी में कोई आदमी चिल्ला उठा। रघुनाथसिंह ने कहा, "क्यों खाँ साहब, हम दो-दो शेरों के रहते यह बच्चा कमाल कर दिखायेगा?" यह कहकर उसने अपने रूमाल से दो अशर्फियाँ निकालीं।

गौस आँख बन्द किये बैठा था। रघुनाथसिंह की बात पर क्या करना होगा, यह सोचने के पहले ही रघुनाथसिंह ने मुस्कुराते हुए उसके जेब में हाथ डालकर कुछ अशर्फियाँ निकाल लीं। रघुनाथसिंह उसे ललकार रहा था, यह देखकर वह बोल उठा, "ठीक है भाई, आज पूरे नटुआ दल को कुँवर रघुनाथसिंह जी परवार पूरी-मिठाई खिलाकर नये कपड़ों की सौगात देंगे। बस, जाओ।"

उसके बाद हाथ हिलाकर महफिल बर्ख़ास्त करने का हुक्म देकर गौस एकाएक उछल पड़ा। मूँछों को मरोड़कर बोला, "कहिये कुँवर साहब, कमाल किसने किया?"

उसके बाद परवार और पठान के बदन कहकहों से हिलने-डुलने लगे। सबकी समझ में आ गया कि कुँवर साहब चाल चल रहे थे मगर शिकस्त खा गये! लेकिन कुँवर साहब को इसी में आनन्द मिल रहा था।

शोर-शराबे के साथ जलसे का दौर ख़त्म हुआ। कई आदमी दरियाँ समेटने लगे। मशालची बुझी मशालों को उठाने लगे। तभी सागरसिंह चीख़-चीख़कर रो पड़ा। काले कम्बल से सिर ढँके वह भाँग के नशे में धुत्त होकर बैठा था। अपनी जेब टटोलकर भद्दे स्वर में रो उठा, "मैं बहुत-कुछ देना चाहता था। लेकिन मेरे पास तो एक पैसा भी नहीं है। अरे हाँ-हाँ फिर मैं अपना दिल ही दे डालूँगा। व्यवस्थापक भैया, तुम मेरा दिल नहीं लोगे क्या?"

सभी हँसने लगे। किसकी बात कौन सुनता! सागरसिंह बार-बार कहने लगा, "मैं खास बघेलखण्ड का राजपूत हूँ, मेरा दिल क्या कम कीमती है? मेरा दिल लेते जाओ, यों ही चले मत जाना।"

रघुनाथसिंह ने हँसते हुए कहा, "वह गले तक भाँग से भरा है। उसके सिर पर पानी ढालो।"

पानी ढालने की बात सुनकर सागरसिंह ने चिल्लाकर आपत्ति की। मगर सुनता कौन है? चार आदमी उसे हाथ-पैर पकड़कर छावनी की ओर ले गये।

खुदाबख्श भी हँस रहा था। गौस ने ज़ोर से उसका कन्धा दबाया। बोला, "अब घर चलो।"

सुबह हो चुकी थी। पूरब के आसमान का रंग फीका-सा हो गया था। चाँद भी धीरे-धीरे मलिन होता जा रहा था। भोर का तारा झिलमिला रहा था। ठण्डी बयार स्नेह के साथ खुदाबख्श के माथे से थकान पोंछने लगी। किले के नौबतखाने में शहनाई पर प्रभाती बज उठी। शहनाई की पुकार सुप्त नगरवासियों की तन्द्रामग्न चेतना को स्वरों की मूर्च्छना से हौले-हौले थपथपाने लगी।

शुद्ध स्वर के आलाप ने राह में चलनेवाले दोनों व्यक्तियों का स्पर्श किया। राजपथ में भी थोड़ी-बहुत चहल-पहल दीख पड़ी। अभी तुरन्त भंगी और भंगिनें सोकर उठेंगे। राजपथ को वे पानी से धो डालेंगे और दोनों किनारे में जमी गर्द को बहा देंगे।

पूर्वी छोर पर महालक्ष्मी मन्दिर के नौबतख़ाने में शहनाई पर भैरवी बज उठी थी। राजप्रसाद का अँधेरा दरवाज़ा खुल गया। विनायक राव शास्त्री मृदु घण्टाध्वनि के साथ मन्त्रोच्चारण करते हुए जा रहे थे। उनके पीछे प्रदीप और अन्यान्य पूजन-सामग्रियाँ लिये कुछेक ब्राह्मण सेवक चले जा रहे थे। आगे-आगे एक गौरवर्ण ब्राह्मण बालक पीतल की झारी से पानी ढालता हुआ जा रहा था। यह राज-परिवार की पूजा-सामग्री थी जो महालक्ष्मी मन्दिर में जा रही थी।

आनेवाले प्रभात की यह शुभ और पवित्र प्रस्तावना खुदाबख्श को बहुत अच्छी लगी। याद आया, उसके गाँव में भी प्रातःकाल मन्दिर में इसी तरह घण्टा बजता था। मदनमोहन जी का पुजारी परमेश्वर मिश्र कितने मधुर स्वर में मन्त्र पाठ करता था! एक तो उसका मन यों ही सुन्दर और परिपूर्ण था उस पर इस परिवेश और सुख की स्मृति ने उसके मन को और भी परिपूर्ण कर दिया।

"तैरना जानते हो?" बग़ल में चलते गौस का सवाल जब सुनायी पड़ा तो खुदाबख्श चौंक पड़ा।

गौस के इस विचित्र प्रश्न का उत्तर देने के पहले खुदाबख्श ने अवाक् होकर उसकी ओर देखा! लेकिन गौस के चेहरे पर कोई भाव का व्यंजना उसे नहीं दिखी। उसने खुदाबख्श की ओर देखा तक नहीं था।

गौस ने दुबारा पूछा, "तैरना सीखे हो?"

खुदाबख्श ने सिर हिलाकर हामी भरी। इसी बीच वह चौकस हो गया था। ऐसा सवाल क्यों किया गया? मतलब उसकी समझ में नहीं आ रहा था। लेकिन लम्बे अरसे तक चलनेवाले युद्ध-विद्या के प्रशिक्षण ने उसे सावधान रहना सिखा दिया था। उसे लगा, असावधानी की हालत में उस पर किसी भी तरह का आक्रमण किया जा सकता है। इसलिए वह सतर्क हो उठा।

गौस ने फिर कहा, "कश्ती पर सवार हुए या नहीं, यही जानना चाहता हूँ। मुसीबत आ जाती तो क्या करते?"

वह पकड़ लिया गया था। कलेजे की धड़कन को संयत कर खुदाबख्श ने जवाब दिया, "किसी-न-किसी तरह निपट लेता।"

"ठीक है, ठीक है।" गौस ने कहा। उसके चेहरे पर अब भी कोई भावना नहीं थी। फिर भी खुदाबख्श को महसूस हुआ कि उसकी आँखों की कोर में जैसे कौतूहल की हँसी तैर रही हो।

मोती के शयन-कक्ष के सामने का छज्जा। उषाकाल में उसकी अनुपस्थिति में दासी वेदी धोकर चली गयी है। अब बिलकुल भोर हो चुकी है। वेदी पर एक मुलायम हरे रंग के रेशमी लिहाफ से ढँका तानपूरा प्रतीक्षारत है। एक ओर चाँदी की तश्तरी में बेले का ताज़ा गजरा है, दूसरी ओर झिलमिलीनुमा धूपदानी से चन्दन-अगुरु की खुशबू उड़ रही है।

वृद्ध चन्द्रभान एक तरफ बैठे हैं राजपूत घराने की संगीताचार्य ने अपनी युवावस्था में मुसलमान उस्ताद के हाथों गण्डा बँधवाकर उनकी शागिर्दी की थी। कहा जाता है कि कठिन साधना से ही उन्हें सिद्धि प्राप्त हुई है। कभी उनके नाम के साथ

पन्ना की राजकुमारी का नाम जुड़ा हुआ था और उसकी कहानी दरबार-दरबार में प्रचलित थी। ख्याति और यौवन के शिखर पर पहुँचने के बाद उनके जीवन में मोड़ क्यों आया, क्यों सब-कुछ छोड़कर वह वैरागी हो गये और नगर-नगर में घुमक्कड़ी जीवन बिताने लगे, इसके बारे में आज कोई किसी तरह की चर्चा नहीं करता। बहुत दिनों से वह यहीं वास कर रहे हैं। मोती को गायकी की तालीम भी वही दे रहे हैं।

चन्द्रभान सुन्दर गौरवर्ण के हैं। सफेद अचकन, जोधपुरी पायजामे और पगड़ी से सजा बदन बुढ़ापा आने पर भी शिथिल नहीं हुआ था। अब भी वह तनकर बैठते हैं। मोती जरा हटकर बैठी है और हाथ जोड़कर श्रद्धा और विनम्रता के साथ उनकी बातें सुन रही है। सबेरे स्नान करने के बाद ही पीले रंग का वस्त्र पहनकर मोती अपने गुरु के पास आयी है। चन्द्रभान स्नेहभरे स्वर में कह रहे थे, ''संगीत की साधना और-और साधनाओं की तरह ही कठिन होती है। जिस तरह ईश्वर की आराधना में भक्त का जीवन बीत जाता है, गायकी भी उसी तरह जीवन-भर साधना की वस्तु है। मुझे बहुत-सारे सिद्ध साधकों के बारे में पता है बेटी, जो केवल स्वर के कारण ही किसी महफिल में शरीक नहीं हुए। नतीजा हुआ कि उनका जीवन दुःख और कष्ट में व्यतीत हुआ। लेकिन अपनी विद्या को पूँजी बनाकर उन्होंने सुख-सुविधा और आराम नहीं पाना चाहा। तुमसे मैंने कभी छोटे खाँ की चर्चा की है न?''

''जी नहीं।''

''छोटे खाँ को मैंने काशी में देखा था। चालीस वर्ष पहले की बात है। उनका नाम मैंने अपने उस्ताद से सुना था। उस्ताद जी ने कहा था, छोटे खाँ भाग्य के श्रेष्ठ पुत्र थे--स्वर के साधक--मालकोश में उन्हें सिद्धि प्राप्त हुई थी। गीत गाने के समय उनके साथ संगीत की आत्मा विराजती थी। लेकिन आखिर में क्या हुआ, जानती हो? उनका दिमाग़ गड़बड़ा गया। ग्वालियर में महफिल ख़त्म होने के बाद सब-कुछ वहीं रखकर लापता हो गये।... बहरहाल मैं उन दिनों नौजवान था, उस्ताद के लिए नाना प्रकार की चिन्ता करने लगा। एक दिन पौ फटने के पहले जी में हुआ कि गंगा जी के दर्शन कर आऊँ। शिवाला घाट की ओर चल दिया। वहाँ एकाएक मालकोश राग का एक पद सुनायी पड़ा।

''लगा जैसे रात के आखिरी पहर के आकाश, वायु और गंगा का जल स्वर के झोंके से आन्दोलित हो उठे हों, मैं मन्त्रमुग्ध की तरह सुन रहा था। समय का कोई ख़याल नहीं रहा। स्वर भी इतना जीवन्त हो सकता है, मुझे इसकी जानकारी नहीं थी। मुझे याद है, गीत जब ख़त्म हुआ तो रात का रंग फीका हो चुका था। देखा, मेरे निकट ही स्वर के साधक आँख बन्द किये समाधि में लीन होकर बैठे थे। शिवाला घाट का एक पुजारी वहाँ आया और घुटने मोड़कर बैठ गया। उसके बाद स्नेह के साथ पकड़ धीरे-धीरे उन्हें चबूतरा और सीढ़ी पार कराने लगा।

"पुजारी जी से मैंने जब स्वर-साधक का परिचय पूछा तो उन्होंने बताया : आप ही छोटे खाँ साहब हैं। बड़े ही मस्तमौला हैं। आँखों की रोशनी धुँधली हो गयी है। कभी-कभी यहाँ आते हैं और फिर कहीं चल देते हैं। इनके बारे में अधिक जानकारी नहीं है, हाँ, जब दर्शन हो जाते हैं तो मैं भरसक मदद और खिदमत करने की चेष्टा करता हूँ। उनके पीछे कभी न जाइयेगा। मनुष्य की संगति वे जरा भी पसन्द नहीं करते।"

मोती अभिभूत होकर सुन रही है। आँखों की काली पलकें व्यथातुर होकर सजल हो उठीं। चन्द्रभान कहने लगे, "बात आज मेरी समझ में आ रही है, गायकी का सच्चा ज्ञान उन्हें ही था। इसीलिए उनके पास जो कुछ था वह सब स्वाहा कर वे उस तरह का जीवन जी रहे थे। मैं यह नहीं कहता कि तुम भी गायकी को ही सब-कुछ मानकर उसी तरह ज़िन्दगी बर्बाद कर दो। लेकिन ऐसी निष्ठा और साधना की ज़रूरत तो है। उसी में प्रकाश मिल सकेगा। कहीं दूसरी जगह खोजने की ज़रूरत नहीं।"

मोती हाथ जोड़कर कहती है, "आप जैसे शरीफ उस्ताद को पाना मेरे लिये बड़े भाग्य की बात है। मुझमें वैसा हुनर नहीं है फिर भी कोशिश करती हूँ।"

चन्द्रभान समझ जाते हैं कि मोती के हृदय में पीड़ा कहाँ है। कहते हैं, "तुम तवायफ हो, यह कोई अपमान की बात नहीं। तुम्हें बता ही चुका हूँ कि तवायफों के बीच कितनी ही स्वर की सच्ची सम्राज्ञियाँ पैदा हो चुकी हैं। कमल चाहे जहाँ भी खिले, वह कमल ही होता है और उसके सौन्दर्य पर लोग मुग्ध रहते हैं। इतना ही ख़याल रखना कि गायकी को कभी नाचीज़ वस्तु न समझना। जितने राग-रागिनी के चित्र तुम देखोगी समझोगी, साधकों ने उन्हें स्वयं साकार होते देखा है। इसीलिए उनके रूप का वर्णन करना सम्भव हो सका है। साधना ही सबसे बड़ी बात है, बेटी।"

चन्द्रभान उठकर खड़े हो जाते हैं। मोती फर्श पर झुककर उन्हें प्रणाम करती है। चन्द्रभान स्नेहिल दृष्टि से उसकी ओर देखते हुए उसे आशीर्वाद देते हैं। मोती सिर्फ तवायफ है, यह बात वह कभी नहीं सोचते। चन्द्रभान किसी गोपनीय पीड़ा के पुजारी हैं। गम्भीर व्यथा-बोध के कारण आदमी को आदमी समझने की उनमें पर्याप्त शक्ति है।

चन्द्रभान नीचे उतरकर प्रतीक्षा में खड़ी सिविका में बैठ गये। रास्ते की ओर ताकने पर मोती अनमनी हो जाती है। वह कुछ देर चन्द्रभान के बारे में सोचती है। फिर सोचती है, कहीं उससे कोई ग़लती तो नहीं हो गयी। उसके बाद सोचती है, उसके जीवन में दोनों ही प्रेम सत्य हैं। गायकी को वह दिल से प्यार करती है मगर खुदाबख़्श को भी वह कोई कम प्यार नहीं करती। उसके लिए दोनों प्रेम एक-जैसे ही हैं।

नीचे से जूही की मीठी आवाज़ आती है, "बेगम साहबा का साज-सिंगार कहाँ तक हुआ? इधर तामजान पहुँच चुका है। याद है या नहीं कि आज वही दिन है।"

जूही बड़बड़ाती हुई सीढ़ियाँ चढ़ रही है। मोती आईने में चेहरा देखती है, गहना पहनती है और मुस्कुराती है। कहती है, "बस-बस, चुप रहो। मुझे सब याद है।"

"यह आधी रात में चुपचाप कही जानेवाली बात नहीं, यह सबेरे की बात है—काम की बात।"

हाथी दाँत की कंघी दिखाकर मोती जूही को मीठी झिड़की देती है। कहती है, "मुझे सब याद है।"

जूही तेज़ कदमों से चहलकदमी करती है। एक तसवीर सीधी करके रखती है। फूँक मारकर आईने पर से चन्दन की धूल उड़ाती है। सुरमा लगाती है। भौंह नचाकर अपना चेहरा देखती है। मोती कहती है, "बसी से काम चल जायेगा, जूही। अब चलो।"

"मन क्यों उदास हो गया?"

"मन तो ठीक ही है, सिर्फ तुम्हारे सामने आने से"—

मोती मीठी झिड़की देती है, "चल-चल, सुन्दरदास के लाड़ले की बात मुझे मालूम है।"

सीढ़ियाँ उतरते-उतरते जूही खिलखिलाकर हँस पड़ती है। कहती है, "लेकिन उस लड़के में अक्ल नाम की चीज़ ज़रा भी नहीं है। जानती हो, कल भी उसने खत भेजा था।"

मोती उतरकर तामजान में बैठ जाती है। तामजान नाट्यशाला की ओर बढ़ने लगता है। रास्ता चलते-चलते कहार चिल्लाते हैं : पीछे हटो। मोती पर्दे की फाँक से देखती है। एक छोटी लड़की अपनी गोद में बकरी लिये है। वह अपने भाई से अपना हाथ छुड़ा लेती है और हँसती हुई सागवाली औरतों के बीच से होकर तिरछे-तिरछे दौड़ने लगती है। मोती कौतूहल-भरी दृष्टि से देखती है और मुसकरा देती है। इस रास्ते से उसका हर रोज़ का परिचय है लेकिन जाने क्यों आज उसे यह रास्ता, यह परिवेश बड़ा ही प्यारा लग रहा था। मोती को बहुत सोचने पर भी इस 'क्यों' का उत्तर नहीं मिल रहा है। सिर्फ गीत की एक पंक्ति गूँजने लगती है—

मुरली धुन सुना सँवरिया...।

नाट्यशाला में सारंगिया, मिरदंगिया और दूसरे-दूसरे संगत करनेवाले इन्तज़ार कर रहे हैं? बीच में साँवले रंग के और थोड़े स्थूलकाय बाबा साहब गंगाधर राव बैठे हैं और कलाकार सुखलाल कछवाहा को आदेश दे रहे हैं। सुखलाल ध्यान लगाकर

सुन रहा है और राजा के तमाम आदेशों को स्मृति के पन्ने पर लिखता जाता है। साथ-ही-साथ उसके होंठ भी जरा-जरा हिल रहे हैं। निकट ही नाट्यशाला का व्यवस्थापक विशाल सुखकरण तनकर पद्मासन में बैठा है।

कमरे के बीच से दरवाज़े तक कालीन बिछा है। मोती कालीन के बाहर नागरा उतारकर कोर्निश करती है। राजा के सामने ज़मीन पर माथा टेककर प्रणाम करती है। उसके बाद सबके सामने माथा झुकाकर कोर्निश की मुद्रा में पीछे हटती हुई अपनी जगह पर चली आती है। जूही भी उसी का अनुकरण करती है और फिर उसके पास आकर बैठ जाती है। थोड़ी देर तक इन्तज़ार करने के बाद राजा इशारा करते हैं और विशाल सुखकरण पूर्वाभ्यास शुरू कर देता है। मिरदंगिया गरदन तिरछी कर बड़े-बड़े बालों को झटककर बोल बजाने लगता है। मृदंग पर थाप पड़ती है। मोती लमहे-भर में घुँघरू बाँध लेती है। विशाल सुखकरण गीत गाते हुए जलसे में आता है। गणेश, महालक्ष्मी और सरस्वती की वन्दना करने के बाद राजा की गौरव-गाथा का गीत गाता है। उसके बाद संस्कृत में अभिज्ञान-शाकुन्तलम् नाटक की प्रस्तावना गाने के बाद बैठ जाता है। तभी आल-बाल को जल से सींचती शकुन्तला के रूप में नर्तकी मोती प्रवेश करती है। हलका नृत्य है, सिर्फ जल सिंचन की भंगिमा। साथ में जूही, हीरा और दूसरी-दूसरी सहेलियाँ हैं।

ठुड्डी पर हाथ रखे, जरीदार गाव-तकिये पर टिके गंगाधर राव बैठे हैं। प्रशस्त ललाट पर प्रभात काल की पूजा का मंगल-तिलक लगा हुआ है। पेशानी की तनी रेखाओं से पता चलता है कि वह किसी चिन्ता में तल्लीन हैं। भौंह सिकोड़कर उन्होंने सामने की ओर आँखें टिका दीं।

सोनी दुष्यन्त के वेश में जलसे में प्रवेश करती है। अचानक गंगाराव ने सामने के घण्टे पर चोट की। अभिनय तुरन्त रुक गया। किससे क्या ग़लती हो गयी, यह सोचकर सब की छाती धड़कने लगती है। राजा कहते हैं, ''मोती तुम्हारी दृष्टि और नृत्य बेमेल जैसे क्यों हो रहे हैं? यह क्या कोई तवायफ की महफिल है? तुम्हें होश नहीं है क्या?

भयभीत मोती माथा झुकाकर झिड़कियाँ सुन रही है। उसके बाद फिर से शुरू करती है।

घड़ी ने जैसे ही दस बजाये राजा उठकर खड़े हो गये। मोती हाथ जोड़कर उनके सामने खड़ी हो गयी। राजा स्नेह-भरे स्वर में कहते हैं, ''तुम्हें बहुत ही परेशानी हुई, मोती?''

''नहीं सरकार।''

राजा कहते हैं, ''मैं तीन महीने के लिए बाहर जा रहा हूँ। उसके पहले किसी दिन बहुत बड़े जलसे का इन्तज़ाम करूँगा।''

दरवाज़े की ओर जाते-जाते राजा दुबारा कहते हैं, "रानीमहल में किसी दिन तुम्हें नाच दिखाना है।" उसके बाद कौतूहल भरे स्वर में कहते हैं, "बाई साहब को ख़ुश कर सकोगी...?"

मोती सिर झुकाकर मुस्कुराती हुई हामी भरती है। राजा मियाने में बैठ जाते हैं। कहार मियाना लेकर चल देते हैं।

राजा महल की ओर जाते-जाते बहुत-सारी बातें सोच रहे हैं। एक औरत अपने एक बच्चे को गोद में लिये और दूसरे का हाथ थामे फटे घाघरे को लहराती विष्णु मन्दिर के अन्न सत्र की ओर जा रही है। अन्न सत्र राजा का ही कायम किया हुआ है। दूर नकीब ढोल पीट-पीटकर घोषणा कर रहा है—आज तीसरे पहर श्रीमान् सरकार के हुक्म से चौक पर कपड़ा बाँटा जायेगा। सभी आदमी आयें। अन्नदान, वस्त्रदान, मन्दिर में पूजा-पाठ, समय-समय पर होम-यज्ञ का अनुष्ठान—सब-कुछ एक ही अभिलाषा को केन्द्र बनाकर किया जा रहा है। और वह यह कि महाराज को एक पुत्ररत्न की प्राप्ति हो। सिंहासन का उत्तराधिकारी जन्म ले। पुत्रेष्टि व्रत-उपवास से सूखी किशोरी पत्नी का चेहरा राजा के हृदय को व्यथित कर रहा है। पिछली रात सन्ध्या-पूजा के बाद जब महराजा कपड़ा बदलने जा रहे थे तो अचानक राजा की दृष्टि अलिन्द में सिर टिकाकर बैठी रानी पर पड़ी थी। उपवास के कारण उनका चेहरा दुबलाया-जैसा लगा। राजा के मन में संवेदना और स्नेह का सागर उमड़ आया।

दूर, बहुत दूर अंग्रेज़ों के कैण्टूनमेण्ट में सैनिक बिगुल बज रहा है। राजा की पेशानी पर बल पड़ गये। कहारों से कहा, "जल्दी-जल्दी चलो।"

रानीमहल के सहन में लाल सालू बिछाकर जलसे का आयोजन किया गया है। पुरनारियाँ छज्जों पर बैठी हैं। रानी भी उन्हीं के बीच बैठी हैं। जलसे में खड़ी मोती उनकी ओर अदब से ताकती है। अभिवादन कर कहती है, "फरमाइये सरकार।" रानी उम्र में उससे कुछ छोटी ही होंगी। मोती के ऊपर उठे चेहरे को प्रशंसाभरी दृष्टि से देखकर उन्होंने उँगली के इशारे से काशी को बुलाया। काशी मोती को बुलाकर कहती है, "पहले नाचो, उसके बाद बाई साहब गीत सुनेंगी।"

मोती झुककर तसलीम करती है। उसके बाद शान्त दृष्टि से माहौल का जायजा लेती है। राजभवन का लम्बा-चौड़ा आँगन पानी से धोया साफ़-सुथरा है। उसके चारों तरफ दोमंज़िला भवन है। अपराह्न का समय है लेकिन काले पत्थर के इस आँगन में सूरज की किरण नहीं आयी है, चारों ओर बने भवनों ने इसे ओट में जो छिपा रखा है। राजमहल की दीवारों पर मछली, हंस, मयूर और हिरन की युगल मूर्तियाँ उकेरी गयी हैं। उस तरफ के छज्जे पर चिड़ियाँ चहचहा रही हैं। चिड़ियाँ महल में पिंजरों

की कतारें हैं। उनमें सुग्गा, मैना, हीरामन और काकातुआ हैं। कबूतर सैकड़ों की संख्या में आकर बैठे हैं। बायीं ओर सम्भवतः आश्रिता नारियाँ वास करती हैं। मराठा रमणियों ने रंगीन काछे पहने हैं। सभी पलथी मारकर एक-दूसरे की बग़ल में बैठी हैं। शिशु बालक और बालिकाओं का भी अभाव नहीं। मोती ने बाई साहब को कभी इतने नजदीक से नहीं देखा है। दोमंज़िले के छज्जे के बीचों-बीच वे एक बिना हत्थे की चौकी पर बैठी हैं। उनके अगल-बगल सम्भ्रान्त परिवार की महिलाएँ बैठी हैं। काशी रानी को धीरे-धीरे पंखा झल रही है। सभी इन्तज़ार में हैं। मोती को उनकी आँखों में कोई संवाद लिखा हुआ दीखता है। उन लोगों की निगाह में मोती सिर्फ एक नटी है, बाई साहब की वेतनभोगी नटी। एकाएक मोती की आँखें रानी की आँखों से टकराती हैं। मानो रानी की समझ में उसकी भ्रान्ति आ गयी हो। उसे सहारा देने के लिए रानी मुसकरा देती हैं। कहती हैं, "कोई असुविधा हो रही है क्या?"

मोती भी मुसकराकर कहती है, "नहीं।" उसके बाद वह संगत करनेवालों को इशारा करती है।

रँगीली तान के हलके गीत के साथ मोती हौले-हौले कदमों को रखती हुई नाच रही है। उसका पहरावा है पूरी आस्तीन का बन्द गले का हरा रेशमी कुरता, पीला घाघरा और पीला दुपट्टा। नाच के हर ताल के साथ बाजे कभी द्रुत और कभी विलम्बित स्वर में बज रहे हैं। मोती मानिनी बनकर बैठी हैं, उसके बाद मुस्कुराकर प्रसन्न हो जाती है। पाँवों के पास का लाल सालू सिकुड़कर कमल पुष्प-जैसा हो जाता है। औरतें आश्चर्य में आकर देखती और तारीफ करती हैं। मोती ताल-ताल पर चक्कर काटती हुई लाल सालू पर ढेरों कमलों की रचना करती है। उसके बाद थकान उसे अपने बाहु-पाश में जकड़ लेती है।

नाच ख़त्म होते ही जलसे में वाहवाही के शब्द गूँजने लगते हैं। जूही आगे बढ़कर चादर को बराबर कर देती है। शाम उतर आयी है। दासियाँ मशालदान में बत्तियाँ ले आती हैं। महल में काम करनेवाली औरतें झाड़-फानूस, अलिन्द और हर कमरे में रोशनी जलाती हैं। पुराने राजमहल के इस धुँधले माहौल में मोती को तनिक शान्ति का अनुभव होता है। चन्द्रभान जी से सीखा हुआ गीत वह मधुर कण्ठ से गाती है—

कुंजवन छोड़ी रे श्याम
कहाँ गाऊँ गुणग्राम—

ललित कण्ठ में किसी प्रेमिका के हृदय की पीड़ा बजने लगती है। मोती हृदय खोलकर मीराँ के भजन में नये आवेग की सृष्टि करती है। भजन के अन्तर्लीन सौन्दर्य को नये प्रकाश से उद्भासित करती है। मोती भजन गाने बैठती है तो जाने किस तरह का आवेग उसके स्वरों में आ जाता है। साथ-ही-साथ उसके कण्ठ से ध्वनित होता है बालक कृष्ण के प्रति यशोदा का स्नेह भरा उद्‌गार—

नन्दलाला मोरे प्यारे आओ गिरिधारी
वनमाला पहनाओ बनवारी–

आहिस्ता-आहिस्ता आसमान से शाम आँगन में उतर आती है। श्रोताओं की आँखें सजल हो जाती हैं। गीत के प्रत्येक स्वर से व्रजधाम की धूल-धूसर सन्ध्या, गृहगामी गौओं के गले की घण्टी का टुन-टुन शब्द, शरारती बालक को गोद में लिये यशोदा का मान-अभिमान–सब-कुछ जैसे साकार और जीवन्त हो उठा है, गीत थम जाता है मगर उसका प्रभाव बना रहता है।

"बहुत ही अच्छा लगा। तुमने प्यास बुझा दी।" रानी की प्रशंसाभरी उक्ति सुनकर मोती ने आगे आकर माथा झुका लिया। 'अच्छा लगा है', सिर्फ इतना ही सुनकर मोती चली जायेगी? रानी ने उसकी दासी को अपने पास बुलाया। दासी आशीर्वाद लेने के लिए दौड़ी-दौड़ी आती है। मोती ठिठककर खड़ी हो जाती है। लाल रेशमी रूमाल फैला देती है, मोती को एक जोड़ा कंगन दिया जाता है। मोती असमंजस में पड़ जाती है। उसके बाद कंगनों को उठाकर रानी को दुबारा ताजीम पेश करती है। मोहर की थैली जूही को थमाती है। एक अदद मोहर निकालकर दासी को देती है।

रात जब गंगाधर राव आराम करने आये, रानी मुस्कुराने लगी। बोली, "मोती का गीत मुझे बड़ा अच्छा लगा। कितना अच्छा भजन गाया! बड़ी ही हुनरमन्द लड़की है।"

"तुम्हें अच्छा लगा?"

"हाँ।"

उसके बाद उधेड़-बुन के साथ रानी ने मुस्कुराते हुए कहा, "मैंने अपना मोती का कंगन जोड़ा उसे दे दिया है। क्या अच्छा नहीं किया?" उसके प्रश्न में जैसे हलके भय का पुट था।

राजा बोले, "तुमने ठीक ही किया है। मोती को मोती का कंगन देकर अच्छा ही किया है। कहो, बिठूरवाली, कविता समझने की तुममें परख आ गयी है न? मुझे बहुत ख़ुशी हुई। हँस क्यों रही हो?"

"मैंने बिठूर छोड़ दिया, फिर भी नाम ने मुझे नहीं छोड़ा।"

"तुम पहले की बनिस्बत काफी चतुर हो गयी हो। मानना होगा–"

दोनों हँस पड़े। इस हँसी ने दुश्चिन्ताओं का बोझ कम कर दिया और मन थोड़ा हलका हो गया।

लक्ष्मी मन्दिर से निकल पूरब की तरफ जाने पर टीले पर एक ख़ूबसूरत मीनार और मकान मिलते हैं। लोगों की भीड़ से अलग इनका अस्तित्व है। यहाँ पलाश, तेन्दू, इमली और सखुए का जंगल है। वसन्त के अन्तिम दिनों में पलाश फूल उठे हैं।

वनजूही के पौधों में भी फूलों के गुच्छे भरे हुए हैं। उसकी मीठी गन्ध से पूरा माहौल मह-मह कर रहा है। शुक्ल पक्ष समाप्त हो जाने के कारण आसमान में चाँद नहीं दिख रहा है। यहाँ दिन के वक़्त भी कोई नहीं आता।

मोती हर रात छाया और ख़ुशबू से भरे इस सर्पिल जंगली रास्ते को पकड़कर अभिसारिका राधिका की तरह छिपकर यहाँ आती है। बाधा-विघ्न, राजा की निगाह में पड़ने की आशंका—इन सबों की परवाह किये बग़ैर मोती को आना ही पड़ता है। वह खुदाबख़्श के साथ कश्ती पर आती है। पानी पर झुके जामुन के एक पेड़ की ओट में वे लोग कश्ती लगा देते हैं, उसके बाद उस छोटे-से मकान के अन्दर चले आते हैं। पत्थर का बना मकान है। एक ओर मोमबत्ती जलती रहती है। उसकी मद्धिम रोशनी मोह से भरे एक माहौल की रचना कर देती है। मोती बाई साहब के द्वारा दिया गया इनाम और कंगन का जोड़ा खुदाबख़्श को दिखाती है।

खुदाबख़्श छलनाभरे स्वर में कहता है, "दिखायी नहीं पड़ रहा है।"

मोती कहती है, "रोशनी में अच्छी तरह देखो न।"

"खुदाबख़्श कहता है, "तुमको देखते-देखते मेरी तमाम रोशनी ख़त्म हो गयी है। अब दूसरी रोशनी कहाँ मिलेगी?"

मोती मीठी हँसी हँसती है। अपने दोनों मुलायम हाथ उसके सामने फैला देती है।

खुदाबख़्श मोती की पोशाक देखकर हँसता है। कहता है, "किसान से मिलकर तुम भी किसान की औरत हो गयी हो मोती!"

मोटे काले रँग के घाघरे और दुपट्टे में मोती सचमुच ही गाँव की औरत-जैसी लग रही है।

खुदाबख़्श कहता है, "कोई गीत गाओ, मोती।"

"कौन-सा गीत गाऊँ कहो न?"

"तुम्हें जो भी गाने की मर्ज़ी हो।"

मोती शरमाकर मीठे स्वर में उसी पुराने गीत को गाती है। ललित राग में ग़ज़ल सुनाती है। निहोरा करती है—

हे बुलबुल, तुम आँसू मत बहाओ। यहाँ आँसू बहाना मना है—

बुलबुलो मत रो यहाँ
आँसू बहाना है मना

फूल-जैसे होंठों पर शब्द मीठे स्वर में गुंजार करते हैं। खुदाबख़्श के मन में किसी अनभोगी वेदना का अहसास होता है। नीली आँखों में ममता उमड़ आती है। खुदाबख़्श का तरुण मन अनुभूति के किसी अगम जंगल में खो जाता है। गीत का स्वर उस जंगल का पथ-प्रदर्शक है। प्रत्येक स्वर से जैसे फूल खिल रहे हैं, जुगनूँ उड़

रहे हैं और माधुरी तथा प्रेम उस छायापथ को सौरभ से भर रहे हैं। अन्तिम पंक्तियों में मोती किसी दुःखित मन का निहोरा व्यक्त करती है–

मेरा प्रीतम सो रहा है,
गुल मचाना है मना

मिलन की प्रथम रात। कुल मिलाकर एक ने दूसरे के मन को जाना-पहचाना है। वाद्य-यन्त्रों को कसा गया है, झाड़-फानूस में रोशनी जल रही है। जैसे कोई प्रतीक्षारत जलसा हो। शाम की वेला है इसलिए संगीत शुरू होने में देर है। लेकिन ऐसे वक्त में मोती ने विरह का गीत क्यों गाया? क्यों उसने इस परिवेश को व्यथा से पूर्ण कर दिया? खुदाबख्श को कुछ समझ में नहीं आ रहा है। मोती को देखकर वह बार-बार अवाक् हो जाता है। उसके विस्मय का भाव दूर नहीं होता। कितनी अपरूप सुन्दरी है मोती! उसके अधर, नयन और अलकों में कौन-सा रहस्य छिपा है! कितनी गम्भीर है, कितनी शान्त!

मोती मुस्कुराती है। नीरवता के क्षण आवेग और कामना से थरथराने लगते हैं। मोती को डर लगता है। खुदाबख्श के हाथ पर अपना हाथ रखकर कहती है, "कुछ कहो, खुदाबख्श!"

"क्या कहूँ, मोती?"

"अपनी बात कहो।"

"अपनी बात तो कह ही चुका हूँ, मोती। सब-कुछ तुम्हें मालूम ही है। मेरी ज़िन्दगी ही कितनी बड़ी है और उसमें जानने को है ही क्या? फिर भी बहुत-कुछ कहने की इच्छा होती है, मोती। तुमसे पहले किसी ने इसे सुनना भी तो नहीं चाहा था।"

मोती प्रस्फुटित कमल की पंखुड़ियों की तरह ओस की बूँदों को स्वीकारती हुई बोली, "मेरी भी तमाम बातें तुम्हें मालूम हैं, खुदाबख्श। बचपन में ही मेरी माँ चल बसी। मन्नू सारंगिया ने मुझे पाला-पोसा। दिल्ली में विश्वेश्वर मिश्र खयालिया के घर पर उसकी पत्नी की आश्रिता बनकर रही। जब आठ साल की थी तो वहाँ से मुझे चन्द्रभान जी ले आये। वर्जना और कड़े पहरे में मुझे रहना पड़ा। शासन और आज्ञा-पालन की सीख मिली।... मैं सिर्फ राजा के रंगमंच की नर्तकी हूँ। मेरी ज़िन्दगी में है ही क्या? मैं जानती ही कितना हूँ?"

"कब से समझा कि तुम कुछ जानती हो?" खुदाबख्श मुस्कुराया।

"तुमसे जान-पहचान होने के बाद ही मैंने जाना है कि मेरी ज़िन्दगी की भी कोई कीमत है।"

"कीमत ज़रूर है, मोती। मेरी निगाह में तुम्हारी कीमत बहुत ज़्यादा है।"

"यह दुनिया बड़ी ही बेवफा है, खुदाबख्श। कभी-कभी सोचती हूँ, मैंने ग़लती तो नहीं की? तुम्हें अपने साथ घसीटकर दुःख में तो नहीं आयी? कौन जाने!" कहते-कहते मोती रुक जाती है। उसके बाद फिर कहना शुरू करती है, "मेरे बारे में सब-कुछ बताने के बाद विश्वेश्वर जी ने चन्द्रभान जी से अनुरोध किया। चन्द्रभान जी मुझे झाँसी ले आये। उस वक़्त बाबा साहब के बड़े भाई रघुनाथ राव गद्‌दी पर थे। बाबा साहब नाट्यशाला के कितने शौकीन हैं, यह तो मालूम ही है। उसी वक़्त से मैं नाच-गाना सीख रही हूँ। मुझे परदानशीन बनकर रहना पड़ा है। बाहरी दुनिया में किसी को भी मैं नहीं पहचानती। कितने निषेध और वर्जनाओं के बीच रहना पड़ता है, यह तुम नहीं समझोगे, खुदाबख्श। तुम्हें यह तो मालूम ही है कि मेरी माँ भी एक नर्तकी थी। नाचना मेरा पैदाइशी पेशा है। कभी-कभी लगता है, तुम्हारी ज़िन्दगी से अपनी ज़िन्दगी को बाँधकर तुम्हें तकलीफ ही पहुँचाऊँगी। मैंने यह क्या किया—अच्छा या बुरा, यह बात तो ऊपरवाला ही जानता है।"

"मैं भी जानती हूँ।" कहकर खुदाबख्श उसे अपने पास खींच लेता है और उसका सिर अपने कन्धे पर टिका लेता है। मोती इत्मीनान से अपना भार उस पर रख देती है। चारों ओर खुले बालों की गन्ध फैल जाती है। खुदाबख्श मोती के बिखरे बालों को एक ओर हटा देता है। कहीं बहुत दूर कोई रतजगा पंछी बोल उठता है। जुगनूँ की पाँत मुट्ठी भर रोशनी बिखेर देती है।

आस-पास खड़े दो वक्ष थरथराने लगते हैं। दोनों एक-दूसरे की छाती की धड़कन सुन रहे हैं। खुदाबख्श मोती का हाथ थामे अवाक् होकर उसकी ओर निहार रहा है। इतना कोमल! अपने हाथ पर रखकर उसे देखता ही रह जाता है।

मोती कहती है, "क्या देख रहे हो?"

"फब नहीं रहा है?"

"क्या?"

"देखो, कितना बेमेल लगता है।"

"फबता है, बहुत फब रहा है। तुम्हें तो कुछ भी मालूम नहीं।"

दोनों का प्यार एक साथ हिलोरें लेने लगता है तारे भी जैसे उनके आनन्द में थर-थर कर काँप रहे हैं। मोती का मुखड़ा उठाकर खुदाबख्श इस तरह देखता है कि मोती शरमा जाती है। कहती है, "क्या देख रहे हो? ऐसी कौन-सी नयी चीज़ है?"

"बहुत ही आश्चर्यजनक चीज़ है, मोती। तुम अगर आईना लेकर देखो तो तुम्हें भी पता नहीं चलेगा। तुम्हें मेरी आँखों से देखना होगा।"

"मैं नहीं देखना चाहती। तुम्हीं देखो।"

खुदाबख्श मुस्कुराया। उसके बाद उसकी आँखों में गम्भीरता उतर आयी। उन आँखों को देखकर मोती जैसे दुनिया को भुला बैठी। खुदाबख्श की आँखों में कोई गहरी

कशिश कसमसा रही थी। उसने मोती की ठोड़ी पकड़कर ऊपर उठायी। अपना चेहरा तनिक झुकाया।

कुछेक क्षणों का हिसाब खो गया। उसके बाद खुदाबख्श की आवाज़ सुनायी पड़ी, "अगर फिरदौस रूए-जमीं अस्त"–

उत्तर में मन-ही-मन मोती बोली, "हमीं अस्त!"

रात का तीसरा पहर आ गया। मोती बोली, "चलो, अब रात ख़त्म होने में देर नहीं।"

"चलो।"

पानी में लगी कश्ती के पास आकर खुदाबख्श ने कहा, "मोती, अगर बे-अदबी हो गयी हो तो माफ करना। मैंने अन्याय तो नहीं किया?"

मोती ने उसे प्रेम भरी गम्भीर दृष्टि से आश्वस्त किया। बोली, "तुमने कोई अपराध नहीं किया है।"

खुदाबख्श ने कश्ती खोल दी।

क़िले की तोपें जानदार वस्तु हैं या नहीं, गौस की बात से यह समझना मुश्किल है। भवानी शंकर, घनगर्ज, कड़क, बिजली, नलदार—ये उसके पाँच पुत्र हैं, गौस ऐसा ही कहता है और खुदाबख्श को यह बात सही प्रतीत होती है।

"क्या चेहरा है, कितना तेज़ और लड़ाई लड़ने की कितनी हिम्मत! पेशवा के ज़माने में कैसा-कैसा खेल दिखाया है, क्या बताऊँ! कैसे-कैसे दिन बीते हैं!" विशाल देह लिये कमान की ओर देखकर गौस इस तरह अफसोस जाहिर करता है कि खुदाबख्श अवाक् हो जाता है। गौस घनगर्ज को हाथ से सहलाता है। कहता है, "चुपचाप सोये रहो, बेटे! हिम्मत बढ़ाते रहो!"

"ज़रूरत पड़ेगी या नहीं?"

"नहीं। वे दिन बीत गये। अब सुनने में आता है, लड़ाई काग़ज़ कलम से होती है। अंग्रेज़ सरकार के साथ दरबार-दरबार में खरीता चलता है। वक़्त बदलता जा रहा है। बस, कुछ था तो वे ही दिन थे।"

किले के दक्षिण बुर्ज पर खड़े होने पर उस ओर अंग्रेज़ों की छावनी दीखती है। फौज मार्च करती हुई छावनी की ओर लौट रही है। बायनेट झकझक चमक रहा है। मूँछों को मरोड़ गौस व्यंग्य के स्वर में बोला, "लेफ्ट-राइट, लेफ्ट-राइट ट्रेनशन! उन लोगों के अदब-कायदे बहुत मज़ेदार हैं। हाँ, सिर्फ परेड करो। मुझे इतनी परेड पसन्द नहीं। सुबह, तीसरे पहर, रात—हमेशा घड़ी की तरह चलते रहते हैं।"

गौस बुर्ज के किनारे पत्थर के परकोटे पर बैठ जाता है। खुदाबख्श को भी बैठने का इशारा करता है। कहता है, "अंग्रेज़ों की बन्दूकें और तोपें बहुत अच्छी होती हैं। मुझे बहुत दिनों से शौक है कि दो अदद अंग्रेज़ी तोपें खरीदूँ। वजन में भी हलकी

होती है न इसीलिए इस्तेमाल करने में सहूलियत रहती है और साथ ही बहुत मज़बूत भी। ग्वालियर में कई हैं, वहीं देखा है।''

दो हाथों सड़क पर टहलते हुए जा रहे हैं, बहँगी पर जलेबी लायी जा रही है। बड़े हाथो के तस्मीने का फर्द झलकता है। ऊपर से शहर बहुत ही अच्छा दीख रहा है। दूर पहाड़ों की कतार है। खुदाबख्श भरपूर इस दृश्य का उपभोग कर रहा है। गौस खुदाबख्श को मुट्ठी भर अखरोट और बादाम देता है। खुद भी दो-चार बादाम-अखरोट खाता है। उसके बाद कहता है, ''बेटा, तुमसे कुछ कहना है। मैं तुम्हारी भलाई के लिए ही कह रहा हूँ। मुझे यकीन है कि तुम मुझे ग़लत नहीं समझोगे।''

जवाब देना बेकार था। गौस कहता जाता है, ''तुम्हें सात साल पहले की बात याद है, जब मुझसे तुम्हारी मुलाकात हुई थी? मेरा अपना क़हने के लिए तो कोई है नहीं। मैं तुम्हें बहुत प्यार करता हूँ। मुझे लगता है कि तुममें असली इस्पात है। अपनी ज़िन्दगी में यह भी देख चुका हूँ कि प्यार और देख-रेख के अभाव में उस इस्पात से कसाई का छुरा ही तैयार किया जा सका है। तुम्हारी तालीम के बारे में मुझे कुछ नहीं कहना। मेरी तमाम ख़्वाहिशों को तुमने पूरा किया है। घोड़ा चलाने, तलवार भाँजने, बन्दूक चलाने और तोपों की देख-रेख करने में, तुमने कमाल हासिल कर लिया है। लेकिन कई दिनों से मैं तुम्हारे बारे में एक बात सुन रहा हूँ। क्या यह सच है कि बाबा साहब की तवायफ मोती से तुम्हारा मेल-जोल है?''

खुदाबख्श गौस की ओर देखकर कहता है, ''आपने जो निशाना लगाया है उस्ताद, वह बिलकुल ठीक है। मगर इससे मेरी इज़्ज़त छोटी नहीं हो जायेगी—क्योंकि मैं उसे प्यार करता हूँ। इसमें कौन-सा गुनाह है? मैंने कोई अपराध किया है क्या?''

गौस व्यथित आँखों से देखकर सिर्फ गरदन हिलाता है और कहता है, ''बेटा, सच्चा इश्क खाँटी सोना होता है। वह किसी की इज़्ज़त में बट्टा नहीं लगाता बल्कि उसे बढ़ा ही देता है मगर तुम्हें सब-कुछ तो मालूम है नहीं, खुदाबख्श। जानते हो, मोती पर उसका अपना कोई अधिकार नहीं है। हालाँकि वह बाँदी नहीं है लेकिन बाबा साहब ने उसे बचपन से पाला-पोसा है, शिक्षा-दीक्षा दी है। दरबार में जिस तरह मामूली तवायफ रहती है, उससे ऊँचा दर्ज़ा देकर उसे रखा है। मोती को लेकर तुम क्या करोगे? तुम उनसे शादी तो कर नहीं सकते।''

''क्यों नहीं कर सकता?'' मैं ज़रूर उससे शादी करूँगा। आप यह बात न सोचें।''

''अरे, मेरी बात छोड़ो।'' गौस उसे डाँटता है। उसके बाद शान्त स्वर में कहता है, ''शादी तो करोगे मगर तुम्हारी माँ क्या कहेगी?''

"माँ मान जायेगी।" खुदाबख्श विश्वास से कहता है। कहने के बाद उसे लगता है कि ऐसा सम्भव है क्या? उत्तेजना से उसका चेहरा लाल हो जाता है और वह बार-बार लम्बी साँसे लेने लगता है।

गौस निराशा की मुद्रा में हाथ नचाता है। कहता है, "मान लो, तुम्हारी माँ तैयार हो जाती है। मगर हवा में इमारत खड़ी मत करो, बेटा। बाबा साहब तुम्हें कभी मोती से शादी नहीं करने देंगे। तुम समझ नहीं रहे हो। नियम या कानून की कोई बात नहीं, राजा जो कहते हैं वही होता है। यह सच है कि मोती के प्रति उनमें कोई लोभ नहीं है। लेकिन तुम ठहरे हवलदार और मोती है दरबार की नटी। अपनी मर्ज़ी से तुम लोगों का आपस में मिलना-जुलना भी वे बरदाश्त नहीं करेंगे।"

"मुझे इसकी परवाह नहीं।" खुदाबख्श की इस दर्प-भरी उक्ति को सुनकर गौस समझ जाता है कि यह तेज़, यह बेपरवाह जिद और यह अपने भविष्य को हवा में विसर्जित कर दिल के दावे को मान दीवाना हो जाने की हिम्मत—सिर्फ यौवन में ही हो सकती है। खुदाबख्श के दमकते चेहरे और विद्युत् की-सी लहर से चमकती आँखों को देखकर गौस को महसूस होता है कि वह अब बुढ़ापे के आखिरी कगार पर पहुँच चुका है। शायद उसे रश्क भी होता है। उसके बाद वह स्नेह और वात्सल्य के स्वर में कहता है, "बस हो चुका। बैठो। समझ गया कि तुम बहुत बड़े मर्द हो। मगर मेरी एक बात मानो—बिना सोचे-समझे कोई काम न करो! बहुत मुश्किल से तुमने अपनी ज़िन्दगी को थोड़ा-बहुत सहेजा है। ठोकर मारकर उसे तोड़ मत दो, बेटा। होशियारी से काम करोगे तो यश-ख्याति, अर्थ और सुरक्षा—सब-कुछ हासिल होगा। ज़िन्दगी में और भी बहुत-कुछ सीखने-समझने को है। वे दिन अभी तुम्हारे सामने हैं। मैं तो उन असली दिनों को पीछे छोड़ आया हूँ जब ठोकर खाकर रास्ते-रास्ते भटकता फिरता था।"

गौस के दर्दभरे स्वर में खुदाबख्श को हार्दिकता का आभास मिलता है। कहता है, "उस्ताद।"

गौस उठकर खड़ा हो जाता है और कहता है, "चलो, अब चलें। वक़्त हो गया है। एक बात पर ध्यान रखना—मैं तुम्हें अपना दाहिना हाथ समझता हूँ और राजा भी तुम्हें स्नेह की दृष्टि से देखते हैं। नतीजा यह कि तुम्हारे बहुत-से दुश्मन भी पैदा हो गये हैं। तुम क्या करते हो, इसका पता हर शख़्स को रहता है। राजा के कान में भी दो-चार शब्द पहुँचे हैं। इसीलिए तुमसे इतना कुछ कहा। तुम्हें बाहर जाना है, इसकी तुम्हें ख़बर है?"

"कहाँ! कहाँ जाना है?" खुदाबख्श को आश्चर्य होता है।

राजा के साथ सफर में जाना है। राजा के कोई लड़का नहीं है इसीलिए वह बहुत ही चिन्तित हैं। गद्दी के लिए उनके दिल में भय समा गया है। राजा लोगों की

तकदीर जानते हो? एक लड़के के अभाव में उनके हाथ से गद्दी निकल जा सकती है। बहरहाल राजा तीरथ करने जा रहे हैं, तीन महीने के लिए। मैं तो जाऊँगा ही। मैंने जान-बूझकर तुम्हारा नाम इसलिए बताया है कि तुम पर जो शक है, वह दूर हो जाये। मुझसे दो-चार बातें कहीं थीं उन्होंने। लगता है, सन्देह करते हैं। लेकिन बात कहाँ तक मालूम है, कह नहीं सकता। जरा गुस्सेवर आदमी हैं। सीढ़ियाँ उतरते हुए गौस फिर पूछता है, "कश्ती हर रोज़ कौन खेता है?—तुम या वह?" उसके बाद कहता है, "उससे तुम झगड़ा नहीं कर सकते।" और मुस्कुराने लगता है। खुदाबख्श इत्मीनान की साँस लेता है। सीढ़ियाँ उतरकर गौस को सलाम करता है और उछलकर घोड़े की पीठ पर सवार हो जाता है। पगड़ी छूते हुए दुबारा सलाम करता है। उसके बाद घोड़े को सरपट दौड़ा देता है।

गौस ताकता रहता है। बूढ़ा ईश्वरदास हिसाब-किताब ख़त्म कर, खाते को बगल में दबाता है और छाता खोलते-खोलते कहता है, हम अपनी बूढ़ी आँखों से छोकरों को देखते हैं तो बहुत ही ख़ुशी होती है। है न यही बात, खाँ साहब? कितना ठाट-बाट है छोकरे का।

गौस हामी भरता है। लेकिन उनका दिल मानता नहीं। इतने दिनों तक वह मज़े में था। आजकल थोड़ा चिन्तित रहने लगा है। उसे राजा की बातें याद आती हैं तो खुदाबख्श के लिए चिन्ता होती है। मोती पर गुस्सा आता है। घोड़े पर सवार होकर घोड़े से ही कहता है, "जहाँ-जहाँ भी मुश्किलें होती हैं, वहाँ घाघरे और दुपट्टे की ही कारसाजी ज़रूर रहती है। बोलो सच कह रहा हूँ न, बहादुर?"

घोड़ा कान खड़े कर सुनता है। उसके बाद सवार के हुक्म पर दुलकी चाल से चलना शुरू कर देता है। गौस अखरोट खाते जा रहा था। ब्रिटिश अफसर एलिस साहब राज-प्रासाद की ओर जा रहा था। उसने गौस को देखकर सिर झुकाया मगर गौस ने उधर देखा ही नहीं। एलिस को हैरानी हुई। उसके बाद हताशा की मुद्रा में उसने सिर हिलाया—इन लोगों को अदब-कायदा समझाना बड़ी ही मुश्किल की बात है।

शयन-कक्ष में राजा के पुरखों के तैल-चित्रों की कतार है। उनके सामने खड़े होकर राजा जो कुछ कह रहे हैं, वह बहुत ही महत्त्वपूर्ण प्रतीत हो रहा है। निकट ही मेज़ पर श्वेत पत्थर के शंख से भारतवर्ष का मानचित्र दबा है। रानी सिर झुकाकर अपने पति की बातें सुन रही हैं। राजा कह रहे हैं, "हमें एक लड़के की बेहद ज़रूरत है। रात-दिन मैं कितना चिन्तित रहता हूँ, तुमसे क्या कहूँ! इसीलिए तीर्थ पर निकलने की सोची है। इसके पहले ही तुम्हारी और अपनी जन्मपत्री काशी में दुबारा

दिखा चुका हूँ। तुम्हारी जन्मपत्री एक बात बताती है—तुम सन्तानहीन वंश के यश का कारण बनोगी। मैंने न्याय करने में कोई ग़लती नहीं की है। जो भी जिस चीज़ की माँग करता है, दोनों हाथों से दे देता हूँ। सोचता हूँ, शङ्कर जी अवश्य ही प्रसन्न होंगे। वरना...।" वरना क्या होगा, यह सोचते ही दोनों की दृष्टि खुले मानचित्र पर चली जाती है।

बाहर परदा हिल उठता है। दासी एलिस साहब के आने की सूचना देती है। राजा बाहर निकल आते हैं। रानी खिड़की से बाहर आँखें दौड़ाती है। आँगन में उनकी हम-उम्र दासियाँ हँसती हुई माथे पर पीतल के पानी भरे घड़े लेकर जा रही हैं। उनका जीवन कितना उद्वेगहीन और शान्त है! हँसने का उन्हें कितना अवसर मिलता है। बरामदे से घिरा कमरा है। ज़्यादा रोशनी नहीं आती। रानी नरम गलीचे पर चलह-कदमी करती हुई दीवार की ओर चली जाती हैं। बड़े-बड़े चित्रों की ओर अपलक ताक रही हैं। उनके बीच पति की बातें ही जैसे गूँज रही हैं—'पुत्र चाहिए, वंशधर चाहिए, उत्तराधिकारी चाहिए।'

रानी मन-ही-मन महादेव को प्रणाम करती हैं। उन्होंने इतने-इतने व्रत, पूजा और उपवास किये हैं, जिनका सुफल अवश्य ही मिलेगा। महादेव प्रसन्न होंगे। अन्यथा तो उनके जीवन का अर्थ ही खो जायेगा।

यात्रा पर निकलने के पहले बहुत बड़े जलसे का आयोजन किया गया है। नाट्यशाला में दीपों की पंक्तियाँ सजी हैं। सीढ़ियों से लाल गलीचे उतारे जा रहे हैं। दोनों ओर भावशून्य मुद्रा में भालाबरदार खड़े हैं, उनके हाथ में चाँदी के भाले हैं। तामजान से एक-एक कर माननीय अतिथि आ रहे हैं—राजपुरुष, अंग्रेज़ अफसर हर ख़ासतौर से निमन्त्रित ओरछा और दतिया के राजागण। राजा के मुलाज़िम हर व्यक्ति को सम्मान के साथ अन्दर ला रहे हैं। गलीचा-बिछे कक्ष में कुरसियों की कतारें हैं। सिर के ऊपर एक हज़ार मोमबत्तियों के फ़ानूस लटके हैं। पान, इलायची और इत्र एक हाथ से दूसरे हाथ में जा रहे हैं। हर दरवाज़े पर बन्दनवार सजे हैं।

राजा के चुनिन्दा घुड़सवार और तोपची हर दरवाज़े पर सुसज्जित होकर खड़े हैं। बाहर के एक दरवाज़े पर खुदाबख्श उठँगकर खड़ा है। उसका मन ठीक नहीं है।

क्योंकि वह जानता है कि दर्शकगण मोहरें लेकर बैठे हैं। नाच ख़त्म होते ही मोहरें फेंकने लगेंगे। यह भी मोती के पेशे का ही अङ्ग है। लेकिन उसे यह पसन्द नहीं आती। इस जमात की निगाह में वह या मोती वेतनभोगी हवलदार और नर्तकी के अतिरिक्त कोई और नहीं हैं। इस कटु सत्य को इस अनुशासित मजलिस में वह जिस तीव्रता से महसूस कर रहा है, वैसा पहले कभी नहीं किया था। गंगाधर राव कला-रसिक व्यक्ति हैं। इसलिए इस जलसे में तवायफ भी क़ायदे की होनी चाहिए।

खुदाबख्श को गरमी महसूस हो रही थी। दोस्त-मित्रों के दबाव में आकर उसने भाँग छानी है। पीने से नशा आता है या नहीं—यह पूछने पर सागर ने दाँत से जीभ काटते हुए उर्दू में भाँग के फायदों की लम्बी फेहरिस्त दी थी। फिर भी उसे बेचैनी का अहसास होता है। गौस को लाचार हो चौथी कतार में बैठना पड़ा है मगर वह बेचैनी से खुदाबख्श पर नज़र टिकाये है। बहरम खाँ ने गौस के कान में कुछ कहा और वह खुदाबख्श की बग़ल में आकर खड़ा हो गया। लगा, जैसे गौस ने इत्मीनान की साँस ली हो।

एक लमहे के लिए सन्नाटा रेंग गया। उसके बाद एक ही साथ सारंगी और तबला बज उठे। केसरिया घाघरे को लहराते मोती ने कक्ष में प्रवेश किया। दर्शकों ने एक बार ज़ोरों से साँस ली। रंग, रेशम, जरी, जेवर और वेणी में तूफान भरकर मोती ने मजलिस के चारों ओर घिरकर चक्कल लगाया और झुककर सबको ताजीम दी। उसके बाद घूमकर घाघरे का एक वृत्त बनाया और उसके बीच बैठ गयी। माथे पर मोती का माँग-टीका चोटी के सिरे पर सोने का झिंझर। चोली के नीचे गौरवर्ण देह का थोड़ा-सा हिस्सा अनावृत था। छाती से गले तक का हिस्सा गहनों से ढँका हुआ। उँगली में अँगूठियाँ। सर्वत्र मोती चुन्नी और पन्नों की छटा। घाघरे का घेरा एड़ी तक है। हलका जरी का दुपट्टा आज आवरण नहीं, आभरण है। खुदाबख्श को आज वह सरल, शान्त, लज्जावनतमुखी और पूर्णतः उसी पर निर्भर प्रेमिका मोती कहीं नहीं दिखी। इस लीलामयी की गति में आज भ्रम है। उसकी दृष्टि मद से अलस उद्भ्रान्त-सी है। यह जैसे मोती नहीं, शीशे के प्याले में छलकती मदिरा है!

मोती ने सुरमा लगी आँखों से एक बार सबकी ओर देखा। आँखों-आँखों में ही सब ने तारीफ की। मोती ने अपना सिर झुका लिया और उसके बाद ठुमरी गाने लगी—

कहाँ सुनि ब्रज के बाँसुरी

स्वर में इतनी मिठास भरी थी कि लगा यह जैसे गले से नहीं निकल रही है बल्कि किसी वीणा के छेड़े गये तार की झंकार है। मजलिस में वाह-वाह का समाँ बँध गया। मोती गीत के साथ-साथ भाव भी बता रही थी। चेहरे पर भाव विलास न खेले तो भूमिका अधूरी ही न रह जायेगी? इसीलिए कभी पलकों को हिलाकर शरमाने भी लगती है, कभी भौंहें धनुष की तरह खींचकर सभाविजयिनी बनती है और कभी दुपट्टे को थोड़ा-सा ढँककर और थोड़ा-सा उघाड़कर नायिका-सुलभ लीला का प्रदर्शन करती है। इसके बाद गीत समाप्त हो जाता है।

राजा की देखा-देखी सालू पर मोहरें गिरने लगती हैं।

अब चुनना ही होगा। मोती इस तरह की परीक्षा के बीच से पहले कभी नहीं गुज़री थी। मजलिस के बीच में खड़ी हो अनावृत मोती दर्शकों की आँखों में आश्वासन

की तलाश कर रही थी। एक ही पल में उसे महसूस हुआ कि राजा की तीक्ष्ण दृष्टि उसकी ओर शिकारी की तरह देख रही है और किसी चीज की तलाश कर रही है। मोती झुककर मोहर चूम लेती है और आभार-प्रदर्शन करती है। असमंजस के कारण मोती का दुपट्टा जरा-सा सरक जाता है। उसके हाथों में मोहरें हैं। उधर सारंगिया नाच का स्वर बजा रहा है। अब मोती को धमार के लहरे पर नाचना होगा। एकाएक उसकी दृष्टि कक्ष के अन्तिम छोर की ओर जाती है। खुदाबख्श दीवार से टिककर उसकी ओर ही ताक रहा है। मोती ने आँखें झुका लीं। चन्द्रभान जी ने सवेरे ही सावधान रहने की आवश्यकता पर ज़ोर दिया था। किसी के मन में जरा भी सन्देह नहीं होना चाहिए। इसलिए जल्दी-जल्दी ताजीम देकर मोती ने एकबारगी नाचना शुरू कर दिया। पाँवों के हर ताल, घाघरे और पेसवाज के कम्पन और रँगीली तान की फुलझड़ियों से एक मनमोहक माहौल खड़ा हो गया। ओरछा के विजय बहादुर बेताला तारीफ करने लगे। गंगाराव ने भौंह सिकोड़कर मजलिस में व्याप्त असन्तोष का दमन किया। चाहे जो हो, हैं तो मेहमान ही। उनका जरा-सा भी असम्मान नहीं होना चाहिए। इससे उनकी अपनी ही इज़्ज़त में बट्टा लगेगा। नाच और गीत का ही नाटक नहीं चल रहा है, बल्कि अन्दर-ही-अन्दर स्थान-काल की परवाह किये बिना एक दूसरे नाटक की-सी परिणति होने जा रही थी, यह बात तब भी उनकी समझ में नहीं आयी थी। खुदाबख्श के दिमाग़ पर तब भाँग का नशा सवार हो चुका था। असल में जो नाच रही है उसके पाँवों के ताल, बोल और मन में तूफान को एकमात्र वही समझ रहा था और चूँकि समझ रहा था इसलिए यह सब उसे बरदाश्त के बाहर की चीज़ें लग रही थीं।

नाच ख़त्म होते ही मजलिस में फिर मोहरों की बारिश होने लगी। राजा की नज़रों के सामने खड़े होकर वह कोई उद्दण्डता नहीं कर सकता। ख़ासकर तब जबकि गुप्तचरों से सूचना पाकर राजा गुस्से में हों। मोती ने ज़मीन तक झुककर प्रणाम किया और उठकर खड़ी हो गयी। श्रम के कारण उसका चेहरा रक्तिम हो उठा था, बाल बिखर गये थे और चेहरे पर पसीने की बूँदे छलछला आयी थीं। उसकी ओर देखकर एक अंग्रेज़ अफसर ने कुछ राय जाहिर की और ज़ोर-ज़ोर से तारीफें करने लगा उसके बाद एक बँधी लाल थैली उसकी ओर फेंक दी। मोती थैली को उठाकर सलाम कर ही रही थी कि एकाएक तमाम हलचलों पर तैरती हुई एक आवाज़ उसके कानों में आयी—मोती, छूना मत।

एक क्षण सन्नाटा छाया रहा। उसके बाद फिर आवाज़ आयी—क्यों लिया, मोती?

बात बहुत ही धीमे स्वर में कही गयी थी। लेकिन चारों तरफ ख़ामोशी का वातावरण था, इसलिए सुनायी पड़ गयी। मोती को आँखें भय और अविश्वास से फैल

गयीं। उसने इधर-उधर ताककर जाने किससे आश्वासन पाने की उम्मीद की। उसके बाद ही राजा साहब का क्रुद्ध और असहिष्णु स्वर सुनायी पड़ा—"बन्द करो।"

शोर-गुल मच गया। गौस दौड़ा-दौड़ा गया। खुदाबख्श को गरदनिया देते हुए दरवाज़े के बाहर ठेल दिया। उसके बाद बहरम खाँ को उसके साथ कर दिया। बोला, "स्वरूपदास मेवालाल, मानिक चौक।" उसके बाद वह फिर अन्दर चला आया।

खुदाबख्श को घसीटता हुआ बहरम एक गली के अन्दर घुस गया। गली के किनारे पान की दुकान थी। उसकी बग़ल से घुसकर फल की एक दुकान के सामने निकल आया। एक अधेड़ आदमी, जिसके चेहरे पर चेचक के दाग़ थे और रंग काला था, बहरम को देखकर नीचे उतर आया। बग़ल का दरवाज़ा खोलकर वह उन लोगों को अन्दर ले गया। बहरम खाँ ने जल्दी-जल्दी उसने कुछ कहा। आदमी ने तत्क्षण फर्श की मैली चटाई पर दरी और पासा बिछा दिया। बगल में दो गिलास और भाँग का घड़ा रख दिया। बहरम ने खुदाबख्श से कहा, "सुनो भाई खाँ साहब का हुक्म। साथ-ही-साथ तुम्हारी जान की ख़ातिर भी कह रहा हूँ। तुम्हारी खोज में हो सकता है अभी फौज चली आये। तुमने आज जो कुछ किया है उसकी वजह से तुम्हारी गरदन चली गयी होती बशर्ते और-और दरबारों की तरह यहाँ भी पाले गये गुण्डों का कोई दल होता। तुमने ओरछा-दतिया के राजा और अंग्रेज़ अफसरों के सामने राजा साहब को बेइज़्ज़त किया है। राजा पहचान नहीं सके, मगर तुम पर उन्हें सन्देह तो होगा ही। लोग-बाग अभी तुरन्त खोज-ख़बर लेने यहाँ पहुँचेंगे।"

अब खुदाबख्श का नशा बहुत-कुछ दूर हो चुका था। बहरम ने खुदाबख्श से दुबारा कहा, "तुम किसी बात का जवाब मत देना। ऐसा भाव दिखाना जैसे नशे में धुत्त हो। भाई स्वरूपदास, आज शाम से ही तुम, मैं और वह खुदाबख्श यहीं पासा खेल रहे थे! यहाँ से कहीं भी नहीं गये समझे।"

स्वरूपदास ने मोमबत्ती लगी लालटेन तिपाई पर रख दी और उसे नजदीक खींच लिया। खुदाबख्श की पगड़ी खोलकर बग़ल में रख दी। कुरते के बटन खोल दिये और नागरे को हटाकर बग़ल में रख दिया। उसके बाद हाथ में भाँग का गिलास भी थमा दिया।

बाहर पत्थर के रास्ते पर चार-पाँच जोड़े नाल लगे जूतों की खट-खट आवाज़ हुई। किसी ने दरवाज़ा खोलने को कहा।

चौपड़ में गोटी रख बहरम ने लड़खड़ाती आवाज़ में भद्दी-सी गाली दी। खुदाबख्श ने उसका कुरता पकड़ लिया। लड़खड़ाती आवाज़ में कहा, "गाली क्यों बकता है? तू क्या बहुत बड़ा रईस है?"

दरवाज़े को ज़ोरों से खोलकर रिसालेदार रघुनाथसिंह ने अन्दर प्रवेश किया। पूछा, "खाँ साहब यहाँ कितनी देर से हैं?"

शाम से ही ये लोग शोर-गुल मचा रहे हैं, दो घण्टे से तू-तू मैं-मैं कर रहे हैं। जितना ही कहता हूँ हुजूर कि मुझे कोई दूसरा ठौर नहीं है..."

हाथ के एक झपट्टे से उसे चुप कराते हुए रघुनाथसिंह ने कहा, "बहरम, खुदाबख्श यहीं था? इसमें कोई फरेब और जालसाजी तो नहीं है?"

"कुछ भी नहीं, हुजूर। छुट्टी मिल जाने की वजह से जरा मौज-मस्ती मनाने बैठ गया हूँ। यकीन न हो तो..."

रघुनाथसिंह बोला, "मुझे यकीन है या नहीं—यह कोई बड़ी बात नहीं। आज जैसा वाकया हो गया, इसके पहले कभी वैसा हुआ था या नहीं, यह तो मुझे मालूम नहीं लेकिन..." वह कुछ देर तक खुदाबख्श की ओर देखता रहा। एक तीव्र छटपटाहट का अहसास—जिसकी याद खुदाबख्श को बाद में भी आती रही—उसके कलेजे को बेधता रहा। जैसे कुँवर रघुनाथसिंह उसके दिल की परत-दर-परत उधेड़कर देख रहे हों।

उनके चले जाने के बाद भी खुदाबख्श, स्वरूपदास और बहरम कुछ देर तक ख़ामोश बैठे रहे। खुदाबख्श ने अपने आचरण की जिम्मेदारी समझी या नहीं, कौन जाने! उसने जैसे एक तूफान खड़ा कर दिया था। चिन्ता सिर्फ इसी बात की थी इस तूफान का झोंका मोती पर कैसे गुज़रेगा। उसके बाद उसने स्वरूपदास का हाथ पकड़ लिया और कहा, "तुमने मेरी जान बचा दी भैया।"

बहरम ने ज़रा गम्भीर होकर कहा, "आज की रात गुज़र जाने दो उसके बाद जितना चाहो शुक्रिया अदा करना। अब भी ख़तरा टला नहीं है।"

बाद में खुदाबख्श ने जितनी ही बार उस रात की बात याद की है, उसके कानों में सिर्फ घोड़े की टाप, फौज का हल्ला-गुल्ला और फौजों की अथक चहलकदमी की आवाज़ें तैरती हुई आयी हैं। उस रात असहाय खिलाड़ियों की तरह उसकी व्यक्तिगत अनुभूति और आवेग फिरकी की तरह नाचती रही थी। क्योंकि तब उसको और मोती को केन्द्र बनाकर घटना-चक्र बहुत तेज़ी से घूम चुका था। उसके कथन से सामन्तवाद की इज़्ज़त को धक्का लगा था। ब्रिटिश सिंह का प्रतिनिधि भी क्रोध से उन्मत्त हो उठा था। उस रात बहरम और स्वरूपदास के चेहरे पर लालटेन के प्रकाश में विश्वास का मनोभाव तिर आया था। रात के दो बजे थका-माँदा गौस राजप्रासाद से आया था। देखकर लगा, उसके चेहरे पर बहुत-से संग्रामों की क्लान्ति छायी थी। गौस ने उसे बुलाकर कहा था, "तुम्हारे चलते मुझे राजा से बहस तक करनी पड़ी, खुदाबख्श। उनसे वादा कराया कि तुम्हारी कोई हानि नहीं होगी। अपनी इज़्ज़त की बात मैंने नहीं सोची। भविष्य में तुम कैसा बर्ताव करते हो—इसी पर मेरी इज़्ज़त टिकी है। लेकिन तुमने यह क्या किया, मेरी मनाही तक पर ध्यान न दिया?"

खुदाबख्श को याद है कि गौस सिर की पगड़ी उतारकर ऐसी मुद्रा में बैठा था जैसे बहुत ही थक गया हो। उस समय उसकी हालत देखकर खुदाबख्श के मन में भी लज्जा और पश्चात्ताप का भाव जगा था।

उस रात खुदाबख्श तो नींद में खो गया लेकिन गौस की आँखों में नींद नहीं आयी। उसे याद आया कि राजा से उसने कहा था–"आज तुम बहुत बड़े राजा हो गये हो मगर यह मत भूलना कि कभी मैं ही तुम्हारा अकेला साथी था। उस समय मैंने ही बड़े भाई की तरह तुम्हारी देख-रेख की थी। मैं मंजूर करता हूँ कि मुझे खुदाबख्श से स्नेह है। लेकिन यह भी कहे दे रहा हूँ कि वह बच्चा है, उसे माफ कर देना। मैंने अपनी इच्छा जाहिर कर दी। अब तुम्हारा जो इन्साफ हो, वही करो।"

राजा ने बेशक उसकी बात मान ली थी।

लेकिन उसने खुदाबख्श के एवज में वादा कैसे कर लिया? वह क्या गौस की बात मानेगा? यौवन का धर्म विश्वासघात करना नहीं है? खुदाबख्श भी उसकी बात नहीं मानेगा। और अगर मानेगा ही.... गौस के मन में भी चोट पहुँचेगी। इस पठान नौजवान को वह कितना प्यार करता है, इस बात को उसने मन-ही-मन अनुभव किया है। और इसी से महसूस हुआ है कि यह प्यार उसे भी नैतिकता के पथ से हटा देगा। कभी-कभी उसे उस नर्तकी की याद आती है। उसका प्यार खुदाबख्श को नेस्तनाबूद भले ही कर दे मगर वह उसे छोड़ेगा नहीं। उस रमणी की आँखों का संकेत पाते ही खुदाबख्श गौस की तमाम शुभेच्छा और अपनी प्रतिश्रुतियों को ठुकराकर उसी के पीछे चल देगा।

मोती नर्तकी है। प्यार का जाल बिछाकर वह अपने प्रेमी को बन्दी बना सकती है। उसका प्रेम दुःख का कारण बनेगा, यह जानते हुए भी वह प्रेम के रास्ते से हटेगा नहीं। उसे पता नहीं है कि प्रेमी की भलाई के लिए प्रेमिका को कितना आत्मत्याग करना पड़ता है। वह समझता नहीं कि वह वास्तविक त्याग ही प्रेम है।

ख़ैर, वह नहीं जानता है तो गौस ही उसे बतायेगा। ज़रूरत पड़ने पर जिस तरह घायल घोड़े को गोली मार दी जाती है या सैनिक के क्षत-विक्षत शरीर का शस्त्रोपचार किया जाता है, गौस उसी तरह की ज़रूरत यहाँ भी महसूस कर रहा था। उसे आघात पहुँचाना ही पड़ेगा और वह भी बड़ा ही बेधक। आघात एक योद्धा की तरह कौशल के साथ करना है। वरना खुदाबख्श को जिन्दा नहीं रखा जा सकेगा। अपने बाप-दादों की तरह वह भी किस्मत के हाथ की कठपुतली हो जायेगा, कूड़ा-कर्कट बनकर उपेक्षित रह जायेगा। जीवन की दिशा ही खो बैठेगा।

गौस प्रौढ़ योद्धा है। रणनीति में निपुण। लेकिन बन्धन को काटने के लिए वह जिस कौशल का सहारा ले रहा है, उसके उद्गम-स्थल में कौन-सी अनुभूति सक्रिय है–इसका उसे पता है? उसने क्या कभी महसूस किया है कि जिस मोती के हाथ

से उसकी सत्ता खुदाबख्श को छीनकर ले आना चाहती है, वह भी उसी की तरह लोभी, अधिकार लोलुप और अन्धी है? गौस के मन में उसकी व्यक्तिगत अनुभूति का स्वरूप अस्पष्ट ही बना रहा। शायद यह अच्छा ही हुआ। क्योंकि गौस में उस रात अगर स्वयं को देखने की दूर दृष्टि होती तो सम्भव है वह काँप उठता।

अन्धा प्रेम जिस तरह मृत्युवाहक होता है उसी तरह अन्धा वात्सल्य भी बेधक होता है।

मोती को लगा कि आग्नेय, नैऋत्य और ईशान कोण में बादल घिर आये हैं। मगर उन बादलों से प्रलय छा जायेगा, इसका उसे अनुमान तक नहीं था। साथ-ही-साथ उसे इसकी भी आशा न थी कि दुनिया की निगाह में उसकी कुछ भी कीमत नहीं है। राजा के कटु भाषण से उस दिन मोती के मन में बहुत-सारे सत्यों का उद्‌घाटन हुआ। उसने यह जान लिया कि राजा की राज्य परिधि चाहे जो हो मगर उसका सामन्तवादी मन गगनचुम्बी सम्मान की माँग करता है। राजा विदेशी अफसर के सामने अपमानित हुआ है। तवायफ का यह दुःसाहस बरदाश्त नहीं किया जा सकता। राजा को अपराधी का नाम तो मालूम हो गया है लेकिन अबकी उसे क्षमा कर दिया गया है। भविष्य में ऐसा फिर नहीं होना चाहिए।

मोती आज उसी भविष्य को खो चुकी है। सुबह तो बहुत पहले ही हो चुकी है लेकिन वह खाट पर बैठी सोच रही है, सोच रही है। भावना के कालीदह में डोरी फेंकने के बावजूद उसे कोई कूल-किनारा नहीं मिल रहा है। उसने इस सत्य को भी महसूस किया है कि राजा के निषेध का पालन करने के बजाय मृत्यु का वरण करना उसके लिए कहीं अच्छा है। क्योंकि खुदाबख्श के अलावा उसकी दूसरी कोई गति नहीं है।

मन्नू सारंगिया ने अपने बूढ़े झुर्रीदार हाथ से उसके माथे को सहलाते हुए उसे सान्त्वना दी है। उसकी माँ की बात बतायी है। यह भी बताया है कि कालीदह को मथने से विष ही निकलेगा—यह जानकर भी उसमें प्रेमी का मुख देखते हुए भविष्य के अँधेरे दरिया में कूदने का यह जो चारित्रिक बल है, वह उसे रोशन से विरासत के रूप में मिला है।

मोती को इस बात की परीक्षा करने की इच्छा नहीं है। उसका न तो कोई अतीत है, न ही भविष्य है। तो केवल वर्तमान और वह भी किसी का मुँह जोहते रहने के कारण। दुनिया में उस आदमी का भी कोई अपना नहीं है—न तो उसके पास रुपया-पैसा है, न ही पिता या मित्र हैं। दुनिया में अपने ही बाहुबल पर सीना तानकर चलने के लिए वह आसमान में अपनी मिलकियत कायम करने की कोशिश कर रहा है।

मोती को एकमात्र सहारा उसी का मिला है। उसे अपने जीवन की सार्थकता न तो नर्तकी बनकर रहने में मिल सकती है और न अनेकों की ईर्ष्या और वासना की पात्री बनकर रहने में। अगर सार्थकता मिल सकती है तो किसी एक व्यक्ति की एकमात्र प्रेयसी बनकर रहने और उसके जीवन में बँध उसके साथ वास करने में।

सोचते रहने के कारण मोती के मन की आग लहक उठी है और उसमें तपकर उसका रूप और अधिक निखरता जा रहा है। आईने के सामने खड़ी हो मोती अपने हर अंग का प्रतिबिम्ब देखती है और विस्मय में खो जाती है। यह रूप एक व्यक्ति के जीवन में सर्वनाश ले आया, उसके माथे पर उसने इतनी मुसीबतों का बोझ रख दिया है, फिर भी वह मलिन नहीं हो रहा है। उसके अंगों में चुन्नी, पन्ना, हीरा और मोती की निष्ठुर छटा झलमला रही है। नाट्यशाला के तोशाख़ाने के मालिक मालहरि के पास कल यह सब चीज़ भेजना वह भूल गयी थी।

एकाएक उसका मोहावेश दूर हो गया। दासी ने आकर सूचना दी कि गौस आया है और नीचे इन्तज़ार कर रहा है।

गौस! क्यों? वह क्या खुदाबख्श की कोई ख़बर लाया है? उत्सुकतावश वह जल्दी-जल्दी उतरकर नीचे आयी। परदा हटाकर कमरे के अन्दर गयी। गौस ने उसकी ओर ताका। मोती को उन आँखों में अविश्वास, अनुकम्पा और कर्त्तव्य के संकल्प की छाया दिखायी पड़ी। गौस को कुरसी पर बिठाकर मोती भय और उत्कण्ठावश फर्श पर ही बैठ गयी।

गौस बहुत बड़े कर्त्तव्य का बोझ लादकर आया था इसलिए देर किये बगैर कहना शुरू किया, और उसकी बात सुनकर मोती पत्थर की तरह जड़ हो गयी।

गौस के शब्द उसकी चेतना और पीड़ा की अनुभूति के तारों पर हथौड़ों-सी चोट करने लगे—छोड़ देना होगा। उसकी माँ घर पर है। वह गरीब घर का लड़का है, उसका भविष्य है, अभी-अभी उसके जीवन की शुरुआत हुई है। अगर तुम नहीं छोड़ोगी तो सब बर्बाद हो जायेगा। बाढ़ की चपेट में जिस तरह तिनके बह जाते हैं उसी तरह तकदीर उसके पैरों के तले की ज़मीन बहाकर ले जायेगी।

आत्म-सम्मान को धक्का लगने के कारण मोती उठकर खड़ी हो गयी। उसे भी कुछ कहना है। बोली, ''आपसे मैं उसके बारे में कुछ नहीं सुनूँगी, खाँ साहब। उसने मुझसे सब-कुछ बताया है।''

''उसने तुमसे क्या कहा है? यह कहा है कि जब वह ज़ख्मी होकर पड़ा था तो मैंने ही उसे बचाया था? तुमने उसे नौजवान के रूप में देखा है। मगर तुम्हें उन दिनों की बात मालूम नहीं मोती, जब हर रात मौत उसके सिरहाने आकर खड़ी हो जाती थी। उस वक्त बच्चे की तरह उसे अपनी छाती में छिपाकर मैंने उसकी सेवा-शुश्रूषा

की थी और उसे जिन्दा रखा था। मैंने उसे नौकरी दिलायी है, शिक्षा और इज़्ज़त दी है। उसके बाप-भाई नहीं हैं। ऐसे हालात में उसके भले-बुरे के बारे में मैं नहीं सोचूँगा तो कौन सोचेगा? क्षण भर के मोह के कारण उसकी सारी ज़िन्दगी बरबाद हो जायेगी।''

''मुझे वह प्यार करता है।''

''तुम भी तो उसे प्यार करती हो?''

''ज़रूर!'' यह कहकर मोती ने रानी की तरह दर्प के साथ गरदन तिरछी कर ली। ''इसीलिए अब उसके भले-बुरे का ख़याल भी मैं ही रखूँगी। उसके लिए मैं सब-कुछ करूँगी।''

''तुम क्या करोगी, मोती? तुम कर ही क्या सकती हो? तुम्हारी क्षमता ही कितनी है?''

''मैं प्यार कर सकती हूँ?''

''प्यार लेकर वह क्या करेगा? दो दिन इधर-उधर का चक्कर लगायेगा। उसके बाद तीसरे दिन तुम्हें ही धिक्कारने लगेगा। कहेगा : ''मैं मर्द हूँ। बेइज़्ज़ती की ज़िन्दगी लेकर इधर-उधर की ठोकरें खाते रहने से मेरा काम नहीं चलेगा। सिर्फ मुहब्बत से क्या होगा, मोती! मर्द सम्मान, यश और प्रतिष्ठा भी तो चाहता है।''

विवश होकर मोती बैठ गयी।

गौस ने अनुनय भरे स्वर में कहा, ''उसकी माँ कितनी तकलीफ से दिन गुज़ार रही है! लड़का एक दिन लायक होकर उसकी ज़िन्दगी के तमाम दुःख-कष्ट दूर कर देगा, इसी उम्मीद पर बेचारी जिन्दा है। आज तुम कुछ और ही सोच रही हो। मगर तीन दिन बाद वह तुम्हीं को दोषी ठहरायेगा। तुम औरत हो न मोती! वह दिन तुम्हें क्योंकर बरदाश्त होगा? इसीलिए कह रहा हूँ कि सब-कुछ अच्छी तरह सोचकर देख लो। तुम उसे छोड़ दो।''

पिछली रात की ग्लानि और पीड़ा अब आँसू बनकर झरने लगी। मोती बोली, ''हाँ, उसके जीवन पर आपका अधिकार है। आप उसे लेते जाइये। मैं कौन होती हूँ? मेरी क्षमता ही कितनी है? मैंने उसे पकड़कर तो नहीं रखा है।''

गौस यह समझकर भी कि वह कितना बड़ा अन्याय कर रहा है, विचलित नहीं हुआ। बोला, ''तुम्हारी ही जीत हुई है, मोती। मेरी बात वह नहीं मानेगा। इसलिए तुम्हें ही सब-कुछ कहना होगा।''

''मुझे ही कहना होगा?'' रुके आँसुओं के बाँध को तोड़कर पानी का वेग आगे बढ़ने लगा। रुलाई के आवेग से मोती का कलेजा फटने लगा। बोली, ''मैं तवायफ हूँ, नाचती हूँ, गाती हूँ इसलिए तुम लोगों के मन में जो आता है, कह जाते हो। तुम लोग न्याय करते हो, यह बात मानती हूँ। लेकिन मैं भी आदमी हूँ। जिसे मैं प्यार

करती हूँ उसी से मुँह खोलकर कहूँगी कि मुझे छोड़कर चले जाओ? यह तुम क्या कह रहे हो, खाँ साहब? ऐसा भी कभी हुआ है? इसकी कोई मिसाल है कहीं?"

"प्यार करने से छोड़ना भी पड़ता है, बेटी। तुम्हारी मुहब्बत अगर सच्ची है तो उसकी भलाई के लिए ही कुछ सदका करो। अपना इश्क दुनिया के दरबार में बाँट दो जिससे कि सब जानें कि मोती की मुहब्बत सचमुच ही असली थी।"

"नहीं-नहीं।" गुलाबी उँगलियों की फाँक से अमूल्य मोती-जैसे आँसू गिरने लगते हैं। मोती सिर हिलाती है। नहीं, किसी भी हालत में उससे यह बरदाश्त नहीं होगा।

"आज उसका जी काम में नहीं लगता। होश खोकर वह क्या-क्या कर रहा है। तुम्हीं बताओ, जिसे तुम प्यार करती हो, उसका तुम भला चाहोगी या यह देखना चाहोगी कि दिन-दिन उसकी हालात बद से बदतर होती जाये? मुहब्बत जंज़ीर नहीं कि कैद करके रखे, नीचे की ओर खींचे। उसे छोड़ दो, आदमी की तरह खड़े होने दो। फिर जो चाहे करना।"

"उसे इतनी बड़ी चोट कैसे पहुँचाऊँगी?"

"कलेजे की चोट से मर्द घायल नहीं होता। वह तभी टूटता है जब उसकी इज़्ज़त पर चोट लगती है।"

मोती ने आँख पोंछकर गौस की ओर देखा। कुछ देर तक गौर करती रही, उसके बाद बोली, "खाँ साहब, इसमें आपकी कोई खुदगर्ज़ी है या नहीं, यह तो मालूम नहीं। यह भी तो मालूम नहीं कि नदी की गहरायी में छिपा हुआ कोई स्रोत बह रहा है या नहीं। मगर आप मुझे पहचानते नहीं हैं, खाँ साहब। अगर मैं ठीक समझूँगी तो अपने धर्म के अनुसार ठीक ही काम करूँगी—भले ही मेरा कलेजा टुकड़े-टुकड़े हो जाये। लेकिन अगर समझूँगी कि आप मुझसे दोमुँही बात कर रहे थे या कोई अपना मतलब गाँठ रहे थे तो मैं आपको क्षमा नहीं करूँगी। आपसे कैफियत तलब करूँगी। अभी आप चले जाइये।

गौस अपने-आपमें खो गया। उसके बाद अभिवादन कर वहाँ से चल दिया। एक धारणा लेकर आया था मगर सिटपिटाकर लौट गया।

मोती उपरले कमरे में आ फर्श पर लोट-लोटकर रोने लगी। इसलिए रोयी कि गौस की बात में सच्चाई थी। खुदाबख्श की भलाई के लिए यद्यपि वह अपने तमाम दावों को त्यागने के लिए तैयार है लेकिन रोयी इसलिए कि इस त्याग की वजह से उसका कलेजा टुकड़े-टुकड़े हो रहा है। वह सिर्फ उन्नीस साल की है। इस छलकती जवानी में अपनी तमाम सुख-साधों को अनास्वादित खोकर उसे मरना होगा। मगर खुदाबख्श के रहते वह मर भी तो नहीं सकेगी, हालाँकि उसको त्यागने का मतलब मरना ही है।

दुनिया के रंगमंच पर कितने ही आश्चर्यजनक खेल होते रहते हैं। जो राजनर्तकी बहुतों के सपनों की प्रेयसी है, त्याग के विधान के कारण उसी के सपने टूटने जा रहे हैं। यह भी एक आश्चर्यजनक खेल है। मोती ने चिक, कण्ठी, मौलि और कर्णफूल उतार दिये। वह निराभरण हो फर्श पर औंधे मुँह लेटकर बहुत देर तक रोती रही। दीवार पर के लम्बे-लम्बे चित्रपटों से रामकली, मल्हार, टोड़ी, कौशिक और मालकोश उसकी ओर विस्मय भरी दृष्टि से ताकते रहे।

गहरी रात। शहर के एक छोर पर अवस्थित एक सुनसान उद्यान, जो मोती का निजी उद्यान है और जिसे उसने यत्न से लगाया है। शौक से मोती ने कभी आम के पेड़ से जूही की लता की शादी की थी--बाजा बजाकर, पटाखे छोड़कर, बड़े ही धूम-धाम के साथ। लेकिन जूही की लता धोखा देकर फूल खिलाने के समय एक मौलसिरी के पेड़ पर जा चढ़ी। कौतूहलवश उसके आचरण का तिरस्कार कर मोती ने आम के पेड़ के नीचे एक वेदी बनवा दी थी। गरमियों की शाम को जब आम मँजराने लगते थे, यहाँ जूही, सोहनी और हीरा के साथ उसने कितनी ही खुशियाँ मनायी हैं। हिण्डोला डालकर पेंगे भरी हैं, अगहन में वनभोज का उत्सव मनाया है। लोधी के बाल-बच्चे लकड़ी चुनकर ले आते थे। उन्हीं लोगों से वह साग-सब्जी और दूध खरीदती थी।

सुख की अनेकानेक स्मृतियों से भरे इस बगीचे में ही वह आज खुदाबख्श से मुलाकात करेगी। तीसरे पहर उसने जूही के हाथ खुदाबख्श को खत भेजा है। उसी के बुलावे पर खुदाबख्श आ रहा है।

बहुत दिन पहले, जब मोती खुदाबख्श को नहीं पहचानती थी, इसी बगीचे में सहेलियों के अनुरोध पर उसने गाया था : 'बीते दुःख के दिन आये वसन्त--दुःख के दिन बीत चुके हैं। हे सखि, प्रियतम आ रहे हैं। यही कारण है कि उपवन में वसन्त का आगमन हो रहा है।' उस दिन शायद निकट भविष्य के आनन्द की कल्पना करके ही उसके मन में यह गीत आया था। आज इस अन्तिम मिलन के दिन उस गीत की याद बार-बार क्यों आ रही है? लग रहा है कि वसन्त को अन्तिम विदा देने के लिए ही वह यहाँ आयी है। लेकिन इन बीच के कुछ दिनों की ही क्या आवश्यकता थी? 'न जानती, न पहचानती, न दिल लगाती, न प्यार होता'--जान-पहचान न होती तो दिल इस तरह लाचार न हुआ होता और न ही उसने उसे प्यार किया होता।

सूखे पत्तों की चरमराहट से तेज़ चलते कदमों की आहट सुनायी पड़ी। खुदाबख्श सामने आया। वही जाना-पहचाना, आवेग से भरा सम्बोधन सुनायी पड़ा, "मोती!"

"हे दीन-दुनिया के रहम दिल मालिक, अगर तुम कहीं हो तो इस वक़्त मेरे पास रहकर मुझे हिम्मत दो।" मोती ने मन-ही-मन प्रार्थना की।

"मोती!" खुदाबख्श एकदम सामने आकर खड़ा हो गया।

छलछलाती आँखों में हँसी भरकर मोती ने उसके व्यग्र बाहुपाश से अपने को किसी तरह छुड़ा लिया। उसके बाद अपने-आपको संयत कर कहा, "बैठो, बातें करनी हैं।"

"अच्छा बैठूँगा। लेकिन बैठने के पहले तुम्हें एक बार अच्छी तरह देख तो लूँ। उफ़, दिन किस तरह गुजरा है, मोती! तुम्हें बहुत तकलीफ उठानी पड़ी? किसी ने तुमसे कुछ कहा है क्या?"

"तुम्हें तकलीफ नहीं हुई?"

खुदाबख्श ने हाथ हिलाकर उसकी आशंका का निवारण किया।

बोला, "तकलीफ क्यों होने लगी? अब मैं यहाँ रहूँगा ही नहीं यहाँ से जा रहा हूँ..."

"जा रहे हो?"

"अकेले नहीं, तुम भी मेरे साथ चलोगी। हम लोग भागकर बहुत दूर चले जायँगे। शुरू में मैं अपनी माँ के पास जाऊँगा।"

मोती अपने-आप में डूबी ताकती रहती है। कहती है, "उसके बाद?" "उसके बाद क्या करूँगा, यह अभी से क्यों सोचूँ? जो कुछ करने का होगा, करूँगा। मेरा पंजा और हाथ देखो। और ज़रूरत पड़ेगी तो वह सब-कुछ भी करूँगा।"

अपने निर्णय से ख़ुश होकर खुदाबख्श हँसता है। उसके हर शब्द में दृढ़ आत्मविश्वास की छाया है। उसके हाथों में ताकत है, सामने सारी दुनिया पड़ी हुई है। चाहे जो हो, वह कुछ-न-कुछ तो करेगा ही। परवाह क्यों करे?--कल किसने देखा है? कल के बारे में क्यों सोच रही हो मोती? आज की बात सोचो--इस क्षण की बात सोचो, यही सच है।

खुदाबख्श के चेहरे पर विशुद्ध प्रेम का दृढ़ संकल्प मँडरा रहा है। उस चेहरे की ओर ताकने पर मोती को भय होता है कि कहीं उसका ही संकल्प न टूट जाये। इसीलिए वह ज़ोर से कहती है, "तुम गलतफहमी में हो, खुदाबख्श। मैं तुम्हारे साथ नहीं जाऊँगी।"

"क्या कहा?"

"मैं तुम्हारे साथ नहीं जाऊँगी।"

"फिर क्या करोगी? बाद में किसके साथ आओगी और कैसे आओगी?"

मोती सिर हिलाती है। खुदाबख्श उसका हाथ अपने हाथ में लेता है। मोती अपना हाथ छुड़ा लेती है। बाहर झाँकते आँसुओं को बड़ी मुश्किल से रोककर कहती

है, "खुदाबख्श, गलतफहमी में न रहो। आज ही क्या, मैं कभी तुम्हारे साथ नहीं आऊँगी।"

खुदाबख्श घोर आश्चर्य में पड़ उसकी ओर ताकता है।

मोती कहती है, "यही बात कहने के लिए मैंने तुम्हारे पास खत भेजा था।"

खुदाबख्श हैरत में आकर सुनता है। उसे अपने कानों पर भरोसा नहीं होता।

"जो कुछ हो चुका है, उसकी बात छोड़ो, खुदाबख्श। वह तो तीर की तरह छूटकर निकल गया है, उसे अब लौटा नहीं पाऊँगी।"

"यह सब तुम क्या कह रही हो, मोती?"

"यही कह रही हूँ कि पिछले छह महीनों की बात भूल जाओ। यह भी भूल जाओ कि तुम मुझे जानते-पहचानते थे। क्योंकि मैंने ग़लती की थी और उस ग़लती का सिलसिला जारी नहीं रखूँगी। मुझसे तुम्हारा..."

"कोई रिश्ता नहीं है"—मोती यह बात कह नहीं सकी। खुदाबख्श को भी सुनने का धीरज न रहा। उसका ख़ून खौलने लगा। इस कथन के उत्तर में उसने गुस्से में आ गम्भीरता के साथ कहा, "जवान सँभालकर बोलो, मोती। यह कोई रंगमंच नहीं है और न ही मैं रंगमंच का अमीर कद्रदाँ हूँ।"

"लेकिन मैं तो उसी रंगमंच की तवायफ हूँ। मैं अपने-आपको भूल नहीं सकती, खुदाबख्श। तुमसे मिलना-जुलना अब कोई मानी नहीं रखता। मेरी बात तुम भूल जाओ।"

"भूल जाऊँ? फिर इतने दिनों के गीत, हँसी और इतनी तरह का वक्तव्य क्या झूठ था? तुम झूठी हो? तुम बेईमान हो?"

मोती के अन्दर जान-बूझकर अमृत में विष मिलाने की आत्मघाती इच्छा जगती है। अपना सर्वनाश बुलाने का उसका संकल्प दृढ़तर हो जाता है। वह भी आक्रोश भरे स्वर में कहती है, मैं बेईमान नहीं, नर्तकी हूँ। इस तरह का कारोबार मैं हमेशा करती आयी हूँ और यही मेरा ईमान है। तुम्हारे साथ मैं कहाँ जाऊँगी? उस झोंपड़े में? ग़रीबखाने में। वहाँ मुझे कौन-सा सुख हासिल होगा? कौन-सी उम्मीद पर मैं जाऊँगी। यहाँ चार-चार नौकरानी मेरी सेवा में लगी रहती हैं और मैं तुम्हारे उस टुटहे मकान में रोटी बनाने जाऊँगी?"

"ख़बरदार! मेरे मकान की बात जबान पर मत लाओ।" खुदाबख्श उसे ठेल देता है। "तुम झूठी हो, बेईमान हो, मेरी दुनिया में तुमने चिनगारी फूँक दी है। बस, यहीं तक, इसके बाद आगे मत बढ़ना।"

"ठीक है, तब यही बात पक्की रही। मैं चलती हूँ।" और मोती उठकर खड़ी हो गयी।

“ठहरो, मैं भी जा रहा हूँ।” यह कहकर खुदाबख्श आगे बढ़ आया। अपने स्वर में हृदय का उत्ताप भरकर बोला, “नाचनेवाली! तवायफ! जादूगरनी! मैंने ही ग़लती की थी। सोने की जंज़ीर में बँधी रहो, बुलबुल! गुलामी करती रहो। इसका बदला मैं अभी तुरन्त लेता मगर तुम्हें अब छुऊँगा नहीं।”

लगता है, मोती अब बरदाश्त नहीं कर पा रही है। एकाएक वह चिल्ला उठी, “खुदाबख्श!”

खुदाबख्श के हृदय में दर्द का अन्धड़ चल रहा है। अचानक उसके मुँह से निकल पड़ा, “फिर तुमने पहले ही क्यों न बता दिया था, मोती, कि मैं चाँद छूनेवाला था। तुमसे मैंने कोई बात नहीं छिपायी। मैं खेतिहर का बेटा हूँ, तमाम दुनिया में मेरा कोई नहीं है। मैं प्यार का भिखारी था। सब-कुछ तुम्हें साफ-साफ बता दिया था। फिर भी तुमने बेरहमी से इतनी बड़ी चोट क्यों की? क्यों....”

मोती निस्पृह स्वर में कहती है, “मैं जा रही हूँ। तुम जाओ, चाहे न जाओ, मगर मेरी आँखों से तुम हमेशा-हमेशा के लिए गिर गये। मगर अब मैं क्या करूँ? जड़-मूल से उखाड़कर फेंक नहीं सकती वरना फेंक देती–इस दिल को।”

“खुदाबख्श!”

मोती के अनुनय भरे हाथ को खुदाबख्श ने परे ठेल दिया। कहा, “ग़लती की है, माफ करना।”

जाते-जाते खुदाबख्श लौटकर चला आता है और फिर कहता है, “जाने की बात तय कर ली है तो जाऊँगा ही। एक ही सूरज के तले, एक ही जगह तुम्हारे साथ नहीं रहूँगा... इसमें तुम्हारी कौन-सी हानि है! कोई दूसरा समझदार जुटा लोगी। तुम मेरी तरह गँवार नहीं हो, ग़रीब भी नहीं। तुम्हारे लिये यही ठीक रहेगा... कहो नर्तकी ठीक है न।”

“खुदाबख्श तुम काफी-कुछ कह चुके हो, अब नहीं...”

“ ”उफ्फोह, वक्त देखकर गले में हमदर्दी का भी स्वर आ जाता है? मगर देर हो चुकी है, मोती। अब मैं भुलावे में नहीं आऊँगा। चला जाऊँगा और तमाम दुनिया से कहते जाऊँगा–मोती बेईमान है, मोती झूठी है। उसकी जबान, इज़्ज़त और दिल–तीनों जलकर खाक हो चुके हैं।”

जंगल के रास्ते जाते खुदाबख्श की आखिरी बात सुनायी पड़ी, “तुमने हराम का काम किया है। नटी।” उसके बाद वह इन्तज़ार करते घोड़े पर सवार हो गया। ज़ोर से चाबुक मारकर घोड़े को दौड़ाता हुआ अँधेरे में खो गया।

सान्त्वना की बात यह है कि वह दृश्य मोती की आँखों से नहीं गुज़रा। उसके पहले ही वह होश खोकर गिर चुकी थी।

दोनों तरफ का अँधेरा औ' अधिक गहराकर खुदाबख्श को ढँक ले, तभी उसे सान्त्वना मिलेगी।

खुदाबख्श अपने डेरे पर नहीं लौटा बल्कि इन्तज़ार करते बहरम खाँ के हाथ उसने गौस के पास खत भिजवा दिया।

बहरम खाँ ने उसकी मनाही पर ध्यान नहीं दिया। रुपया और अशरफी भरी एक थैली उसके हाथ में थमा दी। कहा, "तुम्हें जो रुपया मिलनेवाला है उससे मैं अपना कर्ज़ वसूल लूँगा।"

विदा के क्षण में अपने इस शुभैषी मित्र का हाथ खुदाबख्श ने हौले से दबा दिया, मगर उसकी जबान से एक भी शब्द बाहर न निकला। बस, इतना ही कहा, "याद रखना।"

बहरम ने अनुरोध किया, "एक बार घर चलो, उस्ताद से तो मिल लो।"

खुदाबख्श राजी नहीं हुआ। उसका दिल टूट चुका है। यहाँ उसका कोई घर नहीं है। आखिर में बोला, "कोई मुसाफिर हमदर्दी की तलाश में आया था, दो दिन बाद जा रहा है। इसमें किसी के लिए कोई दुःख की बात नहीं।"

बहरम एक आँख से अन्धा है फिर भी अपनी दूसरी आँख की क्षीण दृष्टि से उसने बहुत दूर तक देखा। इसीलिए सान्त्वना के शब्द व्यक्त कर उसने अपने मित्र को अपमानित नहीं किया। रिश्वत देकर आधी रात में दरवाज़ा खुलवा दिया। खुदाबख्श ने विदा ली और नगर छोड़ दिया। एकान्त रास्ते में लौटते-लौटते बहरम खाँ को यह दुनिया इतनी अजीब लगी कि उसकी मिसाल भी कहीं ढूँढ़े न मिली।

खुदाबख्श परत-दर-परत अँधेरे को चीरता आगे बढ़ता जा रहा था। जंगल की आखिरी सरहद पर बेतवा के किनारे आकर वह रुका। प्यासे घोड़े को पानी पिलाया और पश्चिम के रास्ते पर फिर रवाना हो गया।

बाँझ प्रकृति, कठिन रास्ता। घोड़े की टाप में बिजली खेल रही है। रात्रिचर हिंसक पशु भय के मारे रास्ते से हट रहे हैं। दूर गाँवों की शृंखला है, लोग अपने-अपने घरों में सोये हुए हैं। सबके लिए घर, शान्ति से रहने का ठिकाना है। एक ही है जिसका कोई ठौर-ठिकाना नहीं। अन्तर में आग की लपट लहक उठी और उसका विशुद्ध प्रेम दमकने लगा, सम्पूर्ण नैश प्रकृति मानो उससे अनुनय कर रही है—मत जाओ, जाओ नहीं। तमाम प्रान्तर को भेदकर उसके हृदय का हाहाकार मुखर हो उठा।

गौस हाथ में खत लिये पत्थर की तरह बैठा रहा। खुदाबख्श ने लिखा है—उस्ताद जाने के वक्त आपसे आखिरी मुलाकात नहीं कर सका। मेरी इस ग़लती को माफ कीजियेगा। आप महान् व्यक्ति हैं। यही समझ लीजिये कि मुलाकात करना मुमकिन

नहीं था। मैं रात के अँधेरे में छिपकर जा रहा हूँ क्योंकि सुबह की रोशनी में यह चेहरा किसी को दिखा नहीं पाऊँगा। आपको बहुत ही मुश्किल में डाल दिया था; उससे छुटकारा देकर जा रहा हूँ। आफताब बनकर आसमान में चमकने की खुशकिस्मती मुझे हासिल नहीं हो सकी, हालाँकि आपके जैसा गुरु मिला था यह सही है कि मैं खुशनसीब नहीं हूँ। मुझे इस तरह याद रखिये जैसे, 'मैं वदवक़्त हूँ ऐसे तारे का टुकड़ा जिसे आसमाँ भी नहीं रख सका—' यह शेर किसी दिन आपने ही सुनाया था। इसीलिए आज आपको दिल की बात जताकर जा रहा हूँ। मुझे मालूम है कि आपको बहुत ही दुःख पहुँचेगा, मगर जिसकी तकदीर में ही घर नहीं लिखा, उसे आप किस चीज़ से बाँधकर रखियेगा? रास्ता ही मेरे लिये ठीक रहेगा।

खुदा आपका भला करे। बहरम को मेरा रुपया-पैसा दे दीजियेगा। आने के समय उसने मुझे बहुत मदद की है। इस तरह के सच्चे दोस्त बहुत कम मिलते हैं, हालाँकि मैं इसके लायक नहीं हूँ। आपका एहसान शब्दों के माध्यम से व्यक्त नहीं कर सकता।

किसी चीज़ पर मेरा अधिकार नहीं है। चाहें तो किसी कंगाल को खैरात कर दें...। अपने घोड़े तूफानी को मैंने बड़े स्नेह से पाला-पोसा है। उसे आप अपने पास ही रख लीजियेगा। आपके बहादुर को मैं लिये जा रहा हूँ। रास्ते से ही किसी आदमी की मारफत भेज दूँगा—फिक्र न कीजियेगा।—खुदाबख्श।

बहरम और गौस दोनों ख़ामोश बैठे रहे। गौस ने खत को अपनी जेब में रख लिया। यह खत उसे एक और जगह ले जाना है। उन्होंने शिकस्त खायी है मगर लांछना तब तक पूरी नहीं होगी जब तक कि वह एक और व्यक्ति के पास अपनी स्वीकार न कर ले।

अगर वह सचमुच ही योद्धा है तो उसमें हार स्वीकारने की हिम्मत होनी चाहिए। इस बुरे वक्त में गौस उसी हिम्मत की ज़रूरत महसूस करने लगा।

नया हवलदार खुदाबख्श किसी वजह से कल रात शहर छोड़कर चला गया है, यह ख़बर शहर-भर में फैल गयी। मोती के घर भी पहुँच गयी है।

मोती गौस के आने के इन्तज़ार में ही थी। रात्रि-जागरण और रुलाई की वजह से उसका चेहरा लाल हो गया है, बाल बिखर गये हैं। कपड़े-लत्ते धूल से भरे हैं। गिर जाने के कारण उसे चोट भी लगी है और सिर फूट जाने के कारण काला दाग उभर आया है। दरवाज़े के दोनों पल्लों पर हाथ रखे मोती खड़ी थी। मन की आग के कारण उसकी आँखें जल रही थीं।

अपने आगमन की सूचना दिये बगैर गौस वहाँ घबराया-सा आ पहुँचा। गौस की ओर तर्जनी उठाकर मोती सहसा हँसने लगी। वह हँसी रुलाई से भी ज़्यादा डरावनी थी। एक लमहे बाद ही उसकी आँखों में आँसू छलछला आये। तीखी आवाज़ में बोली,

"मुझसे छीनकर उसे पकड़कर रखोगे, यही न कहा था तुमने! मगर क्या पकड़कर रख सके? खुद भी नहीं रख सके और मेरे पास भी नहीं रहने दिया। तुमने यह क्या किया खाँ साहब! क्या किया?"

शोक के आवेग के कारण उसकी आवाज़ प्रखर हो उठी, "मैं उसके लिए सब-कुछ छोड़ने को तैयार थी। गृहस्थी बसाती, उसे बाँधकर रखती। वह मुझे ले जाना चाहता था लेकिन तुम्हारी बात सच मानकर मैं गयी नहीं। उसने मुझे 'नटी' कहकर गाली भी दी और चला गया। तुमने ही मुझे नटी समझकर अपमानित किया। तुम लोगों में से किसी ने मेरे मन में झाँककर नहीं देखा। मेरी पहचान मेरी उपलब्धि धार में बह गयी क्योंकि मैं नटी थी। और तुम लोग हो विशुद्ध, खाँटी। अगर ऐसी ही बात थी तो वह चला क्यों गया? अपनी जिद और अपने अन्धे मन को तुमने कौन-सी सौगात दी। उस्ताद? दो व्यक्तियों की ज़िन्दगी तुमने बरबाद कर दी है? उसे क्यों भगा दिया?"

छलछलाते आँसुओं को किसी तरह रोककर गौस बाहर निकल आया। जैसे वह अपने-आपसे भाग रही हो। शोक से विकल आवाज़ टूट-टूटकर उसके कानों के परदे भेदने लगी—मैं नटी हूँ। मैं प्यार करना नहीं जानती। मैं बेईमान हूँ।

शरीर थकान से चूर है, पैर जख़्मों से भरे हुए। तो भी खुदाबख्श रास्ता तय किये जा रहा है। बिना सुस्ताये अविराम चल रहा है वह। कभी उसे भोजन मिलता है, कभी नहीं। राहगीर या गाँव के लोग अगर हमदर्दी जताते हैं तो उसे वह बरदाश्त नहीं होती। एक कोमल हृदय रमणी कुएँ से पानी निकाल उसके हाथ में उलीच देती है। खुदाबख्श अँजुली में पानी लेकर पीता है। वह उसे धन्यवाद तक देना भूल जाता है। कहीं-कहीं पानी लेकर जानेवाली औरतों का दल इस ख़ूबसूरत पठान को देखकर आँखों-ही-आँखों में इशारा करता है। उस संकेत से खुदाबख्श का हृदय जलने लगता है और उसका अशान्त, बेचैन चेहरा देखकर उन औरतों की रसिकता हवा हो जाती है। पाँव थकने लगते हैं पर मन थकने का नाम नहीं लेता। मोती ने यह किस विनाश के जलस्रोत का दरवाज़ा खोल दिया है? वह जलस्रोत उसे निरन्तर बहाये ले जा रहा है।

बूढ़ी धरती निपुण कृषक-वधू की तरह अपना काम करती जा रही है। नदी में पानी भर देती है, खेतों में गेहूँ की बालियाँ खिला देती है। पंछियों को बसेरा बनाने के काम में लगा देती है और अभिज्ञ आँखों से यह देखती रहती है कि कहाँ कितने पानी, हवा या धूप की आवश्यकता है। अभी शरद् ऋतु की फसल काटने का समय है इसीलिए रात-दिन पहरा देना पड़ता है।

दूर पकी फसलों की पहरेदारी के लिए लोग घोड़े की पीठ पर सवार होकर चले जा रहे हैं। औरत सिर पर खाने-पीने के सामान की टोकरी लिये मेंड़ों से होकर जा रही हैं। इस दृश्य से वह बचपन से ही परिचित है। देखकर उससे मन में घर जाने की भी लालसा जगती है। उसके नदी, खेत और माटी उसे स्नेह भरे स्वर में पुकार रहे हैं। जो अन्धी अनुभूति और दुर्निवार आकर्षण दिन-रात उसे हाँके लिये जा रहा है वह क्या उसकी माँ की पुकार है? देश, घर, गाँव, कुएँ से पानी खींचने के शब्दों से मुखर उदास दोपहर, काने कुत्ते की रुलाई से नींद से चौंककर जगी हुई शरद् ऋतु की रात, गेहूँ की ख़ुशबू से गमकते हेमन्त की अतिशय परिचित स्मृतियाँ जैसे उसके ध्यान में साकार हो रही हैं। उसकी माँ ही मानो उसे हज़ारों जानी-पहचानी तसवीरों की चिट्ठियाँ सपने में भेजती रहती हैं। मगर माँ तो लिखना ही नहीं जानती। अनजाने ही उसकी आँखों में यह पानी कैसे भर आया? खुदाबख्श की समझ में नहीं आया।

सामने ही कुएँ की जगत है। एक बालिका खुदाबख्श की अँजुली में जल भर देती है। उसका रंग काला है, नाक में गहना है, दृष्टि में सरलता तैर रही है। शाम उतर आती है। दूर से किसी की आवाज़ सुनायी पड़ती है—मोती! मोतिया!

"आयी अम्माँ!"

लड़की जवाब देती है। खुदाबख्श एक क्षण के लिए कुएँ से टिककर खड़ा हो जाता है। गहरी ममता के साथ पूछता है, "तुम्हारा नाम मोती है?" "हाँ जी।" कहकर लड़की हँस देती है। उसके मन में लहर उठती है। रुँधे कण्ठ से खुदाबख्श भी बुड़बुड़ाने लगता है—मोती, मोती, मोतिया।

लड़की जाने लगती है। खुदाबख्श रात रास्ते के किनारे ही गुज़ार देता है।

आसमान हज़ारों दीपमालाएँ जलाकर बैठा हुआ है। खुदाबख्श एक चौड़े पत्थर से टेक लगाकर बैठा है। वह ध्यान से आकाश की ओर देखता है पर उसे एक भी तारा नज़र नहीं आता। लगता है, हर तारा जैसे एक-एक रोशनी हो और तमाम रोशनियाँ मोती के हाथों में ही जल रही हों। इतनी-इतनी रोशनियाँ जलाकर मोती ही उसे बुला रही क्या?

प्यासे दिल में मोती के लिए फिर एक प्यास दहकने लगती है। वह प्यार भी कितना दुर्निवार है। मानो अंकुर होकर उगना चाहता है। माटी के वक्ष को विदीर्ण कर वह ऊपर उठने की कोशिश कर रहा है। मोती ने उसे घर से दूर भगाया है, उसके कलेजे में चोट पहुँचायी है, यह बात वह जैसे इस क्षण भूल जाता है। इस तारों-भरी रात के आँचल-तले नींद में खोयी धरती के चप्पे-चप्पे पर मोती का कोमल प्यार बिखरा हुआ है। इस तरह का मनमोहक प्यार बिछा देने से क्या होगा, मोती?

ठण्डे, गूँगे पत्थर पर माथा रखे खुदाबख्श एक नाम—सिर्फ एक ही नाम—बुदबुदा रहा है। उसने कितने ही गीत और शेर सीखे हैं लेकिन इस समय एक भी याद नहीं आ रहा। छाती से सिर्फ चीखें निकल रही हैं। समुद्र की लहरों की तरह उसका प्रेम लाखों बाँहें पसारे उसी नाम का मन्त्रोच्चार कर रहा है—मोती, मोती, मोतिया।

अचानक किसी मुसीबत की आशंका से खुदाबख्श अपना सिर उठाता है। उसका हाथ कमर की तलवार पर चला जाता है। निकट ही खड़ा एक चीता हैरतभरी निगाहों से उसकी ओर ताक रहा है। तारों की रोशनी में उसकी धारीदार देह पर नज़र पड़ती है। हरी चमकती हुई आँखों में विस्मय तैर रहा है।

खुदाबख्श को भय का अहसास नहीं होता। बस, वह सावधान हो जाता है। लेकिन चीते में आक्रमण करने का कोई लक्षण नहीं दीखता। कुछ देर तक वह कौतूहलभरी दृष्टि से ताकता है और उसके बाद एक ही छलाँग में रास्ता पार कर नाले के पास चला जाता है। उसके बाद बेहद तृप्ति के साथ पानी पीने लगता है। थोड़ी देर बाद सहज मुद्रा से इधर-उधर ताकता हुआ वन में खो जाता है।

खुदाबख्श को आत्म-रक्षा के लिए हथियार नहीं उठाना पड़ा, इसलिए वह आश्वस्ति महसूस कर रहा है।

राहगीर रास्ते का हिसाब नहीं रखता, रास्ता ही अगर राहगीरों की संख्या लिखकर रखता हो तो बात दीगर है। रास्ता चलते-चलते किसी खेतिहर बालक के गीत का स्वर उसे सुनायी पड़ता है और उसे उसमें अपने मन की छाया मिलती है। गीत जैसे उसके मन की बातों का ही उत्तर हो—

प्यार-प्यार तू क्यों करता तेरा प्यार न जाने कोई
तेरे दिल की लागी कोई क्या जाने
घायल का दुःख घायल जाने और न जाने कोई

बिलकुल सही बात है। किसी भुक्तभोगी का कथन है। किसी जख़्मी कलेजे की बात है! हे गीतकार, जख़्म तुम्हारे कलेजे में भी है। किसी ने तुमसे भी सब-कुछ छीनकर, तुम्हें मूल्यहीन बनाकर, बाज़ार में फेंक दिया है। तभी न तुम्हारे गीत में यह बात है।

उसके बाद एक दिन शाम उतरने पर खुदाबख्श केन नदी के तीर पर पहुँचता है। बहँगी में एक ओर बच्चे को बिठाये और दूसरी ओर कपड़े-लत्ते की गठरी रखे मर्द और औरतों का काफिला जा रहा है। कोई-कोई मुसाफिर ऊँट की पीठ पर सवार होकर चले जा रहे हैं। राजस्थान के घुमक्कड़ लोहार और लम्बाड़ियों का जत्था धूनी जलाकर रसोई पका रहा है। चूल्हे पर हाँड़ी रख माताएँ बच्चों को सुला रही हैं, वयस्क लड़के बूढ़ी माँ की पीठ पर लादे नदी से मुँह-हाथ धुलाकर ला रहे हैं। इन घरेलू तसवीरें को देखकर खुदाबख्श की आँखें शीतलता का अनुभव करती हैं। आदमी की संगति

के लिए उसका मन कितने दिनों का प्यासा था! पूछने पर पता चला कि सालाना मेला लगा है। बाँदा के नवाब साहब बहुत-सारा पैसा खर्च करके इस मेले का आयोजन करते हैं।

लम्बाडी परिवार का आराम करने का प्रस्ताव खुदाबख्श ठुकरा देता है। उस पार जाने के लिए उसका मन छटपटाने लगता है।

मेले के लिए कम-से-कम दो हज़ार तम्बू गाड़े गये हैं। ताँबे के बरतन, राजस्थान की चुनरी, कम्बल और इस्पात के छुरे से लेकर भेड़, बकरा, घोड़ा, गाय, पालकी, बैलगाड़ी का पहिया, घोड़े की डाकगाड़ी—सब-कुछ की खरीद-फरोख्त चल रही है। गीत, रामलीला, जादूगरी, बाजीगरी, साँप का खेल और भालू के नाच का भी आयोजन है। किसी-किसी तम्बू में वेश्याओं की नूपुर-ध्वनि भी सुनायी पड़ रही है। वार-वनिताओं को अपने साथ लिये मर्द दुकान-दुकान का चक्कर लगा रहे हैं। नवाब के आदमी डुगडुगी पीटकर घोषणा कर रहे हैं—बाल-बच्चों की चोरी हो सकती है। चोरी, डकैती और ख़ून की वारदातें भी हो सकती हैं। हर आदमी सावधानी से रहे। कहीं कोई साधु धूनी रमाये बैठा है और अपने भक्तों के बीच ज्ञान और औषधि का वितरण कर रहा है। भस्म का टीका लगाने से निःसन्तान औरत को बच्चा होगा, शत्रुओं का विनाश होगा, रोग-व्याधि दूर होगी। इन प्रमुख गुणों के अलावा और भी बहुत-सारे गुण हैं, जैसे अर्थलाभ, भूमिलाभ, विपत्तियों का विनाश वगैरह-वगैरह। कहीं कोई विगत यौवना चंचल नारी मुस्कुराकर तरह-तरह की दवाओं का प्रदर्शन कर रही है। प्रेम के मामले में ये लोग सिद्ध जादूगरनी होती हैं। इन लोगों द्वारा दी गयी जड़ी पहनने से इच्छित औरत या मर्द क्षण भर में प्राप्त हो जायेगा और अनचाही ब्याहता औरत का देहान्त हो जायेगा।

कहीं राहगीर आग जलाकर रसोई पका रहे हैं। निकट ही बाँस की बाजीगरी दिखाने के लिए तो बाजीगर लड़कों ने बाँस गाड़ रखा है। बाँस पकड़कर उन्हें ऊपर जाना है, सोचकर ही जान जाने का भय लगने लगता है। कहीं सास अपनी बहू को इसलिए धिक्कार रही है कि वह अपने मायके के आदमी पर नज़र पड़ते ही बेहया-सी उससे मिलने चली गयी थी। मायके के लिए इतना आकर्षण!

खुदाबख्श घूम-घूमकर सब-कुछ देखता जा रहा है। निरुद्देश्य चलना उसे अच्छा लगता है। बहुत दिनों के बाद आँखों को आराम महसूस हो रहा है। मन को भी हलकेपन का अहसास हो रहा है। जाते-जाते उसे पुराने दिनों का एक परिचित स्वर सुनायी पड़ता है। कोई भीड़ से कह रहा था—अरे भाई, उस दिन की ख़ूबसूरती के बारे में सोचकर देखो। चौहान राजा को दिल्ली के नवाब ने बन्दी बना लिया था। नवाब राजा की तीरन्दाज़ी देखने बैठा था और राजा बिलकुल अन्धे थे। लेकिन उन्होंने वचन दिया था कि बाँस में बँधे लोहे के तावे को एक ही शब्दभेदी तीर से बेध देंगे।

राजा का उद्देश्य कुछ और ही था। कवि को बग़ल में खड़ा रखा था। कहा था : भाई; तू निशाना बताना और मैं तीर से उसे बेधूँगा। ऐमा निशाना बताना कि तीर सीधे नवाब के कलेजे में जाकर लगे। पहले दुश्मन को तो मार लूँ, उसके बाद अगर खुद भी मरना होगा तो मरूँगा।

जैसा कवि वैसा ही राजा। सभा में खड़े होकर राजा ने निशाना बताया—नवाब चार बाँस, चौबीस गज और आठ अंगुल की दूरी पर बैठा है।

चार बाँस चौबीस गज, अंगुल अष्ट प्रमाण... मारो, मारो मोटे ताज़े पर निशाना लगाओ। मत चूको चौहान। राजा ने तीर चलाया। मगर निशाने पर नहीं, नवाब के सीने पर। नवाब की छाती छलनी हो गयी और वह मौत का शिकार हो गया। अरे भैया, चौहान इस तरह का राजा था? चौहान पर नज़र पड़े तो उसे यह कहानी याद रखने को कहना। इसके बाद से चौहान ही सबसे श्रेष्ठ हो गये हैं, इस सम्बन्ध में किसी को कोई भ्रम नहीं रहना चाहिए।

खुदाबख्श विस्मृति के जाल को छिन्न-भिन्न कर देता है और उसका खोजी मन उस व्यक्ति का परिचय उसके सामने लाकर रख देता है। उसे अपनी किशोरावस्था की याद आती है। यह तो वही टीकमगढ़ का परन्तप चौहान है जो उसे अर्जुनसिंह के पास ले गया था। वरना चौहान के नाम पर इतना गर्व और कर ही कौन सकता है? खुदाबख्श खुश होकर आगे बढ़ जाता है। पुकारता है, "परन्तप, परन्तप जी!"

"कौन पुकार रहा है?" यह कहकर लम्बी मूँछों और कान तक फैले विशाल लाल नेत्रोंवाला एक साँवला आदमी बाहर निकल आता है। वह कुछ देर तक गौर से देखता है। उसके बाद 'खाँ साहब' कहकर खुदाबख्श का आलिंगन करता है। बाहुओं में भरकर प्यार करता है और पीठ थपथपाते हुए भीड़ से कहता है, "शेर-शेर में फिर से मुलाकात हो गयी, भाई। तुम लोग भी जाकर मौज़ मनाओ।"

उसके जितने भी श्रोता हैं सब-के-सब गाँव में रहनेवाले निरीह आदमी हैं। मौज़ कैसे मनाया जाये, इसका उपाय वे लोग सोच नहीं सकते।

परन्तप उसे खींचकर तम्बू के अन्दर ले जाता है और खाट पर फेंक देता है। उसके बाद उसे खड़ा कर गौर से देखता है। कहता है, "गरम पानी से बादशाही गुसल करो, गरम दूध पियो, आराम करो। अरे, जवाहर!"

एक छोकरा अन्दर झाँकने लगता है। परन्तप कहता है, "सेठ जी से कह देना, उन्हें छुट्टी दे रहा हूँ।"

तम्बू सेठी जी का है मगर उसे छुट्टी दे रहा है परन्तप। यह बात समझ न सकने के कारण जवाहर फटी-फटी आँखों से ताकने लगता है।

परन्तप कहता है, "अरे तुम्हारे-जैसे भतीजे के रहते सेठ जी को तम्बू का अभाव हो सकता है? जाओ, देख-सुनकर किसी दूसरे तम्बू का इन्तज़ाम कर दो।" उसके बाद वह खुदाबख्श से कहता है : "इसमें हैरान होने की कौन-सी बात है? सेठ जी ने एक आदमी का ख़ून कर दिया था। मैंने उसे झंझट-झमेले से बचा दिया और टीकमगढ़ लौटने के रास्ते में हम एक ही साथ मेला देख रहे हैं। बात बिलकुल साफ है। इस तरह हमेशा से होता आ रहा है।"

परन्तप के बातचीत करने के लहजे से ऐसा लगता है जैसे इससे सहज और स्वाभाविक दूसरा कुछ भी नहीं हो सकता। सात वर्ष पहले खुदाबख्श की उससे मुलाकात हुई थी। मगर मेला लगते ही शेर-शेर में मुलाकात हो जायेगी, इससे अस्वाभाविक बात और क्या हो सकती है? सेठ जी के घोड़े से नवाब साहब का डाक-बरदार दबकर मर गया था और सेठ को परन्तप ने ही दसियों तरह की झंझटों से बचा दिया था। ऐसे हालात में क्या वह उसका तम्बू एक रात के लिए उपयोग नहीं कर सकता?

"उन बातों को छोड़ो। अभी यह बताओ कि उसके बाद क्या हुआ? अच्छा, धीरे-धीरे सब सुनूँगा। अभी तुम आराम करो।"

जवाहर एक चंगेरी में खाना लेकर अन्दर आता है। पानी और कुरसी भी मँगायी जाती है।

रात के बारह बज चुके हैं। मेले के बहुत-सारे लोग नींद में खो गये हैं। जगे हुए हैं तो बस निशा-विलासिनियों के दल और उनके शौकीन लोग। उस तरफ कुछ दुकानदार देर से पहुँचे हैं। उनके नौकर-चाकर तम्बू गाड़ रहे हैं। उनकी बातों के कुछ टुकड़े कानों में आ रहे हैं।

तम्बू के सामने धूनी जलाकर और धूनी के सामने कम्बल बिछाकर खुदाबख्श और परन्तप चित लेटे-लेटे बातचीत कर रहे हैं। मोती की बात छोड़कर खुदाबख्श सारी बातें बताता है। सुनकर परन्तप कहता है, "सब तो समझा मगर तुमने अचानक गौस का काम क्यों छोड़ दिया?"

खुदाबख्श जवाब नहीं देता।

परन्तप कहता है, "अर्जुनसिंह के साथ तुम नहीं रह सकोगे, यह बात मुझे मालूम थी। उसके तीन पुरखे लुटेरे रहे हैं। चौथी पीढ़ी में बदलाव आ जाये, यह सम्भव नहीं। ख़ैर, अभी क्या तुम देश जा रहे हो?"

खुदाबख्श हामी भरता है।

परन्तप कहता है; "लगता है, तुम्हारा मन अभी निशाने से भटककर इधर-उधर दौड़ रहा है, खाँ साहब। इसीलिए कह रहा हूँ, अभी तो नहीं, लेकिन बाद में अगर कोई काम करना चाहो तो मेरे पास चले आना। इलाहाबाद के आगे अपने एक

मित्र की सहायता से मुझे एक रिसाला पड़ाव मिल गया है—घोड़ों का एक अस्तबल। दस घोड़े लेकर कारोबार शुरू करूँगा। तुम घोड़ों को तो तालीम दे सकोगे न?"

खुदाबख्श बिना हँसे रह नहीं पाता। कहता है, "क्या कर सकूँगा और क्या नहीं, यह तो खुद मुझे भी नहीं मालूम।"

परन्तप कहता है, "फिर बात पक्की रही। घोड़े मेरे रहेंगे मगर उन्हें ट्रेनिंग दोगे तुम।"

"क्या?"

"ट्रेनिंग दोगे। यह अंग्रेज़ी शब्द है, फौज से सीखा है। बताओ भाई, परन्तप चौहान क्या जानता है और क्या नहीं जानता है! फौज में मैं दो महीने तक था, मगर जो कुछ सीखा है कोई दूसरा आदमी रहता तो उसे कम-से-कम छह महीना लग जाता। ट्रेनिंग का मतलब है सिखाना। जानते हो न, घोड़े को भी मकतब में बैठकर सबक सीखना पड़ता है। तुम और मैं मिल-जुलकर कारोबार करेंगे। घोड़ों को सिखा-सधा अधिक दाम में बेचेंगे—फौज के साहबों के पास और इधर-उधर। गड़बड़ी की कोई बात नहीं।"

"फौज के पास क्यों? फौज को तो तुम नापसन्द करते हो।"

परन्तप ने जरा गम्भीर होकर कहा, "यह बात मैंने तुमसे कब कही थी? अंग्रेज़ी के तैंतालीसवें साल में न? अभी अंग्रेज़ी का तिरपनवाँ साल चल रहा है। तब मैं जवान था, अब बूढ़ा हो गया हूँ। अब उस बात को उठाकर फेंक दो। अभी की नयी बात यही है कि फौज के निकट रहना होगा, घोड़े बेचना होगा, छावनी के अन्दर जाना-आना होगा।" यह कहकर परन्तप आग की ओर देखता है और भौंह सिकोड़कर कुछ सोचने लगता है। कहता है, "मैं वहीं रहूँगा। तुम जब काम की तलाश करोगे तो यहीं चले आना। कारोबार के लिए मैं अगाड़ी-पछाड़ी की रस्सी का, जो घोड़े बाँधने के काम में आती है, आदेश दे चुका हूँ।"

खुदाबख्श कहता है, "घोड़े देख चुके हो?"

"नहीं। लेकिन हाँ, जिसने मुझे सूचना दी है, वह झूठ नहीं कह सकता।"

"घोड़ा बाँधने की डोरी पहले ही क्यों ख़रीद रहे हो?" खुदाबख्श को यह बात इतनी हास्यास्पद लगती है कि वह बिना हँसे रह नहीं पाता।

परन्तप भी जोरों से हँसता है। कहता है, "डोरी भी ठीक है और मैं भी ठीक हूँ। कारोबार जैसे ही शुरू करूँगा, चल पड़ेगा।"

"जिसका घोड़ा है, वह क्या डोरी नहीं रखता? फिर इतने दिनों से कैसे काम चला रहा है?"

"अरे भाई, जो हो चुका है, उसकी बात छोड़ो। अभी सामने की बात सोचो—जो होगा, जो होनेवाला है।"

खुदाबख्श हथेली पर माथा रखे अँधेरे की ओर ताकने लगता है। शायद परन्तप की बात ही सही है। बीती ज़िन्दगी को भूल जाना ही अक्लमन्द आदमी का काम है। मगर यह क्या सम्भव है? सोचते-सोचते खुदाबख्श नींद के आगोश में खो जाता है।

दसेक दिन के बाद वह अपने गाँव पहुँचता है। यमुना पार कर खेत के रास्ते से चलते हुए इधर-उधर देखता है। दोनों तरफ गेहूँ के भार से झुके पौधे हैं। तीतर, बटेर, तोता वगैरह तरह-तरह की चिड़ियाँ चोंच मार-मारकर दानें खा रही हैं।

लगा, उसके घर की तरफ से उसके गाँव का सूबेदार चाचा हाफिज बाहर निकलकर आ रहा है। खुदाबख्श एक तरह से दौड़ता हुआ उसके पास जाकर खड़ा हो गया। बातचीत और दुआ-बन्दगी के बाद हाफिज बोला, "इतने दिनों तक तुम कहाँ रहे, बेटा? खत वगैरह क्यों नहीं लिखा? सुजन के लड़के के हाथ तुमने जो रुपया-पैसा भेजा था, मिल गया है। मेरा खत तुम्हें नहीं मिला क्या?"

"क्यों, क्या हुआ है?"

हाफिज गम्भीरता के साथ सिर हिलाता है और कहता है, "खुद जाकर देख लो, बेटा। तुम्हारी चाची भी नहीं है, चिन्ता की कोई बात नहीं..."

भाभी बहुत ही बीमार है, खुदाबख्श। बीस दिन से वह खाट पर पड़ी है, बुखार उतरने का नाम नहीं ले रहा है।"

परी अनवर की खाट पर लेटी थी। उसका पूरा जिस्म—पैर से गले तक—पुरानी रजाई से ढँका था। बुखार की वजह से चेहरा लाल हो गया था। हाफिज की औरत ने मुँह झुकाकर आहिस्ता से पुकारा, "देखो, कौन आया है।"

खुदाबख्श ने धीमे स्वर में पुकारा, "अम्माँ।"

परी ने आँखें खोलीं। लड़के को पहचाना। दुबले चेहरे पर हँसी खिल उठी। उसके बाद आँखों में पानी भर आया। बोली, "तुझसे तो मैं बतियाऊँगी ही नहीं।"

बाद में खुदाबख्श को सब-कुछ पड़ोसियों से सुनने को मिला। एक-एक कर सब आये। बिसनसिंह, सुजन, बूढ़ा लाला, हाफिज—यहाँ तक कि परमेश्वर मिश्र ने भी खड़े-खड़े कुशल-क्षेम पूछा। बहुत दिनों के बाद आँगन में चार-पाँच चारपाइयाँ बिछायी गयीं। सभी तम्बाकू पीते हुए मजे से बातचीत करने लगे। बड़े-बुजुर्गों को सम्मान देने के ख़याल से खुदाबख्श खड़ा ही रहा। हर व्यक्ति को उसने अदब से सलाम किया तो हर शख़्स की आँखों में उसकी प्रशंसा के मूक शब्द उभरने लगे। हाँ, लड़का ख़ासा अच्छा है। आजकल के छोकरों के जैसा बेअदब नहीं। और चेहरा! क्या कहना। क्यों ऐसा होगा? आखिर है तो अनवर की ही औलाद!

खुदाबख्श ने हर व्यक्ति के प्रति आभार प्रकट किया। उसकी अनुपस्थिति में इन लोगों ने खुदाबख्श की माँ की देख-रेख जो की थी। खेती-बारी का काम सँभाल दिया। फसल लाकर घर में रख दी। पहले उसको इस बात का अहसास नहीं हुआ था, लेकिन अब उसकी समझ में आया कि ये लोग भी उसे प्यार करते हैं। उसे किसी बाहरी आदमी की तरह नहीं देखते। देख़ते हैं तो अपने दोस्त अनवर के बेटे के रूप में, इसी गाँव के आदमी के रूप में। उसकी देख-रेख करना, उसे प्यार करना ही जैसे उनका कर्त्तव्य है। बदले में वे लोग चाहते हैं कि वह इसी गाँव में रहे यहीं बस जाये। इस गाँव की सन्तान इसी गाँव में फले-फूले। उसे अपनी बीच रखने के लिए ही यह प्यार और स्नेह का बन्धन है। बूढ़े लाला का झुर्रीदार चेहरा, हाफिज का गोल-गोरा चेहरा, चेचक के दागों से भरा बिसनसिंह का चेहरा--सब जैसे एक ही बात कह रहे थे, एक ही अनुनय की पुनरावृत्ति कर रहे थे। उसके जीवन के रूप को बदल देने के लिए हवा भी जैसे आसमान में फुफकार छोड़ रही थी। इन किसानों और जोतदारों को जैसे उसकी गन्ध मिल रही थी। एक तरह की आशंका का भाव भी उनके चेहरे पर तैर रहा था।

परी के बारे में बताकर सबने सिर हिलाया। सब उसे प्यार करते हैं, बिना कहे-सुने उसके लिए सब-कुछ किया है। मगर परी ने उनका दान यों ही स्वीकार नहीं किया है। लाला ने कहा, "तुम्हारी माँ ने खलीफा की रोटी छीन ली है।"

परी ने कपड़ा-लत्ता, पाजामा, औरतों का कुरता, मर्दों की मिरजई सी दिये हैं। घर-घर का गेहूँ पीस दिया। लाला ने यह भी बताया, "तुमने जो रुपया-पैसा भेजा है, उसमें से एक पाई भी खर्च नहीं किया। गृहस्थी को सहेजा-सँवारा है, बस इतना ही। सरदी और बरसात की परवाह किये बगैर मेहनत की है। कहती है : अभी मेरा लड़का पैरों पर खड़ा हो गया है, उसकी गृहस्थी बसेगी, वह शादी करेगा। मैं उस वक्त आराम करूँगी।" उस दिन रात हो चुकी थी। देखा, हाफिज की बहिन की मालिश कर घर लौट रही थी। मुझ पर निगाह पड़ते ही मुँह घुमाकर खड़ी हो गयी। मैंने कहा : "बेटी, खुदाबख्श के बाप को मैंने जन्मते देखा है, तुम मुझसे शरमाती क्यों हो? वह मुस्कुराकर चली गयी। इतना काम करते रहने के कारण ही बीमारी बढ़ गयी है।"

खुदाबख्श मन लगाकर सुनता है। छाती की हड्डी में ज़ख्म है, वहाँ दर्द उठता है। बुखार आता है और उसके साथ बीच-बीच में गले से ख़ून भी आता है। गाँव के हाकिम के अनुरोध पर, इलाहाबाद से लौटने के समय बिसनसिंह एक बड़े हकीम को ले आया था। वह कोई भरोसा नहीं दे सका। बतलाया कि बड़ी ही हठीली बीमारी है। अन्दर से खोखला बना दिया है। अब सेवा-जतन और खान-पान से ही कुछ चंगी

हो सकती है। आस-पास किसी बरगद के तले एक सिद्ध दरवेश आया था। उसके पास से भी तावीज लाकर दिया गया है। मगर नतीजा कुछ भी नहीं निकला।

खुदाबख्श मन-प्राणों से अपनी माँ की सेवा करता है। माँ चली जायेगी तो उसका रह ही क्या जायेगा? एक विराट् शून्यता उसे निगल जाना चाहती है। उसके हाथ से छुटकारा पाना होगा।

खुदाबख्श ने यह नहीं बताया कि वह नौकरी छोड़कर चला आया है, बल्कि यह बताया कि छुट्टी पर आया है।

परी उसकी ओर देखती है और कहती है : "अबकी तेरी शादी कराऊँगी। जानता है, मैंने कितना रुपया-पैसा जमा किया है? तेरी औरत को ढेर-सारा गहना दूँगी।"

खुदाबख्श माँ का सपना तोड़ना नहीं चाहता। मुस्कुराकर कहता है "उसकी खातिर भी तो तुम्हें चंगी हो जाना है, अम्माँ।"

शाम होते ही खुदाबख्श अपने बाप की कब्र पर चिराग़ जला देता है। परी के पास बैठकर बातचीत करता रहता है।

परी कहती है, "तेरे मन के लायक बहू मुझे कहाँ मिलेगी? दूसरे-दूसरे गाँवों में ख़बर भेजनी होगी। तू किस तरह की घरवाली चाहता है?"

"तुम्हारी ही तरह।"

"बस, तुझे तो मज़ाक सूझता है।" परी हँसने लगती है।

खुदाबख्श ममताभरे स्वर में कहता है, "तुमसे अच्छी बहू लाकर क्या होगा?"

परी कहती है, "तू क्या बकता है?" थोड़ी देर तक आँखें मूँदे पड़ी रहती है, उसके बाद कहती है, "अपने अब्बा का कुरता-कमीज पहनना, पेटी में रखा हुआ है। मैं जब दुलहन बनी थी, उस वक्त का पाँवों का झिंझरा है। सोने का एक फूल भी है। सब सहेजकर रख दिया है। रुपया-पैसा पीतल के लोटे में मिलेगा। लोटा पेटी के तले फर्श में गड़ा है। वहाँ एक ईंट रखी हुई है।"

खुदाबख्श सोने का फूल निकालकर माँ को देता है। देखकर परी की आँखों में ममता उमड़ आती है। कहती है, "यह तेरे अब्बा का पहला उपहार है। अभाव के चलते कहीं बेच न देना पड़े, इसी भय से छिपाकर रखा है। तेरे लिये बहू लाकर उसे अपने हाथ से पहना दूँगी।"

खुदाबख्श जवाब नहीं देता। उसका मन सिर्फ एक व्यक्ति को फूल पहनाकर देखता है और उसके बाद ही उस तसवीर को उलट देता है। एक लम्बी साँस निकल पड़ती है। परी सोचती है, कहीं किसी जादूगरनी ने अपने वश में तो नहीं कर लिया

है इस लड़के को? उसके बाद ही वह सोचती है, नहीं-नहीं; ऐसी बात नहीं है, वरना मुझे ज़रूर मालूम हो जाता।

फसल काटने का वक़्त आया। अबकी खुदाबख़्श की हर जगह से बुलाहट आती है। हर साल वे ही लोग काटते आ रहे हैं, अबकी खुदाबख़्श घर आया है तो वह भी उनका साथ दे।

चाची को अम्माँ के पास बिठाकर खुदाबख़्श खेत पर जाता है। हाथ में हँसुआ थामे खेत के अन्दर जाने पर खुदाबख़्श को एक अजीब ही अहसास होता है। उसके पड़ोसी कौतूहल-भरी निगाहों से देख रहे हैं कि वह कैसे फसल काटता है। शुरू में उसे तकलीफ होती है, उसके बाद खुदाबख़्श सधे हाथ से गेहूँ काटकर बोझा बाँधने लगता है और हाफिज की गाड़ी पर रख देता है। दोपहर के वक़्त औरतें घर से नाश्ता लेकर आती हैं। हर व्यक्ति खुदाबख़्श को खाने पर बुलाता है। हँसी-तमाशा और गपशप का दौर भी चलता है। उसके बाद फिर काम शुरू हो जाता है।

यह परिवेश उसके शोणित में प्रतिचेष्टा जगाता है। खुदाबख़्श पकी फसल की गन्ध अपने नथुने में भर लेता है। तभी बूढ़ा लाला घोड़े पर सवार हो इधर-उधर देखते हुए आता है। लाला उतरकर हँसुआ थामता है। हाथ में गेहूँ की पकी बालियों का एक गुच्छा लेते ही चेहरे पर दमक आ जाती है। खुदाबख़्श से कहता है, "ऐसे ही रंग की बहू लेकर आना, बेटे। भूल न जाना।"

झुककर फसल काटते लोग हँसने लगते हैं। लाला कहता है, "बहू ऐसी ही ख़ूबसूरत ले आना। चाँदी से अँजुरी भरकर ही तुम्हारी बहू का मुखड़ा देखूँगा।"

सबको आनन्द का अनुभव होता है और वे गुनगुनाने लगते हैं। उस ओर हाफिज गीत का स्वर छेड़ देता है—एकबारगी देहाती गीत। एकरस स्वर, कहीं कोई वैचित्र्य नहीं। फिर भी फसल काटने की झोंक में गीत एक कण्ठ से छिटककर दूसरे कण्ठ तक चला जाता है—'सहेली अँगिया रँगावत आओ रे।' आओ सखि, हम अपनी-अपनी चोली रँगें। खुशियों के दिन आये हैं। दूर तक फैले खेतों में गेहूँ के पौधे दानों के भार से झुक गये हैं। तंग सड़क पर बैलगाड़ी खड़ी है। औरतों और मर्दों की जमातें इस समुद्र में सिर झुकाये फसलें काट रही हैं। एक घोड़ा बेमन से चर रहा है। उसके मुँह में थैला बँधा है। सम्पूर्ण दृश्यपट सुख, शान्ति और आशा के रंग से मनमोहक लग रहा है। उसके बीच गीत की गूँज तैर रही है। नीला आकाश प्रसन्न-मधुर धूप का आशीर्वाद उलीच रहा है। पंख पसारे तेन्दू के पेड़ की डाल पर बैठा मयूर इन्तज़ार कर रहा है। खुदाबख़्श ने इस दृश्य को तृषित आँखों से देखा और मन के पट पर

उतार लिया। बहुत दिनों पहले जब खुदाबख्श की आँखों से ये सुन्दर दिन हमेशा-हमेशा के लिए ओझल हो गये थे तब वह बीच-बीच में इस चित्र को उलट-पुलटकर देखता और फिर स्मृति के भण्डार में रख देता था। जैसे यह चित्र कोई मूल्यवान् रत्न हो। बीच-बीच में उसे देखता था और रख देता था मगर उपयोग में लाकर उसे कभी मलिन नहीं करता था।

दिन-पर-दिन बीतते जा रहे थे इतनी-इतनी कोशिशों के बावजूद परी की सेहत में कोई सुधार नहीं आया। पुत्र की आँखों से ओट हो परी फूट-फूटकर रोती है। उसमें जब जीने की इच्छा प्रबल हो उठी है, अच्छी तरह गृहस्थी बसाने की लालसा जगी है उसी वक़्त ख़ुदा के निष्ठुर विधान के कारण उसे जाना पड़ रहा है। वह अपने बेटे के बारे में भी सोचती है—आश्रयहीन, असहाय और संगीहीन है। कोई नहीं है। जितना ही रोती, अन्तर की व्यथा से हड्डी और पसली उतनी ही टूटती जाती। साँस लेने के लिए जैसे हवा नहीं मिलती।

और इधर लड़का अपनी माँ के बारे में सोचता रहता। बाप की भी उसे याद आती। कभी-कभी सोचता, माँ के चले जाने पर वह कैसे रहेगा। इस ज़िन्दगी की ज़रूरत ही क्या थी? या ख़ुदा! किस प्रयोजन के निमित्त उसे एक-एक बन्धन से अलग हटाकर आज़ाद बना रहा है? लेकिन उसने तो इस आज़ादी की कामना भी नहीं की थी। यह परिणति उसे अभीष्ट नहीं थी। उसकी जो वास्तविक अर्ज़ी थी उसे तो ख़ुदा ने स्वीकार ही नहीं किया।

परी को दुनिया में जिन कुछ दिनों को मापना था, उनकी समाप्ति भी शान्ति के बीच नहीं हुई। आख़िरी वक़्त भी जीने और गृहस्थी बसाने की आकांक्षा उसे परेशान कर रही थी। प्राण निकलकर भी निकलना नहीं चाहते थे।

फिर भी उसे जाना पड़ा। रात तब बीतने-बीतने को थी। पूरब के आकाश में प्रकाश की रेखा उभर आयी थी। हकीम खाट के पास से उठकर चला आया। कुछ औरतें रो पड़ीं। खुदाबख्श की समझ के दायरे में वह क्षण असम्बद्ध की तरह आया। उसे अब भी माँ का शान्त चेहरा याद आता है। आँगन में बहुत-से लोग थे, यह भी याद आता है। उसके बाद क्या हुआ, ठीक-ठीक याद नहीं। खड़े होते ही सब-कुछ जाने कैसे विश्रृङ्खल जैसा हो गया था लेकिन उस विस्मृति के क्षण में भी फातिहा का मुदु आलाप कुशलवादक के हाथ से हर ताल और सम पर बजनेवाले बाजे की तरह मुखरित हो रहा था—या अल्लाह तुम दीन-दुनिया के मालिक हो, इस मौत की राह में सफर करनेवाले मुसाफिर पर रहम करो। ज़िन्दगी में उसे जो कुछ हासिल न हो सका, उसे तुम पूरा कर देना जिससे कि कोई कमी न रहे। उसका सफ़र बड़ा ही कठिन है; अल्लाह, तुम उसकी मदद करो।

उसके बाद ही खुदाबख्श की सारी चेतना विशृङ्खल हो गयी थी।

खुदाबख्श ने परी और अनवर की कब्रों के पास चम्पा और कामिनी के दो पौधे रोपे। घर-द्वार की चीज़ें बाँट दीं। गाँव के लोगों ने उसे बहुत समझाया कि माँ के चले जाने के बावजूद वह अनाथ नहीं हुआ है। खुदाबख्श यहीं रहे और पैतृक मकान की मर्यादा की रक्षा करे। खुदाबख्श ने सिर हिलाया। कहा, फिलहाल इस घर, इस माटी से उसका मन उचाट हो गया है। कोई छोड़कर तो नहीं जा रहा है, देख-रेख में रखकर जा रहा है। हाफिज उसका चाचा है, उसकी औरत ही उसकी धाय रही है। खुदाबख्श ने उन्हीं के हाथ में घर-गृहस्थी सौंप दी। वे लोग उसमें रहें, उसे उपयोग में लायें और खेत की फसल का उपभोग करें। शाम के वक़्त आँगन में चिराग़ जला दें, इसी से खुदाबख्श को शान्ति मिलेगी। यदि वह किसी दिन लौटकर आयेगा तो यहीं वास करेगा। तब जैसे भी होगा, इन्तज़ाम किया जायेगा। लेकिन अभी तो वह जाना ही चाहता है। यह सूना घर उसे काटने दौड़ता है। इस आँगन से उसके माँ-बाप की स्मृति जुड़ी हुई है। इस मिट्टी में, इस आम के पेड़ के तले, उसके कितने ही सुख के दिन बीते हैं। जब वह निरा बच्चा था, माँ की गोद में लेटकर लोरी सुनता था, बाप के कन्धे पर चढ़कर घूमने जाता था और दोपहर में छोटी-सी लाठी लिये गेहूँ के खेत से कबूतरों को भगाता था। उसका वह शैशव और कैशोर्य, सुख और शान्ति के दिन, यहाँ बँधे हैं। आम का यह पेड़ उस मर्मवेधी प्रभातकाल की बात जानता है जब साहब की गोली से अनवर की छाती से ख़ून का फव्वारा निकला था। इसी आम वृक्ष के तले मिट्टी में वह वीर किसान सोया है। खुदाबख्श का मक्का-मदीना सभी-कुछ आम का यही वृक्ष है। वहाँ सभी तीर्थों के पुण्य घुले-मिले हैं। इस घर को छोड़कर क्या वह कभी जा सकता है? आज जाता भी है तो कल ज़रूर लौटकर चला आयेगा।

खुदाबख्श का कथन सुनकर फिर किसी ने उसे नहीं रोका। रात में बूढ़ा लाला मिलने आया। बोला, "क्यों बेटा, क्या सुन रहा हूँ? तुम जा रहे हो?"

"हाँ, सिर्फ कुछ दिनों के लिए, चाचा जी।"

लाला ने उदास होकर सिर हिलाया। बोला, "झूठी बात मत बोलो, बेटा। मेरा मन कह रहा है तुम लौटकर नहीं आओगे। ईश्वर का क्या न्याय है, कह नहीं सकता, वरना ऐसी बात होती ही क्यों? लगता है, वह तुमसे कोई दूसरा काम कराना चाहता है।"

खुदाबख्श की आँखों में अविश्वास का भाव तैरते देखकर बोला, "अविश्वास मत करो, बेटा। दुनिया में सबको कुछ-न-कुछ करना है। छोटा पतिंगा भी ईश्वर का काम

किये जा रहा है। उसने सम्भवतः तुम्हें किसी दूसरे काम के लिए तैयार किया है।"

बूढ़े का वह गम्भीर विश्वास देखकर खुदाबख्श मौन हो गया।

लाला अपना कथन जारी रखता है, "एक ही लोहे से हल, ढाल, तलवार सब-कुछ तैयार होता है तो भला आदमी ही अलग-अलग काम में क्यों नहीं लगेगा?" उसके बाद कहता है, "एक बात याद रखना, बेटा! जब मन उदास हो जाये तो लौट आना। तुम्हारा यहीं घर है, यहीं तुम्हारी मिट्टी है। रुपये की ज़रूरत है? संकोच मत करो...."

खुदाबख्श अभिभूत होकर सिर हिलाता है। उसकी माँ का जमा किया हुआ साठ रुपया उसके पास है। यही उसके लिए काफी है। वह पचीस रुपया छोड़े जा रहा है। हाफिज उसकी माँ के नाम पर दावत देगा। उसे बड़ी इच्छा थी कि शहर और बाज़ार की तरह माँ और बाप की कब्रों को सीमेण्ट से बँधवा दे। गोधूलि के तारे की दृष्टि उसे अपनी माँ की आँखों-जैसी मधुर और सुन्दर लग रही थी। वह आँगन से थोड़ी-सी मिट्टी ले कपड़े में बाँधकर जेब में डाल लेता है। आम के पेड़ के नीचे अपने हाथ से चिराग़ जलाता है। उसके बाद सूने घर, आँगन, गाँव सबसे विदा लेता है। शैशव और कैशोर्य से विदा लेता है। माँ और बाप से विदा लेता है। गूँगों की जबान में उन्हें सूचित करता है कि बिना गये उसके लिए दूसरा कोई चारा नहीं है। इतना कुछ जताने के बाद वह उन लोगों से विदा माँगता है। अकेला है, निःसम्बल है, फिर भी उसे जाना पड़ रहा है। और तब तक चलते रहना है जब तक कि उन लोगों की तरह उसका भी समय नहीं आ पहुँचे। जीवन ने हालाँकि उसे चोट-पर-चोट पहुँचायी है, फिर भी अमृत पाने की उम्मीद में बार-बार दुआ माँग रहा है।

प्रभात की स्निग्ध वायु उसके तप्त कपाल पर चुम्बन रख उसे आशीर्वाद देती है। दो-चार सूखे पत्ते गिर पड़ते हैं। उसके बाद घर बन्द कर खुदाबख्श रवाना हो जाता है।

इलाहाबाद के रास्ते पर चलते-चलते एक दिन खुदाबख्श की मुलाकात कम्पनी के डाकसवार से होती है। वह और खुदाबख्श एक ही सराय में आराम कर रहे थे। खुदाबख्श के सवाल पर जवाब देता है कि उसे आजकल झाँसी भी जाना-आना पड़ता है। 'झाँसी' नाम सुनते ही खुदाबख्श को जाने कैसा-कैसा लगता है। उसके आग्रहभरे हज़ारों तरह के प्रश्नों का जवाब डाकसवार भी नहीं दे पाता। झाँसी मात्र एक शहर है, उसमें देखने या जानने लायक है ही क्या? आखिर में डाकसवार कहता है, "अभी वहाँ की एक ख़बर है और वह यह कि वहाँ का राज्य अब रहता है या जाता है, कुछ कहा नहीं जा सकता।"

सुनकर खुदाबख्श स्तम्भित रह जाता है। पूछता है, "क्या हुआ था?"

"पता नहीं। मौत जब परवाना जारी करती है, तब बाहर-बाहर उसका कुछ लक्षण नहीं दिखायी देता है। दरअसल क्या हुआ था, जानते हो? मौत आ गयी थी, और क्या!"

खुदाबख्श के दिल में राजा के प्रति सहानुभूति पैदा होती है। उसका मन पश्चात्ताप से भर उठता है। एक क्षण के लिए वह स्तब्ध रह जाता है।

मोती वीणा पर औंधें मुँह लेटे फफक-फफककर रो रही है। रो रही है और कह रही है, "मेरी तमाम साधना व्यर्थ हो गयी, गुरु जी। मैं न तो गा सकती हूँ और न साधना ही कर पाती हूँ। जब गीत गाने को सोचती हूँ, ध्यान लगाती हूँ तो मेरा ध्यान टूटकर किसी व्यक्ति के ध्यान में विलीन हो जाता है। मुझे यह क्या हो गया?"

रुलाई से चेहरा भींग गया है, होंठ थरथरा रहे हैं। मोती चन्द्रभान के सामने अपने मन की असह्य व्यथा प्रकट करती है।

चन्द्रभान जी के पास इतनी विद्याएँ हैं। कितने ही मानव-चरित्रों को उन्होंने देखा-परखा है लेकिन इस अभागिन नर्तकी के अनुताप के सामने उनकी समस्त जानकारी ग़लत साबित हो रही है। उन्हें अपनी जवानी की याद आती है। लगता है, आदमी का दर्द ही सबसे बड़ा संगीत है। उस संगीत का संवेदन जिस संगीत में बजकर सार्थक होता है, वैसी सिद्धि उन्हें प्राप्त नहीं हुई है। जो लोग संगीत तीर्थ के बावरे यात्री हैं उन लोगों की याद करने पर उन्हें इतने दिनों के बाद महसूस हो रहा है कि आदमी का हृदय ही सर्वश्रेष्ठ वीणा है और दर्द सर्वश्रेष्ठ संगीत।

यह बात वह समझते हैं इसीलिए अपनी प्रिय शिष्या को सान्त्वना देने के लिए उन्हें शब्द नहीं मिलते। वे चुपचाप उसका सिर सहलाने लगते हैं। हर रोज़ आते हैं और बैठकर चले जाते हैं।

चन्द्रभान को मोती के अन्दर किसी विस्मृत वेदना की झलक मिलती है। मोती के घबराये चेहरे और दिशाहारा दृष्टि को देखने पर चालीस साल की यवनिका को भेदकर वह अपनी जवानी के मदभरे दिनों की याद करने लगते हैं। याद आता है, पिता के राज-प्रासाद की दशहरे की चाँदनी से भरी रात का एक करुण दृश्य। वह जल्दी-जल्दी सीढ़ियाँ उतर रहे हैं और किसी की अनुनय उनकी पदचाप से तले चीख़ रही है—"मत जाओ, मत जाओ। सुनते जाओ।" याद है, उन्होंने घृणाभरे स्वर में कहा था, "मेरा प्यार बाज़ार में बिकनेवाला माल नहीं है। उसे मुस्कुराहटों से ख़रीदा नहीं जा सकता।" उनकी तीखी बातों में एक अपरूप मुखड़ा सफेद पड़ गया था। उस दिन की घटना याद आने पर चन्द्रभानजी अपने-आपको दुतकारने लगते हैं। लगता

है, आज उन्हें मोती के अन्दर उसी ठुकरायी हुई स्त्री का वास्तविक रूप दिखायी पड़ रहा है।

गीत में श्री राधिका की कहानी रहती है तो गाते-गाते मोती कहानी भूल जाती है और अपनी बात पर उतर आती है। कुकुभा, खम्माच, गुर्जरी और भूपाली गाने में उसका कण्ठ अवरुद्ध हो जाता है। प्रियतम सुख में निमग्न रहनेवाली, मालती पुष्पशोभिता, हे कमलनयना रागिनी; तुम क्या मेरा दुःख समझ पाओगी? उसे सिर्फ यही याद आती है।

मोती की विरहिणी रागमाला-पटमंजरी, आसावरी और ललित की ही छवियाँ दीख पड़ती हैं। दिगन्त रेखा से जब मेघों का दल उमड़-घुमड़ आता है तो उसे महसूस होता है कि इस दुर्योग में उसका प्रियतम अकेला कहीं चला जा रहा है। अगर वह उस रास्ते में होती और उसका प्रियतम उसे पैरों तले रौंदकर भी चला जाता तो उसे बहुत-कुछ सान्त्वना मिलती। जब-जब मोती को याद आती है कि सुख, समृद्धि और सुरक्षा की तमाम सम्भावनाओं को रौंदकर वह भौंचक-सा चला गया है—तो वह स्वयं को क्षमा नहीं कर पाती। उसका परिवेश और ऐश्वर्य उसे काँटे की तरह बेधने लगता है।

जूही को सान्त्वना देने में भय का अहसास होता है। वह हमेशा मोती के ही पास रहती है और करुण आँखों से उसकी ओर निहारती रहती है। मोती को चिड़ियों का शौक था। पिंजरे में बैठकर वे झपकियाँ लेती रहती हैं। उनकी देख-रेख नहीं हो पाती। हर कमरे में गलीचे पर गर्द जम गयी है। झाड़-फानूस पर मकड़ों ने जाली बुन दी है। नौकरानियाँ भी काम करने से जी चुराती हैं।

कभी-कभी शयन-कक्ष में अपने नाचने की पोशाकों को सहेजकर मोती उन्हें देखती रहती है। विरह, मिलन, होली और अभिसार के लिए राधिका की अलग-अलग तरह की पोशाकें हैं। लगता है, अब ये पोशाकें किसी दिन भी काम नहीं आयेंगी। दिन ठहरे-ठहरे-जैसे लगते हैं लेकिन रात काटे नहीं कटती। आहिस्ता-आहिस्ता पूरी नगरी नींद में खर्राटे भरने लगती है, लेकिन उसकी आँखों में नींद नहीं उतरती। विनिद्र रात्रिवेला में तानपूरा के तारों के झंकार जगाकर गीत गाती है—नींद नहीं आवत सैयाँ। गाते-गाते गीत, गीत नहीं रह जाता, स्वर आँसुओं में बदल जाता है और राग सिसकियों में। उस समय मोती तानपूरा रख उसे सम्बोधनकर कहने लगती है—बात-बात में तू इतनी रुला देती है? तू क्या मेरी सौत है?

कभी-कभी मोती एकान्त कमरे में साज-सज्जा करती है—मस्तक पर बेंदी लगाती है और आईने में हर कोण से अपना चेहरा देखती है। बिस्तर पर बैठ घाघरे के आखिरी छोर को पैरों पर फैलाये बीते दिनों की बात सोचती है—मैं इसी तरह सजी-सँवरी थी और उसने एक दिन कहा था, "हर रोज़ इतनी साज-सज्जा की ज़रूरत ही क्या है?

किस हिरन को घायल करना चाहती हो? मेरा हृदय तो यों ही घायल है। अब चोट करोगी तो बरदाश्त न होगा?" याद है, गीत गाते-गाते कितने ही रातें बीत गयी हैं। उसके बाद उसे आखिरी रात की बात याद आती है। उसके शब्दों के चाबुक से खुदाबख्श का चेहरा विवर्ण हो गया था। आँखों में विस्मय और दर्द था। जितनी ही यह सब बात याद आती है उसके मन की पीड़ा उतनी ही बढ़ जाती है। असह्य दुःख के भार से पीड़ित हो पत्थर के फर्श पर लोट-लोटकर रोने लगती है।

कभी-कभी मोती को लगता है, वह खुद भी क्या कोई कम निष्ठुर है? मैंने उसे चोट पहुँचायी और उस चोट को सही मानकर वह चला गया? उसी चोट ने पीछे पलटकर मुझ पर कितना निर्मम प्रहार किया है, खुदाबख्श ने यह नहीं देखा? उसने क्यों नहीं समझा कि वह मेरे दिल की बात नहीं थी? बिलकुल झूठी बात थी। उस समय खुदाबख्श को कठोर हृदय और निष्ठुर मानकर उसे थोड़ी-बहुत शान्ति मिलती है। फिर सोचती है, मेरा जीवन ही बर्बाद हो गया। बर्बाद हो गया यह जानते हुए भी मैं स्वतन्त्र न हो सकी। यह किस तरह का प्यार है जिस पर उसका दावा मंजूर ही नहीं किया गया?

न गुल अपना न खार अपना
न जालिम बागवाँ अपना
बनाया किस चमन में है
ये मैंने आशियाँ अपना।

न तो फूल मेरा है, न काँटा, यहाँ तक कि बगीचे का मालिक भी मेरा अपना नहीं है। मैंने ये कैसे बगीचे में अपना घर बनाया है?

मुहब्बत ने मुझे सिर्फ बन्दी बनाकर रख दिया। आपत्ति करने से भी कोई फायदा नहीं—

इन कफस के कैदियों को
गुल मचाना है मना—

इस कारागार के बन्दियों को आँसू भी नहीं बहाना चाहिए।

एक दिन स्नान कर मोती जब लौट रही थी तो उसे किसी का मधुर गीत सुनायी पड़ा। उसने तामजान रोकने को कहा। चौक पर खड़ी एक अन्धी औरत गा रही थी—

जोगन बन जाऊँगी प्रीतम तारे कारन
जोगन बन जाऊँगी
अंग भूषण सब छाँड़ि के प्रीतम
गैरिक बसन रँगाऊँगी...
एक नाम गावत प्रीतम तोरा तीरथ-तीरथ भरमाऊँगी।
जोगन बन जाऊँगी

प्रेमी के लिए सब-कुछ त्यागने की इस भावना ने उसे वर्षान्त में खिले कामिनी वृक्ष की तरह हिला दिया। डाल से झरे फूलों की तरह आँसू की बूँदें टप-टप गिरने लगीं। मोती शिविका से नीचे उतर पड़ी। गले से सोने और मोती का बेशकीमती हार उतार भिखारिन के हाथ पर रख दिया। मोती को यों राजपथ पर खुलेआम देखने के लोग अभ्यस्त नहीं। आँखों में विस्मय लिये वे ताकने लगे। भिखारिन ने मुस्कुराकर कहा, "मालकिन, तुम दयालु हो मग़र मैं हूँ मामूली भिखारिन। मेरे हाथ में यह जेवर देखकर लोग मुझे चोर मान लेंगे और कैदखाने में डाल देंगे। इसके अलावा यह चीज़ मेरे काम में आयेगी भी नहीं। तुम इसे वापस ले लो।"

"तुम्हारे घर में कोई नहीं है?"

"मेरे पिता जी हैं।"

तभी किसी ने अत्यन्त गम्भीर स्वर में कहा, "तुम निर्भय घर चली जाओ, बेटी। कोई तुम्हारे बदन में हाथ नहीं लगायेगा। सागर, इसे घर पहुँचा दो।"

जनता गौस के सम्मान में अदब के साथ हटकर खड़ी हो गयी। मोती और गौस ने एक-दूसरे की तरफ देखा। मोती जल्दी से शिविका के अन्दर चली गयी और परदा खींच लिया।

घर लौटकर मोती ने चन्द्रभान को बुलवाया। बोली, "गुरु जी, आप मुझे भजन सिखा दें, मैं भजन सीखूँगी।"

चन्द्रभान की समझ में बात आ गयी। बोले, "ठीक ही कह रही हो, मोती। भजन तुम्हीं गा सकती हो। सब तरह का गीत हर आदमी नहीं गा सकता है। भजन की साधना में एकाकार होने के पहले चित्त-शुद्धि की ज़रूरत पड़ती है—चाहे वह दाह में तपकर शुद्ध हो या आँसुओं में घुलकर। मीराँ की बात याद करो।"

मोती उत्तर नहीं देती, केवल मुस्कुराती है। सोचती है, उसका चित्त क्या शुद्ध हो गया है? वह क्या सचमुच इसके लायक हो चुकी है?

चन्द्रभान सोचते हैं मैं जीवन की आखिरी सरहद पर पहुँच चुका हूँ। लेकिन मेरी तालीम की आखिरी मंज़िल जब भी नहीं आयी है। अन्तिम पाठ सीखना, लगता है, अभी बाकी ही था। वही शिक्षा उन्हें इस नर्तकी ने दी है। आदमी को और अधिक प्यार करने की सीख इस लड़की से मिली है। उनका अहम् दूर हो गया। बोले, "तम्बूरा बाँधो, बेटी। कहो, किस भजन से पाठ शुरू करोगी?"

मोती सिर झुकाकर कहती है, "जोगन बन जाऊँगी से"।

चन्द्रभान जी बिना आपत्ति किये गीत शुरू करते हैं—

'जोगन बन जाऊँगी'—तुम्हारे लिये योगिनी बन जाऊँगी।

इस भजन से मोती को शान्ति मिलती है। उसके हृदय की धूप सुलगकर स्वर की इस आरती को मधुर और पवित्र बनाने लगती है।

गौस और बहरम अलग-अलग चल रहे थे। दोनों एक ही बात सोचने लगते हैं। अचानक बहरम कहता है, ''माफ कीजिये उस्ताद, आपका काम ठीक नहीं हुआ?''

''यह मैं जानता हूँ बहरम।''

''मोती तो एकदम बदल गयी है।''

''आदमी जितना दुःख बरदाश्त कर लेता है, बहरम! उतना यदि पहाड़ को भी करना पड़े तो वह टूट जायेगा।''

दोनों एक-दूसरे के मन को समझते हैं। इसलिए ज़्यादा बातचीत नहीं होती। बहरम पूछता है, ''आपने जो रुपया और खत भेजा था उसका क्या हुआ?''

''किशोर अब तक वापस नहीं आया है। लेकिन हाँ, उसने इलाहाबाद से ख़बर भेजी है। खुदाबख्श की माँ का देहान्त हो चुका है। और वह घर छोड़कर कहीं चला गया है।'' गौस की आवाज़ में अवसाद घुल आता है। वह फिर कहता है, ''बहरम, मैंने बहुत बड़ा अन्याय किया है। मुझे बड़ा ही घमण्ड हो गया था। किसी को प्राणदान दे सकूँ, वैसी ताकत तो मुझमें नहीं है। लेकिन दो व्यक्तियों के कलेजे में मैंने इतनी बड़ी चोट पहुँचा दी इसका दुःख मुझे हमेशा रहेगा।''

''आपको भी तो चोट लगी है।''

''मैं सिर्फ उन्हीं दोनों के बारे में ही सोचता हूँ, बहरम। तीसरे आदमी की नहीं। मगर मैं इस पाप का प्रतिकार करने ही जाऊँगा।''

''मुझे मालूम है, उस्ताद! आप कोशिश तो ज़रूर ही कीजियेगा।''

बहरम द्वारा ढाढ़स दिये जाने पर गौस को थोड़ा-बहुत बल मिलता है।

सरायख़ाने में बैठकर खुदाबख्श ने डाकसवार के हाथ गौस को एक खत भेजा। लिखा : उस्ताद मेरा आखिरी बन्धन भी कट चुका है। मेरी अम्माँ विदा हो चुकी है। आपको छोड़कर आये काफी दिन हो चुके। आपकी ख़बर जानने की इच्छा होती है। एक छोटे-से सरायखाने में बैठा हुआ हूँ। कम्पनी के डाकसवार से पता चला कि राजा साहब इस दुनिया से विदा हो चुके हैं। बड़ा ही दुःख हुआ। अपने दोस्त परन्तप से मेरी बातचीत हुई है, इलाहाबाद के पास हम रिसाला पड़ाव का कारोबार करेंगे। मुझे मालूम है कि आप मेरे भले-बुरे का ख्याल रखते हैं, इसीलिए अपनी बात लिख रहा हूँ। इस काम में शायद मेरा भला ही होगा। नौकरी करने की इच्छा अब नहीं है। मुझे आपके जैसे शुभचिन्तक और बहरम-जैसे दोस्त मिले हैं, इसलिए ज़िन्दगी के कारवाँ में शामिल होना मेरे लिये कोई ग़म की बात नहीं है। खुदा हाफिज। खुदाबख्श।

खुदाबख्श थैली निकालता है और गिनकर डाकसवार को महसूल देता है।

डाकसवार ने खुदाबख्श से कहा, "तुम नये-नये सफर पर निकले हो। इसलिए तुम्हें सारा नियम मालूम नहीं। इस तरह कभी रुपया बाहर मत निकालना। बदमाशों के पल्ले पड़ जाओगे तो जान ही चली जायेगी।"

दूसरे दिन सफर के दौरान दोपहर के समय एक बूढ़ी से मुलाकात हुई। रास्ते के किनारे बैठकर उसने खुदाबख्श को मिठाई दी और एक तरह का शर्बत पीने के लिए देते हुए कहा, "मेरे रुपये-पैसे और असबाब पर निगरानी रखना। मैं नहाकर आती हूँ।"

खुदाबख्श कम्बल पर लेट गया और सोचा, दुनिया में इतने भले-भले आदमी हैं, फिर भी लोग होशियार रहने को कहते हैं। उसके बाद उसे बेहद नींद आने लगी। खुदाबख्श की पलकें झिप गयीं।

सड़क से सैन्यवाहिनी नारायणपुर की ओर कूच कर रही थी। रिसाले के सईसों की नज़र पड़ी तो उन्होंने फौज के तम्बू में खबर पहुँचा दी।

होश आने पर खुदाबख्श की समझ में आया कि वह किसी पड़ाव के तम्बू में पड़ा था। दूर कहीं मेजर फौजी बाजे का रियाज़ करा रहा था। अचानक तम्बू का परदा हटाकर साँवले रंग के एक आदमी ने अन्दर प्रवेश किया। सफेद अचकन और पाजामा। गठा हुआ, चर्बीदार बदन। उसने पूछा, "आपको होश आ गया! कब से जगे हुए हैं?"

"अभी तुरन्त जगा हूँ। इस वक़्त मैं कहा हूँ?"

"नारायणपुर पड़ाव में। याद है कि आपको क्या हुआ था?"

खुदाबख्श मना करने के बावजूद उठकर बैठ गया। बोला, "नारायणपुर पड़ाव? इलाहाबाद यहाँ से कितनी दूर है?"

"पूरब की ओर पैंतीस मील। इलाहाबाद में आपको कोई काम है?"

खुदाबख्श अवाक् हो जाता है। उसके बाद कहता है, "हाँ। लेकिन मुझे हुआ क्या था?"

वह आदमी खुदाबख्श को एक दवा पीने के लिए देता है। उसके बाद तिपाई पर बैठकर कहना शुरू करता है। वह आहिस्ता-आहिस्ता और रुक-रुककर बात करने का आदी था। उसने खुदाबख्श को बताया है कि बुढ़िया उसे धतूरा खिलाकर उसका रुपया-पैसा लेकर रफू-चक्कर हो गयी थी। रामपुर फोर्ट नेटिव इनफैण्टरी का राइटविंग और रिसाले की नम्बर दो वाहिनी वहीं से कूच कर रही थी। सईसों की नज़र खुदाबख्श पर पड़ी और वे ही लोग उसे उठाकर पड़ाव में ले आये थे। वह एक बंगाली डॉक्टर है और उसका नाम है शिवचन्द्र गांगुली।

"आपने ही मेरी जान बचायी है?"

"आप अपनी किस्मत के कारण जिन्दा बच गये। मैंने तो सिर्फ आपकी मदद की है।"

"फौज के साथ तो मैं रह नहीं सकता। सुना है, ऐसा ही नियम है।"

"हाँ, स्ट्रैटफौर्ड साहब ने मना किया था। लेकिन, मैंने कह-सुनकर उन्हें राज़ी कर लिया है।"

"आप लोग यहाँ से कहाँ जायेंगे?"

"लगता है, चार दिन के बाद इलाहाबाद लौटना होगा क्योंकि काशी जाने का कार्यक्रम रद्द कर दिया गया है?"

"क्यों?"

"हमारा काम हुक्म की तामील करना है। किसी तरह का कोई सवाल करने का हमें अख़्तियार नहीं। शायद कोई ज़रूरी ख़बर आयी है।"

"फिर मुझे छोड़ दीजिये।"

डॉक्टर मुस्कुराया। बोला, "आप किसी भी कैद में नहीं हैं। लेकिन अभी आपकी देह में जाने लायक ताकत नहीं है। सैन्यवाहिनी में कोई काम कीजियेगा।"

खुदाबख्श को कुछ-कुछ शक हुआ। धीरे से बोला, "जनाब, आपने मेरी जान बचायी है। मुझे शर्मिन्दा न करें। कहिये, कौन-सा काम करूँ?"

"अस्पताल के लिए मुझे एक आदमी की ज़रूरत है। अस्पताल में जो आदमी दवा-दारू की देख-रेख और इन्तज़ाम करता था, वह बीमार है। उसे छुट्टी दे दी है। वह इलाहाबाद में हम लोगों से मिलेगा। तुम रहना चाहो तो मैं साहब से कहूँ। लेकिन इसके बदले में तुम्हें रेजिमेण्ट कोई तनख़्वाह नहीं देगा। यहाँ से इलाहाबाद तक चलोगे। खर्च जो भी होगा, मैं खुद दूँगा।"

खुदाबख्श राजी हो जाता है। साहब, रेजिमेण्ट वगैरह शब्द वह कई बार सुन चुका है। झाँसी में रहने के समय देख चुका है कि एलिस साहब और गौस में सलाम-बन्दगी चलती थी। दोनों आदमी तनिक झुककर एक-दूसरे को सलाम करते थे। कभी उत्सुकतावश भी उसने साहबों को निकट आकर नहीं देखा था। हालाँकि उसे पता था कि सभी साहब डेविसन-जैसे नहीं हैं। यद्यपि उसके मन में साहबों के प्रति विद्वेष का भाव था। फिर भी वह राजी हो गया। लगा, यह भी एक मौका ही है जिसे इस्तेमाल कर वह इलाहाबाद पहुँच सकता है।

नहाने-धोने के बाद खुदाबख्श ने जब सफेद चुस्त पाजामा और कुरता पहन पगड़ी बाँधी तो सभी लोग उसकी ओर ग़ौर से देखने लगे। बाद में डॉक्टर उसे अपने साथ साहब के तम्बू में ले गया। बोला, "आज रविवार है। काम कम रहता है। स्ट्रैटफोर्ड साहब को सलाम करना होगा—याद रखना।"

सैमुअल हेनरी स्ट्रैटफोर्ड छब्बीस साल हिन्दुस्तान में बिता चुका है। लेकिन यहाँ की गरमी का अभ्यस्त नहीं हो सका है। तम्बू में मेज के पास बैठा कुछ लिख रहा था। डॉक्टर साहब से अन्दर आने को कहा। "तुम बहुत दिनों तक जिन्दा रहोगे। मैं तुम्हारे ही बारे में सोच रहा था। सेकेण्ड कमाण्डर ब्राइट के हाथ में दर्द है, जाकर देख लेना।"

"देख लूँगा, सर।"

"चीते के नाखून का ज़ख्म है। कोई भी गड़बड़ी हो सकती है?"

"लगता तो नहीं है। चीते का बच्चा था न?"

"इस बार का कूच बड़ा ही 'इलफेटेड' है। तुमसे तो कह ही चुका हूँ, गांगुली, इस आदमी को छोड़ो। यह साथ में रहता है तो गड़बड़ी शुरू हो जाती है।"

"वह तो बीमार होकर छुट्टी पर चला गया है सर।"

साहब ने पाइप नीचे करके कहा, "कुछ कहना है?"

"हाँ", कहकर उसने खुदाबख्श के बारे में कहा।

खुदाबख्श ने उसके कहे अनुसार अन्दर जाकर सलाम किया। साहब थोड़ी देर के लिए अवाक् हो गया। उसके बाद कहा, "ठीक है, जाओ।" गांगुली से कहा, "इस तरह का स्ट्राइकिङ्ग चेहरा, गुड कैरेज बहुत ही कम देखने को मिलता है, गांगुली, लगता है 'ही इज नॉट यूज्ड टु सर्व।' किसी तरह की गड़बड़ी तो नहीं करेगा?"

"कुछ ही दिनों के लिए तो रखना है।"

"ठीक है। 'सर्व' नहीं किया है--यह बात मैंने क्यों कही, जानते हो? मैं छब्बीस साल से तुम्हारे मुल्क के लोगों को देखता आ रहा हूँ। कोई भी नेटिव गोरे के सामने इस तरह खड़ा नहीं होता। हाउ फ्री ही लुक्स। यू नो मी क्वाइट वैल। इसलिए उम्मीद है कि तुम मुझे गलत नहीं समझोगे। ये लोग ज़्यादा दिनों तक सर्व नहीं कर पाते। फौजी जीवन में खप नहीं सकते।"

गांगुली लौट आता है। दूसरे-दूसरे गोरों की बात ही अलग है। स्ट्रैटफोर्ड को वह भली-भाँति जानता है। हिन्दुस्तानियों के साथ अच्छा सलूक करने और अपने सरल एवं संवेदनशील स्वभाव के कारण वह हिन्दुस्तानियों के बीच जितना लोकप्रिय था, गोरों के बीच उतना नहीं। मेरठ, इलाहाबाद और बनारस कैण्टूनमेण्ट में 'दोस्त साहब' कहकर उसकी जात के लोग उसका मज़ाक उड़ाते थे। स्ट्रैटफोर्ड का रेजिमेण्ट उसे प्यार से 'रिसाले का दोस्त' कहता है। इसीलिए क्या उन्हें साहबों की जमात में दूसरा नाम दिया गया है? स्ट्रैटफोर्ड की बात में सम्भवतः सच्चाई है। उसने हिन्दुस्तानियों को काफी निकट से देखा है। वह हिन्दी, हिन्दुस्तानी और अपने प्रथम कार्यक्षेत्र राजस्थान की भी कुछ लोकभाषाएँ जानता है। रिटायर होने के बाद रीवा और पन्ना के जीव-जन्तु और पक्षियों पर एक प्रामाणिक ग्रन्थ लिखने के लिए तथ्यों का संकलन

कर चुका है। यह सब सोचते-सोचते सेकेण्ड कमाण्डर ब्राइट के तम्बू में घुसने के पहले गला साफ कर उसने अपनी उपस्थिति की सूचना दी। ब्राइट का स्वभाव स्ट्रैटफोर्ड के स्वभाव से बिलकुल अलहदा है। लड़खड़ाती आवाज़ में गाली-सी देते हुए आने की इजाज़त दी।

खुदाबख्श फौज़ की ज़िन्दगी का सूक्ष्मता से अध्ययन करता है। उसे इस ज़िन्दगी में बिलकुल नयापन महसूस होता है।

डॉक्टर साहब ने पूछा था, "अपना खाना तुम अपने-आप बना लोगे न?"

"आप लोगों का जैसा नियम होगा, वैसा ही करूँगा।"

पता नहीं, डॉक्टर की समझ में क्या आया। शफाखाने का मुसलमान बेयरा खुदाबख्श के लिए तम्बू में खाना पहुँचा गया।

भोर के वक्त जब फौजी बाजा बजा तो फौज के जवान जग गये। बिगुल के बाद ही ड्रम बजने लगा। सिपाहियों ने तत्क्षण वर्दी पहन बन्दूकें उठायीं और परेड करने लगे।

सिपाही लोग ग्यारह बजे बनिये की दुकान में रसद लाने जाते हैं। बनिया सिपाही और रिसाले के सवारों को मापकर रसद देता है। अरहर की दाल और आटा, नमक और थोड़ा-सा घी। हर रोज़ दोनों वक़्त एक ही तरह की रसद मिलती है। "हर रोज़ एक ही तरह का खाना क्यों खाते हो?" खुदाबख्श ने एक दिन पूछा था। परमेश्वर अहीर ने आँख दबाकर मना कर दिया था। बाद में कहा था, "बृहस्पतिवार को परेड नहीं है। साहब लोग शिकार करने जायेंगे। नारायणपुर के ठाकुर साहब ने निमन्त्रण दिया है। उसी दिन गप-शप करेंगे।"

एक-दूसरे पर यहाँ कोई भी विश्वास नहीं करता। जाति-पाँति की बात भी अक्सर खुदाबख्श के कान में आती रहती। वह सोचता, जाति तो दो ही देखी है—कुछ आदमी भले होते हैं और कुछ बुरे। इसके अलावा हिन्दू-मुसलमान भी सुना है। लेकिन यहाँ आने पर खुदाबख्श को बहुत-सारी जाति-उपजातियों का प्रमाण मिला है। पुरबिया लोग मुख्यतः इलाहाबाद और अयोध्या से आये हैं। उन लोगों की जमात में ब्राह्मण, क्षत्रिय, राजपूत और गड़रिये हैं। फौज में ये लोग ऊँचे-ऊँचे ओहदों पर हैं। उनमें से वे ही लोग सूबेदार, जमादार और हवलदार हो सकते हैं जो अच्छे घरों से आये हैं। ये लोग मांस-मछली नहीं खाते। एक वक़्त ही खाना खाते हैं और अपनी जाति पर गर्व करते हैं।

सिक्ख लोग अच्छे सिपाही होते हैं। वे लोग अपनी जमात में रहते हैं और मांस खाने में इन्हें कोई आपत्ति नहीं। लेकिन खुद झटका करते हैं तभी खाते हैं वरना मांस उनके लिए हराम है।

गुरखा एक अजीब ही जाति के लोग हैं। नाटा कद, सुगठित शरीर और छोटी-छोटी आँखें। ये लोग नेपाल से आये हैं। अंग्रेज़ अफसर गुरखा लोगों का बड़ा ही सम्मान करते हैं। गुरखे बड़े ही मेहनती होते हैं और कम आय में ही सन्तुष्ट रहते हैं। मछली, मांस, बनैला सूअर या जो कुछ मिल जाता है, खा लेते हैं।

पठान, अफगान और मुकरानी मुसलमान भी अच्छे घुड़सवार होते हैं। वे लोग दोनों वक़्त खाना खाते हैं।

जाति के सन्दर्भ में यहाँ काफी चर्चा चलती रहती है। एक जाति के आदमी दूसरी जाति के आदमी के साथ उठते-बैठते नहीं, न ही भोजन करते हैं। गुरखों को देखकर सिक्ख लोग हँसते हैं और सिक्खों को देखकर गड़रिये उनकी हँसी उड़ाते हैं।

सिपाही गोरों के तम्बू, बावर्चीखाने, मेस तम्बू, शफाख़ाने और दफ़्तर तम्बू के सामने पहरा देते रहते हैं। एक जवान सिपाही शफाख़ाने के सामने दो घण्टे से चहल-कदमी कर रहा था। खुदाबख्श ने कहा, ''बैठ जाओ, थक गये होगे।''

''इस तरह बात न करें, खाँ साहब। जमादार साहब को मालूम हो गया तो कोर्ट मार्शल हो जायेगा।''

खुदाबख्श ने यह बात जब गांगुली से कही तो उसने बताया था, ''दो घण्टे तक चहलकदमी करते हुए पहरा देना उसकी ड्यूटी है। दो घण्टे के दरमियान अगर वह खड़ा हो जाये या बैठ जाये तो उसका कोर्ट मार्शल हो जायेगा। न बैठने पर भी कोर्ट मार्शल हो सकता है अगर कोई रिपोर्ट कर दे कि तुमने उससे बैठने को कहा था। बेंत बरसने को होगा तो उसी पर बरसेगा क्योंकि जमादार कहेगा कि उसने अवश्य ही तुमसे शिकायत की होगी, वरना तुम उससे इस तरह कहने क्यों जाते।''

''यह तो अन्याय है।''

''इसी तरह सिपाहियों की ग़लतियाँ दिखाकर तो जमादारों को तरक्की की उम्मीद रहती है।

खुदाबख्श ने एक दिन बेंत लगने की घटना भी देखी। दो रिसालेदार सईसों ने बावर्चीख़ाने से आलू चुराया था। सजा के तौर पर पाँच-पाँच बेंत की मार पड़ी। सुनने में तो मामूली बात लगती है, लेकिन कार्रवाई के समय देखने में आया कि दोनों सईस इस कातरता के साथ रो रहे थे जैसे उन्हें सूली पर चढ़ाने के लिए ले जाया जा रहा हो। दो सिपाही उन्हें पकड़कर ले आये। चमड़े का जोड़ा बेंत इन्तज़ार कर रहा था। रिसाले के सुलतान ने एक बेंत उठा लिया। बस, दस ही मिनट वक्त लगा। मगर खुदाबख्श को लगा कि आदमियत नाम की कोई चीज़ यहाँ नहीं है। आदमी को बिलकुल नंगा और असहाय बनाकर किस उद्देश्य की पूर्ति की गयी, पता नहीं।

सेकेण्ड कमाण्डर ब्राइट की देख-रेख में बेंत लगाने की कार्रवाई हो रही थी, क्योंकि स्ट्रैटफोर्ड साहब गाँव के ठाकुर का न्योता खाने के लिए गया था। बेंत मारना

जब ख़त्म हो गया तो गांगुली ने दोनों सईसों को शफाख़ाने के तम्बू में ले जाने का हुक्म दिया। ब्राइट के सवाल के जवाब में कहा, "अभी इन लोगों को दवा लगाने की ज़रूरत है।"

शफाख़ाने के तम्बू के बाहर से एकाएक एक स्नेहिल और मधुर आवाज़ आयी, "डॉक्टर साहब हैं?" उस छोटी-छोटी आँखोंवाले काले रंग के आदमी को, जिसका चेहरा गुलामी के सुख से सन्तुष्ट था, देखते ही खुदाबख्श को न जाने कैसा-कैसा लगने लगा। गांगुली ने उसके हाथ की शीशी में थोड़ा-सा मलहम भरते हुए कहा, "सुख-चाँद और बंसी को तुम्हीं ने पकड़वा दिया? तुम्हीं रूपचाँद हो न?"

"हाँ हुज़ूर, मैंने ही पकड़वाया था उन चारों को। आपकी मेहरबानी है कि मेरा नाम याद रखे हुए हैं। उन लोगों ने चोरी की थी, हुजूर वह भी आलुओं की।"

"आलू दो पैसा सेर मिलता है। रूपचाँद और सुखचाँद की उम्र है पचास से ज़्यादा। तुम्हें शर्म नहीं लगती उन पर इलजाम लगाते?"

आदमी उसी तरह हँसता हुआ बोला, "बहुत बड़ी ग़लती हो गयी, हुजूर। कम्पनी की चीज़ चुराते देख मेरा मिजाज़ बिगड़ गया था।"

खुदाबख्श झरने के पास बैठ तीन-चार सिपाहियों से बातचीत कर रहा था गिरिधारी लाल की बात से गहरी निराशा व्यक्त होने लगती है। कहता है, "फौज में जब सिपाही होकर भर्ती हुआ था तो सोचा था, सूबेदार होकर बाहर निकलूँगा। सात साल गुज़र गये। अब समझ में आ रहा है कि मैं सूबेदार नहीं हो पाऊँगा। सात रुपये की तनख़्वाह में भर्ती हुआ हूँ। खाना-पीना कपड़ा-लत्ता वगैरह का बकाया बनिये को चुकाने के बाद ज़्यादा-से-ज़्यादा एक रुपया बचता है या डेढ़। ऐसे भी महीने गुज़रे हैं कि एक भी आना नकद नहीं मिला है। बनिये का उधार चुकाने के बाद सात रुपयों में से एक पैसा भी नहीं बचा है। कम्पनी के लिए मेहनत की, लड़ा, चाबुक की मार खायी और दाल-रोटी खाकर ज़िन्दगी गुज़ार दी। एक दिन तुमने पूछा था कि फौज के ज़वान दाल-रोटी क्यों खाते हैं। घर पर हम लोग जो सब्जी पैदा करते हैं, यहाँ वह सब्जी नहीं मिलती। सब्जी वही खा सकता है जिसके पास पैसा है। फौज में इसलिए भर्ती हुआ था कि घर पर रुपया भेजूँगा लेकिन हाथ में लेकर न तो मैंने रुपये का चेहरा देखा, न ही घरवालों ने कि सात रुपया देखने में होता कैसा है।"

परमेश्वर अहीर कहता है, "मैं अठारह साल की उम्र में भर्ती हुआ था। अयोध्या में गण्डक नदी के किनारे मेरा गाँव है। हमारा जिला आम के लिए विख्यात है। अगर कोई महीने में पाँच रुपया कमा ले तो हमारे गाँव में राजा-महाराजा की तरह रह सकता है। मेरे बाप ने दो शादियाँ की थीं। बाबू जी ने मेरी माँ को बहुत तकलीफें

दी थीं। इसीलिए सोचता था माँ को सुख से रखूँगा। सौतेली माँ मुझे और मेरी माँ को सोने के लिए कमरा नहीं देती थी। झोंपड़े की ठण्ड से हम दोनों टाट ओढ़कर सोते थे और सोचते थे, पचास रुपया अगर मैं कमाकर ला सका तो थोड़ी-सी ज़मीन, मकान, दो अदद बकरियाँ और एक छोटी-सी बहू—सब-कुछ हासिल हो जायेगा। मगर कमा नहीं सका। आठ साल से काम कर रहा हूँ। कम-से-कम हज़ार मील पैदल चल चुका हूँ। पानी में भींगा, धूप में तपा, बहुत-बहुत तकलीफें भी झेलीं। लेकिन पचास रुपये की रकम हाथ से छूकर भी नहीं देख सका।''

''रिसाले के सवार को यहाँ कितना मिलता है?''

''सिपाही से बहुत अधिक। खाते में लिखा होता है सत्ताईस रुपया मगर हाथ में मिलता है नौ रुपया। सईस, घोड़ा वगैरह के खर्च से शुरू कर तम्बू, कपड़ा, धोबी और नाई के मद में सारा रुपया मुन्शी काट लेता है। रिसाले में भर्ती होने के लिए बहुत पैसे की ज़रूरत होती है। दो सौ अस्सी रुपया तो सिर्फ घोड़े के लिए ही देना पड़ता है और डेढ़ महीने की तनख़्वाह अमानत फण्ड में अलग। घर से तीन-चार सौ रुपया लाये बगैर कम्पनी किसी को भी सवार नहीं बनाती।''

सब कहते हैं, ''बड़ी ही मुश्किल का काम है। नहीं कर रहे हो तो अच्छे हो। घर पर अगर जगह-ज़मीन होती, रुपया-पैसा होता और तरह-तरह की सौगातें भेंट कर सकता तो शायद हमारी भी तरक्की हुई होती।''

सुनने में ही अच्छा लगता है कि कम्पनी का काम है, सरकारी नौकरी है। लेकिन प्राणों को निचोड़ लेती है। सिपाही की आँखों में सूबेदार होने का सपना मृगतृष्णा की तरह जलता रहता है। उसके बाद वह उसी आग में भटक-भटककर जान गँवा देता है। फौजी ज़िन्दगी दिल्ली का लड्डू है—जो खाता है वह भी पछताता है और जो नहीं खाता है, वह भी पछताता है। खुदाबख्श महसूस करता है कि उसने जो कुछ सुना वह सब सिर्फ बाहरी बातें हैं। अन्दर और भी खामियाँ हैं। सहज स्फूर्ति और स्वच्छन्द जीवन का यहाँ एकदम अभाव है। इन लोगों के चेहरों पर इस तरह की थकान लिखी हुई है जैसे उनकी बहुत सारी आशा आकांक्षाओं को कब्र में दफना दिया गया हो।

इन लोगों के आस-पास ही जीवन की एक दूसरी धारा भी प्रवाहित हो रही है।

सैन्यवाहिनी में जो सब गोरे भर्ती हुए हैं उन लोगों में से हरेक के लिए पाँच-पाँच तम्बू गाड़े गये हैं। बैठने का कमरा, खाने का कमरा, सोने का कमरा, गुसलखाना...। असबाब आया है—पलँग, मेज़, कुरसी, आलमारी और तीन बड़े-बड़े घोड़े। सात-आठ सईस घोड़ों की देख-रेख कर रहे हैं। पाँच-छह टट्टू भी हैं। साहबों का असबाब ऊँटों की पीठ पर लदकर आता है। बेयरा, बावर्ची और खानसामा हमेशा

साहबों की ख़िदमत में लगे रहते हैं। विलायती शराब भी पड़ाव में दुष्प्राप्य नहीं है। गाँव से ठाकुर साहब के आदमी हिरन का मांस, बकरे, बड़ी-बड़ी मछलियाँ, फल, घी और दूध ढोकर पहुँचा जाते हैं। हर रोज़ खाने के वक़्त मीठे स्वर में बाजे बजते हैं। किसी-किसी दिन साहब लोग यों ही घोड़े पर सवार होकर सैर-सपाटे और जंगलों में शिकार करने जाते हैं। वैसी हालत में सिपाही गाँव के लोगों को इकट्ठा कर लेते हैं। वे लोग टीन बजा-बजाकर हाँका लगाते हैं और हिरन और सूअरों को घेरते हैं। कभी-कभी चीता भी निकल पड़ता है। शिकार खेलने के समय दो-चार दुर्घटनाओं का होना मुश्किल बात नहीं है। उस समय हाथ में सिर्फ कुछ रुपये थमा देना होता है और झमेला चुक जाता है।

वापस आने के वक़्त साहबों का जोश दुगुना हो जाता है। इतने दिनों से गाँव में पड़े हुए थे, क्लब और सभ्य जगत् में लौटे बगैर शान्ति नहीं मिल सकती। ये लोग तेज़ी से क्यों नहीं चल रहे हैं? तेज़ घोड़े की पीठ पर बैठे-बैठे अधीर हो उठते हैं। लगता है, सैन्यवाहिनी की चाल बहुत धीमी है। कभी-कभी सोचते हैं कि देश के लिए हमने कितना त्याग किया है! किसी दूर देश के राह-बाट, जंगलों और गाँवों में कितनी बुरी हालत में सफर कर रहे हैं, यह क्या कोई कम त्याग की बात है!

उसके बाद क्लब के सभ्य परिवेश के बीच रोशनी से झिलमिलाती एक शाम आती है। उसकी कीमत बहुत ज़्यादा होती है। शोर-शराबे के बीच एक आदमी दूसरे से कहता है, ''बाजी लगाकर कह सकता हूँ कि नेटिव लोग अपने रेजिमेण्ट के बाज़ार में जाने के लिए बेचैन हो उठे हैं...'' यह कहकर एक भद्दा-सा इशारा करता है और कहकहा लगाने लगता है।

तीन-तीन सिपाही मिलकर एक-एक तम्बू ढोते हैं—लाश ढोने की मुद्रा में। आहिस्ता-आहिस्ता चलते हैं नंगे खाकी की पट्टी बँधे पाँवों को घसीटते हुए। जितनी दूर आँखें जाती हैं सिपाही और रिसाले ही नज़र आते हैं। लाइन-डोरी गार्ड, रसद गार्ड, भिश्ती, मेहतर, दफादार, ज़मींदार और नायकों का जैसे एक विशाल जुलूस हो। चलने को यान्त्रिक गति में जैसे फौजी जीवन का इतिहास लिखा हुआ हो।

रास्ता और रास्ता। बड़ी-बड़ी सड़कें बनवाकर कम्पनी ने एक तरफ अम्बाला, मेरठ, कानपुर, करनाल, आगरा, फैजाबाद, इलाहाबाद, बनारस, पटना तथा दूसरी ओर सागर, नीमच, जबलपुर के बीच कोई दूरी नहीं रहने दी है। सारी दूरियाँ एकाकार हो गयी हैं। जितने रास्ते हैं, सफर उतना ही अनिर्धारित है। हर वक़्त कदम-से-कदम मिलाकर चलो, सीधे चलो, साहबों के सम्मान की रक्षा करते हुए चलो।

उनकी आँखों में सिपाही से सूबेदार, सवार से पहला रिसालेदार होने का सपना मँडराता रहता है। उसे ही लक्ष्य बनाकर चलते चलो। चलते-चलते एक दिन चलना ख़त्म हो जायेगा और तुम अपने ठिकाने पर—कब्र या चिता पर—पहुँच जाओगे।

लेकिन यह जुलूस रुकने का नाम नहीं लेगा। चाहे साहब अच्छा हो या बुरा, दयालु हो या निष्ठुर –अथवा किसी भी मनोभाव का क्यों न हो, वह तुम्हें चलाते हुए ले जायेगा। तुम्हें आदेश ज़रूर मिलेगा।

उसके बाद भी अगर तुम्हारे मन में जिज्ञासा पैदा हो, तुम्हारा मन और हृदय भूख से कातर हो जाये तो इसके लिए भी इन्तज़ाम है। फौज के साथ कुछ लाइसेन्सधारी देहविलासिनी नारियाँ हैं। सरकार की झुग्गियों में ढबरी की रोशनी में उनके पास बैठकर रुपये के विनिमय में कुछ निराले लहमों को भी ख़रीद सकते हो। सुबह की रोशनी में बाज़ार में उन्हें देखने पर, हो सकता है, तुम्हारे दिल में घृणा पैदा हो। इससे किसी का कुछ बनता-बिगड़ता नहीं।

यह ज़िन्दगी जीने पर रक्त और मज्जा में यह भावना जड़ जमा लेगी कि गोरे ऊँची जाति के हैं और तुम लोग अन्त्यज हो। ऐसे में सलाम करना आसान हो जायेगा, चेहरों पर गुलामी की हँसी अपने-आप उभर आयेगी। अब कोई सवाल मत करो। वह दिन शायद अब भी बहुत दूर है। इसीलिए साहबों की चेष्टा की कोई इयत्ता नहीं।

•

इलाहाबाद जब निकट आ गया तो गांगुली ने पूछा कि खुदाबख्श आगे काम करने के लिए राज़ी है या नहीं। क्या वह कोई स्थायी नौकरी चाहता है?

खुदाबख्श ने सिर हिलाया, "डॉक्टर साहब, आपको बहुत-बहुत धन्यवाद! मैं एक बात जानना चाहता हूँ, वह यह कि आप देश और घर छोड़कर इतनी दूर आकर काम कर रहे हैं, यह क्या आपको अच्छा लगता है?"

डॉक्टर साहब मुस्कुराकर कहते हैं, "मेरा काम तो फिर भी अच्छा है। और अगर खुदाबख्श, हर आदमी हर तरह की सुविधा की ही बात सोचे तो मरीज़ का मर्ज़ कौन दूर करेगा? मर्ज़ तो दूर करना ही होगा, दर्द तो ठीक करना ही होगा।"

डॉक्टर साहब का तर्क खुदाबख्श को अकाट्य मालूम हुआ। उसने तर्क स्वीकार कर लिया।

"लेकिन आप क्या इस काम से सन्तुष्ट हैं, डॉक्टर साहब?"

इस समय डॉक्टर साहब जो कुछ कह रहा है खुदाबख्श को बड़ा ही मूल्यवान् लग रहा है। वह कहता है, "तुम जवान हो और मैं हूँ अधेड़। मुझे ग़लत मत समझना। मेरी जो अपनी धारणा है, वही बता रहा हूँ। मैं किसकी नौकरी कर रहा हूँ, यह कभी नहीं सोचता। यह सोचता हूँ कि मैं कौन-सा काम कर रहा हूँ। मैं अपने बारे में सोचूँ ही क्यों? वह तो ईश्वर स्वयं सोचेगा। मुझे लगता है इतना-इतना दुःख, कष्ट, अविचार और यातनाएँ हैं। काश, मैं इनमें से थोड़ा-सा भी दूर कर सकता! इसलिए कोशिश करने में दोष ही क्या है!"

बड़ी ही कीमती बाते हैं। सुनकर खुदाबख्श को बहुत अच्छा लगा।

उसने कहा, "डॉक्टर साहब, काश! मैं भी आपकी तरह ही कुछ कर पाता।"

डॉक्टर साहब अपना कथन जारी रखते हैं, "तुमसे तो बातचीत ही नहीं हो सकी। थोड़ी-सी जान-पहचान हुई और तुम जाने लगे। तुम कहाँ से आये, तुम्हारा परिचय क्या है—कुछ भी तो मैं नहीं जानता। भाग्य में होगा कि फिर तुमसे मुलाकात होगी।" उसके बाद हँसकर कहा, "मुझे रिटायर होने में अब चार ही साल बाकी हैं। उसके बाद अगर कलकत्ता नहीं लौटूँगा तो यहीं रह जाऊँगा। तब तो हो सकता है तुमसे मुलाकात हो जाये।"

खुदाबख्श ने कलकत्ते का नाम सुना है। कहता है, "बहुत बड़ा शहर है?"

"बहुत ही बड़ा। साहबों का असली अखाड़ा वहीं है। अनगिनत मकान हैं, अनगिनत लोग।"

खुदाबख्श डॉक्टर को सलाम करता है। डॉक्टर साहब ने लाख चाहा कि उसे कुछ रुपया दे दे मगर खुदाबख्श ने नहीं लिया।

जाने के समय परमेश्वर अहीर उदास हो जाता है। कहता है, "मेरी बात याद रखना, भाई।"

रास्ते में चलते-चलते खुदाबख्श सोचता है, हर आदमी की ज़िन्दगी एक कहानी है। सिर्फ पचास रुपये के लिए परमेश्वर का मकान, खेत, पत्नी और बाल-बच्चों का सपना चकनाचूर हो गया। यों लिखा-पढ़ी में परमेश्वर आठ साल के दरमियान छह सौ सत्तर रुपया कमाया मगर हाथ में आया सिर्फ एक सौ रुपया। यह कहानी कोई कम आश्चर्य की नहीं है। उससे भी बड़ी बात यह है कि इसमें सच्चाई है।

दूसरी ओर फौजी ज़िन्दगी में डॉक्टर साहब जैसे लोग भी है। यह भी कम आश्चर्य की बात नहीं है। विसंगति, अन्याय और अविचार के सामने मौन-अविचल रहकर आदमी की तरह कर्त्तव्य करते रहने का साहस डॉक्टर में पाकर खुदाबख्श तो प्रभावित हुआ। डॉक्टर साहब के प्रति उसमें श्रद्धा-भाव उमड़ आया।

उसके बाद खुदाबख्श एक दिन परन्तप के ठिकाने पर आकर हाज़िर होता है। परन्तप ने डोरी ही नहीं, इस बीच घोड़ों का भी इन्तज़ाम कर लिया है। शराब के लिए कुछ रुपये देकर फौजी-दफ़्तर से हुक्मनामा भी हासिल कर लिया है। उसे फौज को घोड़े बेचने का अधिकार-पत्र मिल गया है। परन्तप और खुदाबख्श के लिए एक छोटा-सा दोमंज़िला मकान है। बग़ल में घोड़ों का अस्तबल है। दो सईस हैं, चार नौकर। मकान की निचली मंज़िल में सिर्फ सखुए के खूँटे हैं! नसैनी से दोमंज़िले पर चढ़ना पड़ता है। बारिश होने पर नीचे से पानी की धार बहने लगती है। परन्तप

को एक नौकर और एक सईस अपने चचेरे ससुर से मिले हैं। मरने के पहले उनके लालन-पालन का भार वे परन्तप को दे गये थे। जमाई के घर में काम कर वे लोग जमाई को शर्मिन्दा नहीं होने देते, धतूरे के पत्ते की बीड़ी पाकर ज़्यादा-से-ज़्यादा वक़्त ऊँघते रहते हैं। उन लोगों के रहने के कमरे को परन्तप गर्व के साथ दिखाता है। कमरे का फर्श एक सुराखदार तख्ते से ढँका है। इसके पहले के किसी मालिक को सूराख से बर्छा मारा गया था। "कितनी अच्छी जगह है, भाई, तारीफ तो करो।" कहकर परन्तप खिड़की खोल देता है। खुदाबख्श की आँखें शीतल हो जाती हैं। शेरशाही सड़क सामने से चली गयी है। पीछे यमुना नदी है, पूरब में इलाहाबाद, उत्तर-पश्चिम में कानपुर। उन लोगों के मकान के ठीक पीछे नदी बह रही है जिसमें बहुत ही कम पानी है। उसके बीच बड़े-बड़े काले पत्थर पड़े हुए हैं। वहाँ से ग्वालिन औरतें पानी भरकर ले जाया करती हैं। चरवाहें भैसों को नहलाते हैं। यह सब अप्रसिद्ध नदियाँ गाँव की लड़कियों की तरह हैं। अपने कल्याणमय हाथों से प्यासे आदमी की अंजलि में अविराम जल भरकर देती हैं। शाम होने-होने को है। दिशाएँ कुहरे से आच्छन्न हैं। ऐसे दिन में घर के अन्दर अपने निकट के व्यक्तियों के साथ लकड़ी की आग के सामने बैठकर गपशप करने में बड़ा अच्छा लगता है। लेकिन जिसके पास घर नहीं है उसके लिए तो ऐसा समय मात्र कल्पना है।

रात में खुदाबख्श बैठे-बैठे परन्तप से कितनी बातें करता है। एकमात्र मोती के प्रसंग को वह टाल जाता है। कहता है, "काम दे सकोगे?—ऐसा काम कि सब-कुछ भूल सकूँ, अपने बारे में भी कोई याद न रहे?"

परन्तप कहता है, "काम का दिन तो अभी आना बाकी ही है खुदाबख्श।"

रिसाले में भर्ती होने के लिए जब सवार आते हैं तो साहब पूछता है, "रुपया मौजूद है?" सवार को दो सौ रुपया घर से लाना पड़ता है। वह कहता है, "हाँ हुजूर, है।" उसी के पैसे से सवार को घोड़ा ख़रीद दिया जाता है। घोड़े की आपूर्ति करने की अनुमति परन्तप को मिली है। फिलहाल उसके पास दस घोड़े हैं। आगरे से दसेक दिन के दरमियान और भी घोड़े आ जायेंगे। उसके बाद माँग के अनुसार फतेहपुर, बिन्दकी, काल्पी और हमीर से माँग आयेगी। घोड़ों को लेकर कभी परन्तप जायेगा तो कभी खुदाबख्श। परन्तप ने बहुत सोचने-विचारने के बाद सड़क की इस जगह का चुनाव किया है। इस सड़क से हिन्दुस्तान के बड़े-बड़े शहर जुड़े हुए हैं। इससे होकर डाक आती-जाती है, सैन्यवाहिनी और राहगीरों का भी आवागमन होता है। उन लोगों की सारी सूचनाएँ घर बैठे मिलेंगी।

"इस काम में क्या बहुत पैसों की ज़रूरत है?"

परन्तप ने गम्भीर दृष्टि से देखा। चुपचाप उठकर गया और एक पेटी ले आया। बोला, "खोलकर देखो।" खुदाबख्श टस-से-मस नहीं हुआ। परन्तप ने ख़ुद ही पेटी

खोली। सोने और चाँदी का एक मुट्ठी रुपया उठाया। बोला, "यहाँ तीन हज़ार रुपया है। ज़रूरत पड़ेगी तो टीकमगढ़ से और रुपया आ जायेगा। तुमसे मैंने सारी बातें नहीं बतायी हैं, खुदाबख्श। टीकमगढ़ में मेरी गद्दी है। पचास हज़ार से एक लाख रुपयों तक का इन्तज़ाम जब भी चाहूँ, कर सकता हूँ। लेकिन राहगीर के पास ज़्यादा रुपया रहना ठीक नहीं होता।"

खुदाबख्श ने कहा, "मुझे इतनी बातें क्यों बता रहे हो परन्तप? तुम अभी मुझे जानते ही कितना हो?"

"यह सोचना मेरी ज़िम्मेदारी है।"

"ख़ैर, मान लेता हूँ। लेकिन परन्तप, अब असली बात बताओ। घोड़ों का कारोबार करने के लिए ही इस तरह कमर कसकर क्यों लग गये हो? इसके पीछे कोई खास मतलब है क्या?"

"चौहान किसी को कैफियत नहीं देता।" यह कहकर परन्तप ने बहुत दिनों के बाद एक ठहाका लगाया। उसके बाद बोला, "कहूँगा भाई, सारी बातें बाद में कहूँगा।"

"अभी बताओ न।"

"ठहरो।" यह कहकर परन्तप ने आग सुलगायी। बीच में अपनी तलवार रख दी। उसके बाद फिर कहना शुरू किया, "खुदाबख्श, मेरा और तुम्हारा धर्म अलग-अलग है, ऐसा सुनने में आता है। लेकिन मैं यह बात नहीं मानता। ऐसा होता तो हमारी यह दोस्ती नहीं हो सकती थी। हम दोनों बहादुर सिपाही हैं। तुम्हारे और मेरे लिये यह तलवार पवित्र है। इसीलिए इस तलवार को ही गवाह रखकर कहो कि जो कुछ मैं कहूँगा उसे किसी दूसरे से नहीं कहोगे।"

खुदाबख्श ने तलवार को नहीं छुआ। उसकी ओर कुछ देर तक जलती हुई आँखों से देखता रहा। उसके बाद कहा, "परन्तप, मैं कोई औरत नहीं कि कसम खा लूँ। मैं अपनी जबान को अपने वश में रखना जानता हूँ।"

परन्तप ने अपना होंठ काटा। उसके बाद बोला, "खुदाबख्श, तुम अपनी बहुत-सी आदतों को जीत सके हो। मैं बूढ़ा आदमी हूँ। मगर तुम इतनी आसानी से मानने को तैयार नहीं हुए, इसलिए तुम्हारे प्रति मुझमें श्रद्धा है। फिर सुनो। पहले मैं फौज में था, यह बात तुम शायद जानते हो।"

"तुमसे ही सुना था।"

"फौजी ज़िन्दगी का बहुत-कुछ तुमने भी देखा है मगर बाहर-बाहर से। वह देखना नहीं के बराबर है। देखा होगा कि अंग्रेज़ और हिन्दुस्तानी सिपाहियों के बीच जमीन-आसमान का फर्क है। यह भी जान लो कि अंग्रेज़ों को यहाँ आये लगभग सौ साल हो गये लेकिन यह मुल्क उन लोगों का सारा नियम-कानून मन-ही-मन स्वीकार

नहीं सका है। पिछले तीस बरसों के दरमियान सिपाही बार-बार कम्पनी के ख़िलाफ खड़े हुए हैं। मगर अन्ततः कुछ हो नहीं पाया। हर बार उन लोगों की लड़ाई नाकामयाब हो गयी। पिछले चार-पाँच बरसों के दरमियान अंग्रेज़ी कम्पनी ने ऐसे बहुत-से काम किये हैं जिसकी वजह से विशुद्ध हिन्दुस्तानियों के मन में भय पैदा हो गया है। वे लोग न तो धर्म मानते हैं और न मजहब। देशी राज्यों को एक-एककर हड़पते रहे हैं। रणजीतसिंह कितने विख्यात राजा थे। उन्होंने काशी के विश्वनाथ और अन्नपूर्णा मन्दिर के शिखरों के लिए बाईस मन सोना गलवाया था। उनके नाम से लाट साहब तक काँप उठते थे। वैसे आदमी का पंजाब भी कम्पनी का एक ताल्लुका हो गया। छोटे-छोटे राज्य तो उसी तरह ख़त्म होते जा रहे हैं जिस तरह शेर के मुँह में हिरन लापता हो जाते हैं। कम्पनी का सिक्का जम गया है और वह हिन्दुस्तानियों को कौड़ी के तीन बनाये जा रही है। किसी भी चीज़ की कोई कीमत नहीं चुका रही है—न तो इज़्ज़त की और न जान की। मगर इन्सान खोटा सिक्का बनकर जिन्दा रहना नहीं चाहता। इसीलिए अब कीमत वसूलने की बात पैदा हो रही है। बहुत-से स्थानों में बहुतेरे आदमी बहुत तरह की बातें सोच रहे हैं। सोच रहे हैं कि सुविधा मिलते ही कम्पनी को मारकर देश के बाहर भगा देंगे। फौज के भी बहुतेरे आदमी क्षुब्ध हैं। यह बात भी सुनी गयी है फौज को अगर आकर्षित नहीं किया जायेगा तो कुछ भी नहीं होगा। क्योंकि फौज के हाथ में ही बन्दूकें और तोपख़ाने हैं। इसीलिए आज हिन्दुस्तान के सभी सच्चे आदमी फौजी छावनी से हेल-मेल बढ़ाना चाहते हैं। फौज से हेल-मेल बढ़ाकर वहाँ रसोई हो सकें, इसकी बेहद ज़रूरत है। इसीलिए मैंने यह काम अपने हाथ में लिया है। बहुतों के बीच मैं भी एक हूँ। मेरे काम से इस काम में भी कुछ सहूलियत ही होगी।"

"उसके बाद?"

"उसके बाद देखा जायेगा कि क्या होता है। इसीलिए इस मौके को हाथ से जाने नहीं दिया। अभी सिर्फ देखने-सुनने का वक़्त है। असली काम का समय तो बाद में आयेगा। मेरी ही तरह कितने ही आदमी कितनी ही जगहों में काम कर रहे हैं। अभी कोई तैयारी नहीं है न! पहले तैयारी करनी होगी। यह समझ लो कि मेरे जैसे कई हज़ार आदमी हैं।"

पीछे की नदी का नाम है चुनारकी। इसीलिए परन्तप ने अपने डेरे का नाम चुनारकी रिसाला हॉल्ट रखा है। रफ्ता-रफ्ता चुनारकी रिसाला हॉल्ट एक जाना-माना अड्डा हो जाता है। मुत्सद्दी का चिट्ठा लेकर आदमी आता है—चौथे रेजिमेण्ट को दस घोड़े चाहिए। बिन्दकी का पहला रिसालेदार अपने लिये दो घोड़े चाहता है।

परन्तप या खुदाबख्श घोड़े और सईस लेकर छावनी जाता है। पुराना फौजी बाप अपने बेटे को लेकर छावनी में उसका नाम लिखाने आता है। पेड़ के नीचे रसोई पकाता है। किसान घर के लड़के सरल आँखों से छावनी की हलचल देखते हैं। डॉक्टरी परीक्षा में पास हो जाते हैं तो डेढ़ सौ से दो सौ तक रुपये में घोड़ा खरीदते हैं। अस्सी रुपया अमानत फण्ड, जीनपोश और लगाम वगैरह की बावत जमा करना पड़ता है। दो नम्बर रिसालेदार साहब खड़े होकर ख़रीद-बिक्री का काम कराते हैं। बाप पेशानी पर बल लाकर थैली से रुपये निकालता है और गिनकर दे देता है। यह रुपया आख़िरी वक़्त वापस मिल जायेगा, यह जानकर भी भरोसा नहीं होता है। रुपया-पैसा देने के बाद बाहर आने पर जब खाने-पीने की नौबत आती है तो वह एक पैसे की भी सब्ज़ी नहीं ख़रीदना चाहता। लड़के को डाँटकर कहता है, "आज अचार से रोटी खा लो।" उसके बाद लड़के को फुसलाता है। रसोईदार वगैरह को कुछ-कुछ बख़्शीश देकर खुश रखता है।

रुपया लेने के बाद खुदाबख्श सईसों को खाने की फ़ुरसत दे देता है। परन्तप के बताये गये तरीके से बाज़ार से बकरा, मछली, दूध, घी और सब्ज़ी ख़रीदकर रिसालेदार और मेजर को भेंट करता है। उन्हें ख़ुश रखने पर छावनी में बैठकर दो-चार बातें करने की सहूलियत जो हासिल होती है। इसी के चलते फौजियों से थोड़ा-बहुत गपशप करने का मौका मिलता है। जिन लोगों के गाँव आस-पास हैं उनके घर पर वह चिट्ठी-पत्री भी पहुँचा देता है।

पड़ाव के सामने की शेरशाही सड़क कभी आराम करने का नाम नहीं लेती। यह विशाल सड़क उस बादशाह शेरशाह की अमित कीर्त्ति है, जिसके ऐसा शासक दिल्ली की गद्दी पर दूसरा नहीं बैठा। पूरे उत्तरी हिन्दुस्तानी में दूरी नाम की कोई चीज़ नहीं रही थी। इस सड़क के कारण हर जगह से सम्पर्क-सूत्र कायम हो गया था। आस-पास के गाँवों के ठाकुर साहब या ताल्लुकेदार जब नाम कमाना चाहते हैं तो वे इस सड़क के किनारे पेड़ रोपते हैं, सरायख़ाना खुलवाते हैं, कुआँ खुदवाते हैं और बैशाख-जेठ महीने में पौसला खुलवा देते हैं। धूप से झुलसे हुए को छाँह दो, प्यासे को पानी दो, थके-माँदे को रात में रहने के लिए ठौर दो। धर्म और पुण्य होगा, मुक्ति मिलेगी।

इस पथ ने जैसे किसी तन्द्राहीन जागरण के मन्त्र की दीक्षा ली है। रात-दिन आवागमन का कोई अन्त नहीं। कम्पनी बहादुर की डाक घोड़े की पीठ, गाड़ी और हरकारे के कन्धे पर आती-जाती है। कोई-कोई रेजिमेण्ट कूच का डंका बजाता है। रिसाला रेजिमेण्ट के सैकड़ों घोड़े, अंग्रेज़ अफसर और हिन्दुस्तानी अफसरों के घोड़े, मालवाही टट्टू खच्चरों की पीठ पर लदे तम्बू, रसद, वर्दी, ऊँटों की पीठ के असबाब अनगिनत आदमी तथा जन्तुओं के पैरों की आवाज़ से ऐसा लगता है जैसे तूफान चल रहा हो। कभी-कभी अंग्रेज़ अफसर अपने पूरे परिवार के साथ दूसरी जगह के

लिए रवाना होते हैं। साहबों के साथ कुछ उत्साही मेमें भी घोड़े की पीठ पर सवार होकर चलती हैं। कभी-कभी वे पालकी पर चढ़कर भी जाती हैं। मेम साहब की आया, नौकरानी, बाल-बच्चों की आया, दाई, साहब का खानसामा, आबदार, ख़िदमतगार, बावर्ची, मशालची, धोबी, इस्तिरी करनेवाला, दर्जी, डोरिया, सरदार बेयरा, मेट बेयरा, पंखा बेयरा, मुर्ग़ीवाला, माली, कुली, कोचवान, सईस, घसियारा, भिश्ती, बढ़ई, मिस्त्री, चौकीदार, दरबान, चपरासी वगैरह पीछे-पीछे पंक्तिबद्ध बैलगाड़ियों में बैठकर यात्रा करते हैं, मानो कोई विशाल जुलूस हो। कभी-कभी कोई रानी साहिबा भी तीर्थयात्रा पर निकलती हैं। सईस लोग घोड़ों पर आगे-आगे चलते हैं, राज-परिवार की वधुएँ और कन्याएँ पालकी में बैठकर चलती हैं। मर्द कभी पालकी में और कभी घोड़े की पीठ पर चढ़कर चलते हैं। नौकर-नौकरानी, आश्रित लोग और नगरवासी बैलगाड़ी, पालकी और डोली से यात्रा करते हैं, जैसे सम्पूर्ण नगर तीर्थयात्रा पर निकला हो। कभी-कभी गाँव से बरातियों का दल आता है। लाल कपड़े-लत्तों से और पगड़ी से सजे नाबालिग दूल्हे को आगे किये उसका बाप घोड़े या ऊँट की पीठ पर बैठे मिसरी और मुरब्बा बाँटता हुआ चलता है। बाजा बजाती शोभायात्रा आगे बढ़ जाती है और पालकी में नथिया और हरदई वस्त्र पहने बालिका वधू फफक-फफककर रोती है। उसे बूढ़ी नौकरानी ससुराल का गुणगान कर उसे सान्त्वना देती है।

कभी-कभी महायात्रा पर निकले पथिक भी इस सड़क पर दिखायी पड़ते हैं। 'रामनाम सत्य है' ध्वनि गूँजती है। नदी के तीर पर दाह-कर्म करने के सौभाग्य से वे वंचित नहीं होना चाहते हैं, यह समझकर दूर-दूर के गाँवों से अरथी को सजाये लाल रेशमी कपड़े से ढँककर लोग अपने सगे-सम्बन्धियों को ले आते हैं।

इस सड़क पर राहगीर, साधु-संन्यासी, फकीर-दरवेश और जन्म-विवाह-मृत्यु सभी का आवागमन होता रहता है।

अनगिनत आदमियों के चलते रहने के कारण यह रास्ता जैसे स्वयं एक तीर्थ हो गया है। और उसी तीर्थ के एक किनारे पर अवस्थित चुनारकी पड़ाव आहिस्ता-आहिस्ता सबका जाना-पहचाना हो गया है। कोई आराम करता है, कोई खाद्य-पदार्थों की तलाश करता है और कोई पैसा माँगने आता है। कुछ लोग गप्प मारने भी पहुँच जाते हैं ताकि समय कट सके।

जब काम-काज नहीं रहता है तो परन्तप और खुदाबख्श बीच-बीच में मछली पकड़ने चुनारकी जाते हैं। थोड़ी दूर आगे बढ़ने का शिकार मिल जाता है। मगर खुदाबख्श को शिकार करने में सुख नहीं मिलता। बीच-बीच में परन्तप कहता है, "दिन यों ही बीतते जा रहे हैं। जरा जोश-खरोश से काम लूँ?"

परन्तप को शोर-शराबा मचाना बड़ा अच्छा लगता है। यह रास्ते से बाजीगरी दिखानेवालों को ले जाता है। उस समय सईस लोग आस-पास के गाँवों में ख़बर पहुँचा

आते हैं। पड़ाव के सामने तमाशा होनेवाला है। ख़बर मिलते ही भीड़ इकट्ठी हो जाती है। बाजीगरी, बाँसबाजी, भालू के नाच या मुर्गों की लड़ाई वगैरह खेलों में परन्तप और खुदाबख्श सरगना बनकर बीच में बैठते हैं। इनाम में रुपया-पैसा देते हैं, कभी-कभी कपड़ा भी। इसके बाद उदारता के साथ आगन्तुकों को मिठाई बाँटते हैं।

इन मामलों में सबसे पहले लखिया दौड़ी-दौड़ी आती है। वह चुनारकी के ग्वाले की लड़की है। शादी हो चुकी है। मगर कुछ गड़बड़ी के कारण पति उसे ले नहीं गया है। रंग काला है, सेहत अच्छी और उम्र होगी ज़्यादा-से-ज़्यादा पन्द्रह साल। गाँव के बहुत-से युवक लखिया के मनबहलाव के लिए व्यस्त रहते हैं और इसी वजह से लखिया भी अपने प्रति बहुत सचेत रहती है।"

परन्तप कहता है, "तुमने उसका दिल घायल कर दिया है, खुदाबख्श।"

खुदाबख्श हँसकर उसकी बात उड़ा देता है।

लखिया सबेरे के समय फल और सब्ज़ी बेचने पड़ाव पर आती है। एक बार खुदाबख्श अकेले ही मछली पकड़ने गया था और लखिया ने उस समय उसकी बहुत सहायता की थी। मीठी-मीठी बातें की थीं और उसकी मछली ढोकर ले आयी थी। दूसरे दिन खुदाबख्श नहाने गया तो आश्चर्य के साथ देखा कि लखिया वहाँ बैठी हुई है। उसे देखकर लखिया ने कहा, "आज मछली नहीं पकड़ियेगा हुजूर?" खुदाबख्श के 'न' कहने पर लखिया को जैसे बहुत बड़ी निराशा हुई थी। लेकिन उसी के बाद से उसका पड़ाव में आना-जाना बढ़ गया। वह कभी शहद तो कभी पके हुए केले लेकर आती है, और कभी तो यों ही गपशप करने पहुँच जाती है। मैले हत्तदई रंग के घाघरे को फैलाकर बैठ जाती और कहती है, "क्या कर रहे हो? यहाँ अकेले क्यों रहते हो? तुम्हारा अपना मकान है या नहीं?" कभी कहती है, "कोई कहानी सुनाओ न।"

धीरे-धीरे खुदाबख्श को शक होने लगा। लखिया के भाई दुखरी ने भी उसे सचेत कर दिया। माँ के तीन बच्चों की मौत के बाद वही एक लड़का बचा है। इसीलिए उसका नाम दुखरी रखा गया है। सोलह साल का यह छोकरा खुदाबख्श का बड़ा ही भक्त है। उसने कहा, "खाँ साहब, आप लखिया से बातचीत करते हैं। न जाने, लखिया ने इसका क्या अर्थ समझ लिया है। उसे ससुराल लिवाने के लिए आदमी आयेगा, यह सुनते ही उसने रोना-धोना शुरू कर दिया है। मेरी एक दूसरी बहिन से उसने कहा है कि इस गाँव से चले जाने पर आपसे मुलाकात नहीं होगी। इसीलिए वह यहाँ से जाना नहीं चाहती।"

सुनकर खुदाबख्श को अचरज हुआ। परन्तप ने उसे बहुत ही फटकारा। बोला, "तुम भी नम्बरी बेवकूफ हो खुदाबख्श! मेरे बूढ़े घोड़े को भी तुमसे ज़्यादा अक्ल है।"

खुदाबख्श ने कहा, "वह बिलकुल बच्ची है परन्तप, तुम क्या बक-बक कर रहे हो।"

परन्तप ने कहा, "तुम ज़रूर ही कभी किसी अठारह वर्ष की लड़की के फन्दे में पड़ चुके मालूम होते हो, इसीलिए उसे बच्ची कह रहे हो। गाँव की लड़की भी कहीं पन्द्रह साल की उमर में बच्ची रहती है? तुम किस शहर के रहनेवाले हो जी?"

बात सही थी। खुदाबख्श ने उसके तर्क को मान लिया। दूसरे दिन जब वह निकटवर्ती गाँव से अपना काम ख़त्म कर लौट रहा था तो दूर से ही देखा कि लखिया सड़क के मोड़ पर खड़ी है। नज़र पड़ते ही उसने घोड़े की बाग मोड़ दी। उसके बाद कई दिनों तक वह लखिया को अनदेखा करता रहा। एक बार वह लगभग दस दिनों तक बिन्दकी में ही रह गया। लौटने पर पता चला कि लखिया ससुराल चली गयी हे। परन्तप ने बताया बहुत रोने-धोने के बाद ही वह गयी है। सुनकर खुदाबख्श को दुःख हुआ। अत्यन्त भोली-भाली गाँव की वह लड़की खुदाबख्श को बाद में याद नहीं रखेगी, यह सही है लेकिन अनजाने ही वह उसके दुःख का कारण बना, यह सोचकर उसने अपने-आपको दोषी ठहराया।

एक बार परन्तप टीकमगढ़ से बहुत-सा रुपया ले आया। गाँव के मुख्य-मुख्य व्यक्तियों से सलाह-मशविरा कर लड़कों को खेल-कूद में लगा दिया। सात दिनों तक शोर-शराबा मचा रहा—आज भेड़ों की भिड़न्त, तो कल मुर्ग़ों की लड़ाई। उसके बाद घुड़दौड़, बर्छा, तीर, भाले की निशानेबाज़ी, रस्साकशी। परन्तप ने कुशल पंच की तरह जवानों को तलवार, पगड़ी, बर्छा वगैरह इनाम दिये।

इससे रिसाला पड़ाव की इज़्ज़त और भी बढ़ गयी। गाँव के लड़कों का सहयोग मिलने लगा। गाँव के मुख्य-मुख्य आदमियों ने भी खुदाबख्श और परन्तप को अपने आदमी के रूप में मान लिया। साँप काट ले तो क्या करना होगा, किसकी लड़की गाँव के छोकरों को बढ़ावा देती है, कृपादयाल के पुराने नींबू के पेड़ को इन्द्र मिसिर अपनी ज़रूरत के लिए काट सकता है या नहीं, कलियुग पूरा होने पर रामचन्द्र फिर आयेंगे या नहीं, कलिया कहार को भैंस अपने पास रख लेना चाहिए या बेच देना चाहिए आदि-आदि आवश्यक बातों के निबटारे में परन्तप मध्यस्थता का काम करता है। छोटे-छोटे बच्चे भी उसके पास अपनी-अपनी समस्या लेकर आते हैं। खुदाबख्श की मध्यस्थता के कारण सुलतान और राजू के बीच दस दिनों से चला आ रहा विवाद भी ख़त्म हो जाता है। खरगोश से काकातुआ की आपस में बदला-बदली कर वे दोनों फिर मित्र हो जाते हैं। छह साल की सोना और सात साल की पंची के पुतलों की शादी में परन्तप काँच की माला और मिठाई का इन्तज़ाम करता है। छोटे-छोटे बच्चों की फरमाइश पर खुदाबख्श को चिड़िया पकड़ने का जाल, पतंग का मँझा और तीर-धनुष बनाना पड़ता है। उन्हें घोड़े पर भी चढ़ाना पड़ता है। एक दिन दोपहर में खुदाबख्श ने देखा कि परन्तप घोड़ा बनकर चल रहा है और उसकी पीठ पर तीन

साल का लछमन सवार है। खुदाबख्श को देखकर परन्तप उठकर खड़ा हो गया। बोला, "तीन दिनों से हल्ला मचाये है।" उसके बाद दोनों हँस पड़े।

बाहरी दुनिया की चलने की रीति अलग होने के बावजूद रिसाला पड़ाव का जीवन अपनी गति से ही चल रहा है। सईस घोड़ों को रात के आखिरी पहर में दौड़ाते हुए लाते हैं। जो नया अनाड़ी घोड़ा आता है तो खुदाबख्श खुद उसे तालीम देता है। खुदाबख्श की देख-रेख में फौज के घोड़े की मालिश और उन्हें घास-चना खिलाने का काम होता है। भोर होते न होते साग-सब्ज़ी की टोकरी माथे पर लिये व्यापारियों का जत्था शेरशाही सड़क पकड़े हाट की ओर जाता है। परन्तप उनसे कच्चा माल खरीदता है। अपने खाने-पीने के अलावा अचानक आये व्यापारी अतिथियों के भोजन और विश्राम के लिए भी उसे हरदम इन्तज़ाम रखना पड़ता है।

बेला ढलते न ढलते पेड़ की छाँह लम्बी होकर मुड़ जाती है। उस समय चारपाइयाँ आँगन में रखी जाती हैं। व्यापारी और अतिथियों का आना-जाना शुरू हो जाता है। सरकारी प्यून, दो-चार तीर्थयात्री और कभी-कभी साधु-संन्यासी भी दूर से रिसाला पड़ाव के दोमंजिले भवन को देखकर सीधे चले आते हैं। इस बीच परन्तप ने सखुए के खम्भे पर खड़े दोनों कमरों की मिस्त्री बुलाकर मरम्मत करा ली है और उन्हें रँगवा भी दिया है। अतिथियों से कोई पानी की माँग करता है, कोई पल-भर के लिए सुस्ताना चाहता है तो कोई किसी चीज़ की माँग पेश करता है।

एक दिन शाम के समय जब बारिश हो रही थी, एक बूढ़ा बाजीगर आया। उसके साथ एक भालू, एक जोड़ा बकरा और एक तरुणी थे। वे लोग वहाँ दो दिन रुके। बूढ़े का शरीर रोम से जर्जर हो गया था और स्वभाव में भी चिड़चिड़ापन आ गया था। लड़की ने उसकी बेहद सेवा-शुश्रूषा की। बाद में खुदाबख्श उससे नाराज़ हो गया क्योंकि वह हमेशा हाथ जोड़े रहती थी। जाने के समय तरुणी ने आभार प्रकट किया। बोली, "यह आदमी मेरा पति है। कभी वह बहुत ताकतवर था, बहुत ही अच्छा खेल जानता था। अब थोड़ा कमजोर हो गया है। उन लोगों का देस बहुत दूर हैदराबाद जिले में है। गाँव-घर छोड़ एक तरुणी अपने बूढ़े पति, भालू और एक जोड़ा बकरे को लेकर दूसरी जगह अजनबियों के बीच भटक रही है, यह देखकर खुदाबख्श का मन संवेदनशील हो उठा था।

हर शाम परन्तप का नौकर प्रभुदयाल नाक पर चश्मा चढ़ाये रोशनी जलाकर मीठे स्वर में तुलसीदास के रामचरितमानस का पाठ करता है—जब ते राम ब्याहि घर आये....

उस समय परन्तप श्रद्धा के साथ चुपचाप बैठा रहता है। प्रभुदयाल भक्त है। कहता है, "चौहान जी, आप जब सुन ही रहे हैं तो हाथ में ताँबा और तुलसी लेकर बैठिये। कुछ-न-कुछ ख़याल तो अवश्य रखिये।" परन्तप उसकी बात मान लेता है।

दिन बीतते जा रहे हैं। शस्य-सम्पदाहीन हेमन्त के बाद धरती पर कब वैरागी शीत चला आता है, खुदाबख्श को इसका पता नहीं चलता। शीत बीतने के बाद वसन्त का आगमन होता है और हवा में उदास स्वर बजने लगता है। पेड़ नयी कोंपलों से लद जाते हैं। ऐसे ही समय में किसी दिन मोती से उसकी मुलाकात हुई थी। यह कितने दिन पहले की घटना है! फिर भी काम के बीच जब-जब उसे अवकाश मिलता है, वे सब गीत और बातें खुदाबख्श के मन में कौंध उठती हैं। एक व्यक्ति का नाम ही व्यथा और आनन्द का गुंजार करते हुए उसके कानों में लौट आता है।

ऐसे ही समय, एक शाम जब अपने कुहरे का आवरण उतार वसन्त के रंग में नहा रही थी, खुदाबख्श चुपचाप बरामदे पर खड़ा था। बरगद के तले शिवलिंग के सामने जलते दीये की धीमी रोशनी में उसे अचानक दिखायी पड़ा कि एक राहगीर घोड़े की पीठ पर सवार हो उसी के डेरे की ओर आ रहा है। कौन हो सकता है? साफ-साफ न दीखने पर भी उसे लगा कि वह कोई जाना-पहचाना आदमी है। वह बरामदे के नीचे आकर जब खड़ा होता है तो उसका सईस पूछता है, "कहिये, क्या कहना है?" खुदाबख्श ने सुना कि वह कह रहा है, "खुदाबख्श साहब से कहो कि झाँसी से बहरम खाँ आया है और उनसे मिलना चाहता है।" खुदाबख्श जल्दी-जल्दी नीचे उतर आता है। बहरम भी घोड़े की पीठ पर से उतर पड़ता है। दोनों खुशियों से भरकर एक-दूसरे को गले से लगा लेते हैं।

खुदाबख्श अचरज में आकर कहता है, "बहरम भाई, तुम्हें मेरा पता कैसे चला?"

उसके बाद दोनों मित्र अगल-बगल बैठ जाते हैं और बहुत तरह की बातें करते हैं। खुदाबख्श तन्दूरी रोटी और कबाब से बहरम की ख़ातिरदारी करता है।

खाते-खाते बहुत तरह की बातें करने के बाद बहरम कहता है, "जानते हो, तुम्हारी खोज में कितना भटका हूँ? खोजते-खोजते एक दिन टीकमगढ़ में एकाएक परन्तप से मुलाकात हो गयी। बहुत-सी बातें करनी हैं, दोस्त। लेकिन पहली बात यह है कि झाँसी अँग्रेज़ों के हाथ से चली गयी। तुम नहीं जानते खुदाबख्श कि और कितनी वारदातें हो चुकी हैं।" खुदाबख्श ख़ामोश होकर उसकी सारी बातें सुनता है। बहरम फिर कहता है, "तुमने ग़लती की है, खुदाबख्श। और तुम्हारी सबसे बड़ी ग़लती यही है कि तुम झाँसी छोड़कर चले आये।"

इस सन्दर्भ की चर्चा से खुदाबख्श नाराज़ हो जाता है। मगर बहरम उसकी नाराजी को नज़र-अन्दाज़ कर जाता है। कहता है, "इस बात का विरोधकर अगर तुम हमेशा-हमेशा के लिए रिश्ता तोड़ लेते हो तो मुझे कोई आपत्ति नहीं है। मगर आज मेरी बात तुम्हें सुननी ही है। बाकी तुम्हें गौस साहब का खत पढ़ने पर पता चलेगा। यह रहा खत!

गौस का खत! खुदाबख्श थरथराते हाथ से खत खोलता है। शिष्टाचार के नाते गौस ने उसे हज़ारों आशीर्वाद देते हुए लिखा है कि वह खुदाबख्श से माफी चाहता है। यह खुद आता मगर बहुत बड़ी मुसीबत आ गयी है। बाई साहब की अवस्था शोचनीय है। किले पर कम्पनी का झण्डा फहरा रहा है! जान से भी प्यारी उसकी तोपें अँग्रेज़ों के सम्मान में गरज रही हैं। उसको लाचार होकर सुनना पड़ रहा है। इसके अलावा यह भी सुनने को मिला है कि अँग्रेज़ों की महारानी को सालगिरह पर किले को रोशनी से सजाना होगा। इन्हीं मुसीबतों और घटनाओं के कारण वह खुद नहीं आ सका। मगर खुदाबख्श क्या एक बार भी नहीं आ सकता? घमण्ड से चूर हो, ख़ुदा के नियम-कानून को ठुकराकर उसने खुदाबख्श और एक आदमी का जीवन बर्बाद कर दिया है। आज वह महसूस कर रहा है कि ग़लती सुधारने का वक़्त बीता जा रहा है। इसीलिए उसकी आरज़ू...

खुदाबख्श ने खत को घुमा-फिराकर देखा! उसके बाद मोड़कर जेब में रख लिया। बहरम बोला, "उस दिन उस्ताद के ही कहने पर मोती ने तुम्हारी भलाई की ख़ातिर तुम्हारे दिल को चोट पहुँचायी थी। काश, तुम उसके बाद उसे देखते खुदाबख्श! सुना है, उस दिन के बाद उसने कई दिन खाना नहीं खाया। किसी की बात पर ध्यान नहीं दिया। यहाँ तक कि तानपूरा और घुँघरुओं को छुआ तक नहीं। सिर्फ रोती रही, रोती रही। फिर उसमें एक बदलाव आ गया। इतना कि अपनी आँखों से देखे बिना तुम्हें यकीन नहीं होगा। शुरू में उस्ताद पर उसे बड़ा गुस्सा था, मगर अब वह शान्त हो गयी है। उस्ताद से उसकी बीच-बीच में मुलाकात होती है। मोती सिर्फ तुम्हारी याद में जिन्दा है। अब तुम लौट चलो, खुदाबख्श।"

खुदाबख्श गरदन हिलाकर कहता है, "ऐसा कहीं होता है! परन्तप मेरे भरोसे ही पड़ाव छोड़कर टीकमगढ़ गया है। वह दो महीने के पहले नहीं लौटेगा। इसलिए मैं अभी नहीं जा सकता। दूसरी बात यह है कि इतने दिन गुज़र चुके हैं, हाल-चाल बिलकुल बदल गया है। ऐसी हालत में अगर मैं उजड़े हुए जलसे में जाकर खड़ा होता हूँ तो रोशनी क्या फिर जल उठेगी? मान लो बहरम, अगर मैं दिल से चाहूँ भी तो क्या पहले का सब-कुछ लौट आयेगा?"

बहरम सिर हिलाकर खुदाबख्श की बातों का विरोध करता है, "क्यों नहीं लौटेगा, खुदाबख्श। सब लौट आयेगा। ऐसा न होता तो मैं तुम्हें लिवाने नहीं आता।"

खुदाबख्श कहता है, "ख़ैर, उस्ताद को मैं खत लिख दूँगा। और तुम भी यह ख़बर पहुँचा देना कि मैंने भी कोई कम गुनाह नहीं किया है। तकलीफ दी है और खुद भी तकलीफ उठायी है मगर अभी मैं तैयार नहीं हूँ, बहरम। जान रखो, वक़्त आने पर मैं ज़रूर पहुँच जाऊँगा।"

बहरम कहता है, "सब-कुछ होगा खुदाबख्श, बल्कि पहले से भी बेहतर रहेगा। क्षतिपूर्ति हो जायेगी, यकीन करो।"

खुदाबख्श एक उदास हँसी हँसता है, बोलता कुछ भी नहीं।

बहरम दुबारा कहता है, "मुझे कल ही जाना है, खुदाबख्श। हम लोग नौकरी से हाथ धो बैठे। सुना है, दो महीने का भत्ता मिलेगा। अब झाँसी में बाहर से फौजें आयेंगी। तुम पड़ाव पर रह रहे हो, फौजी छावनी की कोई ख़बर मालूम है?"

"कौन-सी ख़बर?"

"कैसा दीख रहा है? वहाँ तो हमें हरदम सुनने को मिलता है कि हर जगह की फौज कम्पनी से नाराज़ है।"

"मालूम नहीं, भाई। कितनी ही ख़बरें उड़ती रहती हैं। लेकिन, सब-की-सब सच्ची तो नहीं होतीं।"

"सच भी तो हो सकती है। क्योंकि हमें मऊ, सागर, आगरा आदि जगहों की ख़बरें मिलती रहती हैं। सुना है, छावनी में बहुत तरह की गड़बड़ी चल रही है। अगर सही न होती तो बात फैलती ही क्यों?"

खुदाबख्श जवाब नहीं देता। कहता है, "अब तुम आराम करो बहरम। मैं तब तक उस्ताद को खत लिखे देता हूँ।"

बहरम ने सिरहाने की खिड़की खोल दी और कम्बल लेकर आराम से सो गया। ठण्डी हवा का झोंका आता है। बहरम कहता है, "अगर मुझे इस तरह का कोई डेरा मिल जाये तो मैं शादी कर लूँ। मेरी बीबी यहाँ बैठकर रसोई पकायेगी और मैं उससे गप्पे लड़ाऊँगा। घर के सामने मचान बनाकर जूही की बेल भी उस पर चढ़ा दूँगा।"

"परमेश्वर अहीर भी इसी तरह की बातें किया करता था।"

"दिलदार आदमी होगा तो इसी तरह की बात करेगा। हाँ, तो और क्या ख़बर है?"

"ठीक ही है।"

बहरम जब सो गया तो खुदाबख्श काग़ज़-कलम लेकर चिट्ठी लिखने लगा। शुरू में उसने गौस से क्षमा माँगी। उसके बाद लिखा : अब उसे किसी के प्रति शिकवा-शिकायत नहीं है। उसके जीवन में जो कुछ घटित हो चुका है, उसके लिए दूसरा कोई भी ज़िम्मेदार नहीं है। यह बात वह गुस्से में नहीं कह रहा है, बल्कि यही उसके हृदय की बात है। गौस यह बात ज़रूर महसूस करेगा।

लेकिन चिट्ठी लिखते-लिखते उसके हृदय में छिपा दर्द फिर से जाग पड़ा। खुदाबख्श ने महसूस किया कि उसका जख्म अब भी भरा नहीं है।

खुदाबख्श कुछ देर तक रुकता है उसके बाद फिर लिखना शुरू करता है : अभी वह क्यों नहीं जा रहा है, गौस को इसका तात्कालिक कारण बहरम से सुनने को

मिलेगा। गौस उस दुखिया औरत को बस इतना ही सूचित कर दे कि खुदाबख्श उसके ध्यान में इधर-उधर भटकता रहा और आज उसे इतने दिनों के बाद पैर टिकाने का एक आधार मिला है। अभी वह सुस्ता रहा है। यही वजह है कि अभी तुरन्त वहाँ नहीं जाना चाहता। न जाने का दूसरा कारण यह है कि अब भी वक़्त नहीं आया है। जब समझेगा कि वक़्त हो.चुका है तो वह खुद ही चला आयेगा। उसकी किस्मत में नहीं लिखा था वह सुख से रहें। इसीलिए किस्मत ने उसे ठेलकर कहाँ-से-कहाँ भेज दिया। अभी वह महसूस कर रहा है कि वहाँ एक स्त्री खुद को तोड़-तोड़कर जिस तरह से गढ़ रही है, खुदाबख्श भी उसी तरह के काम में व्यस्त है। एक ही उम्मीद को वह यत्न के साथ मन में पाल रहा है और वह इसलिए कि नये जलसे में खुदाबख्श उसका वरण करे। गौस अगर यह सब बात बता दे तो वह ज़रूर समझ जायेगी। खुदाबख्श को पता चल जायेगा कि उसने समझ लिया है तो उसे भी शान्ति मिलेगी।

ख़त लिखने के बाद खुदाबख्श उसे यत्न के साथ मोड़ता है और फिर कपड़े की थैली में रखकर लाह से सीलबन्द कर देता है।

बहरम निश्चिन्तता के साथ खर्राटे भर रहा है। खुदाबख्श भी बगलवाले कमरे में जाकर लेट जाता है। सिरहाने खुली खिड़की से हवा आती है। उसी हवा के साथ स्वप्न में विचरण करता हुआ मोती का प्यार और वे ही गीत तैरकर आते हैं–'कैसे बिताऊँ दिन रतियाँ'। प्यारे, तुमने ख़त नहीं भेजा है तो मैं रात और दिन कैसे बिताऊँ? उसने भी तो यही सोचा था। लेकिन आश्चर्य है, फिर भी इतने दिन गुज़ार दिये। तकदीर ने खुदाबख्श के साथ बहुत खिलवाड़ किया। छह महीने पहले यही बात होती तो खुदाबख्श तुरन्त चल देता। लेकिन प्यार के रास्ते में उसे बार-बार शिकस्त खानी पड़ी है। अब उसका बन्धन जब हर ओर से कट गया है तो नये सिरे से बन्धन से बँधने में उसे भय लगता है। लगता है, वक़्त नहीं आया है। लगता है, एक बार लोभी की तरह दोनों हाथों को पकड़कर देख लिया, अन्धे की तरह सीने से लगाकर देख लिया। लेकिन फिर भी भागना ही पड़ा। कलेजा टूटकर टुकड़ा-टुकड़ा हो गया। इसीलिए खुदाबख्श अभी विश्राम कर रहा है। वह फिर जायेगा लेकिन तब यों ही वक़्त जाया नहीं करेगा। थोड़ी देर हो रही है, सो हो। उससे कोई हानि नहीं।

माफ करने की बात मत सोचो, मोती। तुम तो जानती ही हो कि तुमसे मैं रूठा नहीं हूँ। यह बात जैसी अभी महसूस कर रहा हूँ, इसके पहले नहीं करता था। अभियान और दुःख अवश्य हुआ था लेकिन उन दिनों को अब काफी पीछे छोड़ आया हूँ। मेरे मन से तुम्हारा अस्तित्व अलग नहीं है, बल्कि एकाकार हो गया है। किसी दिन तुम्हारे प्यार ने मेरे दिल में चोट पहुँचायी थी। मैंने घर-बार छोड़ दिया था और

दीवाना हो गया था। यही वजह है मोती, कि आज मेरे आस-पास की दुनिया इतनी बड़ी हो गयी है। अब मुझे लगता है, मेरा घर बहुत बड़ा है, अनगिनत आदमी मेरे अपने हैं। मैं किसान था और तुम थीं नटी। हमारी-तुम्हारी अलग-अलग दो दुनिया थीं। सोचा था, प्यार से सेतु का निर्माण करूँगा, हमारे-तुम्हारे बीच कोई दूरी न रह जायेगी। लेकिन चोट पहुँचाकर तुमने मुझे प्रेमी बना दिया और मुझे बहुत अधिक प्यार करना सिखा दिया। आज मैं एक बहुत बड़े घर में वास कर रहा हूँ। वहाँ एक बहुत बड़ा आँगन है, जहाँ मैं तुम्हारी राह पर आँखें बिछाये बैठा हूँ।

यह आसमान हमारा-तुम्हारा चँदोवा है। इस वायु में मुझे तुम्हारी सुगन्ध मिलती है। यकीन करो। तुम्हारे पाँवों के घुंघरू की आवाज़ मेरे कानों में अब भी बसी हुई है।

तुमने सुनाया था, 'बिना प्रेम से मिले न नन्दलाला।' तुमने मेरे हृदय में वही प्यार ला दिया है।

जानता हूँ, यह इन्तज़ार तकलीफदेह है। फिर भी इन्तज़ार करता ही रहूँगा, मोती। तुम्हारी चाह और मेरी चाह जिस दिन आपस में घुल-मिलकर एक हो जायेगी, उस दिन कोई भी दूरी हमें अलग-अलग नहीं रख सकेगी।

चारों तरफ ख़बर फैल गयी है कि झाँसी अंग्रेज़ों के हाथ में चली गयी है। रानी को जब यह बुरी ख़बर मिली तो उसने स्पर्द्धाभरी उक्ति व्यक्त की थी। लेकिन उस उक्ति की मर्यादा की रक्षा कहाँ हो सकी। अभी एक बहुत बड़ी हलचल मची हुई है। लगता है अब एक बड़ा संघर्ष शुरू होगा।

नाट्यशाला बन्द की जा रही है। परदे, झाड़-फानूस, पोशाक, पेटी, बाजे, कुरसी, गलीचे, हाथ से खींचनेवाले पंखे, चिकन वगैरह फेहरिस्त मिलाकर इकट्ठे किये जा रहे हैं। सारा सामान बैलगाड़ी पर लादकर राजमहल ले जाया जायेगा और वहाँ एक कमरे के अन्दर बन्द कर दिया जायेगा। उसके बाद उस कमरे में ताला लगाकर सीलबन्द कर दिया जायेगा। नाट्यशाला, अतिथिशाला, मन्दिर, चतुष्पाठी, मकतब, पिंजरापोल, अन्नसत्र, पुस्तकालय और दूसरी-दूसरी जो भी संस्थाएँ राजा के ख़र्च से चलती थीं, उन संस्थाओं का बने रहना अनिश्चित-जैसा लग रहा है। नया मालिक राजी नहीं होता है तो बन्द ही कर देना होगा। उस हालत में कमरों में धूल उड़ेगी और वहाँ काम करनेवाले आदमियों को लाचार होकर भागना पड़ेगा। उसके बाद सब आहिस्ता-आहिस्ता शहर से हट जायेंगे। राजा-रजवाड़ों के द्वारा बेवजह जो सब ख़र्च किया जाता था, कम्पनी उन्हें बन्द कर देगी।

राजाओं की सहायता से चन्द देशी कारीगरों ने तरह-तरह के शिल्प-प्रतिष्ठानों का निर्माण किया था। पीतल-ताँबा-चाँदी के बरतन, गलीचा और लकड़ी के सामानों के निर्माण की ख्याति चारों तरफ फैल गयी थी। कारीगर शंकित हो उठे हैं। कितने ही गलीचों के कारीगर बेण्टिक और स्लीमैन साहब का प्रशंसा-पत्र दिखाते हैं और कहते हैं—कितने अच्छे साहब थे वे लोग। स्लीमैन साहब ने मेरे दादा के हाथ का काम देख चारपाई पर बैठकर तम्बाकू पिया था। वह दिन क्या अब फिर से लौटकर आनेवाला है? अब कारोबार का क्या होगा? कौन यह सब चीज़ें खरीदेगा? यह सब गलीचे कौन रखेगा? हाथी के दाँत और चाँदी से नक्काशी किये आईने में कोई अपना चेहरा ही जब नहीं देखेगा तो उसका हश्र क्या होगा? हज़ारों रुपये खर्च कर यह सब शौकिया सामान कौन ख़रीदेगा?

राजदरबार गायकों, वादकों, अभिनेताओं, चित्रकारों, पण्डितों और गुणियों की प्रतिभा को जिलाये रखता था। राजा की सहायता के कारण ही वे सब प्रतिभाएँ फूली-फली थीं। उन लोगों के लिए राजसभा का द्वार हमेशा खुला रहता था। आज वह द्वार बन्द हो गया है, तो वे सब कहाँ जायेंगे?

दरबार के कर्मचारी और सैनिक हिसाब-किताब समझाने किले की ओर जा रहे हैं। इन लोगों को हटाया जा रहा है। अब इन लोगों की ज़रूरत नहीं पड़ेगी। लम्बे अरसे से वे लोग इस राज्य को ही घर-द्वार समझ रहे थे। नये सिरे से अचानक घर की खोज करने की बात सोचकर वे हतप्रभ हो उठे हैं। कम्पनी सरकार ने उन्हें छुट्टी दे दी है। कहा है, घर चले जाओ। यही तो गड़बड़ है। किसका घर कहाँ है? किसी के पुरखे बाजीराव प्रथम के शासनकाल में अपनी मातृभूमि महाराष्ट्र छोड़कर आये थे। उसके बाद धीरे-धीरे सतारा, रत्नागिरि, पूना, सागर, बिठूर, कोंकण वगैरह जगहों से कितने ही आदमी आये थे। कम्पनी के शासन के प्रारम्भिक काल में पूना से भी इसी तरह उन लोगों को हटा दिया गया था। उसके बाद वे लोग यहीं मराठा राज्य के आश्रय में आये थे। इतने दिनों के बाद अब यहाँ भी गड़बड़ी पैदा हो गयी। इसलिए सबके चेहरों पर उदासी और आँखों में हैरानी का भाव है—जैसे उनके पैरों के तले की ज़मीन सरक गयी हो।

जिन लोगों ने भीखाजी नाना के नेतृत्व में लड़ाई लड़ी थी, जिन लोगों ने स्लीमैन के नेतृत्व में ठगी के ख़िलाफ मोर्चाबन्दी की थी, भूमियावती राजपूत सामन्तों के उत्थान को दबाने के लिए जिन लोगों ने प्राणों की बाजी लगायी थी, वणिक् राज्य में आज उनके हाथ में रजत मुद्रा थमाकर उनसे सारा रिश्ता तोड़ा जा रहा है। आज वे लोग वर्दी और हथियार जमाकर कन्धे पर झोला लटकाये शहर से बाहर चले जा रहे हैं। रानी महाल् की ओर देखकर वे सलाम करते हैं और विदा लेते हैं। लेकिन

रानी महाल् की खिड़की बन्द है। खिड़की का एक भी शीशे का दरवाज़ा आज खुला नहीं है।

मोती अपने शयन-कक्ष में बैठी है। गौस सामने बैठकर बातचीत कर रहा है। राज्य विदेशियों के हाथ में चला गया है। इस घटना के आकस्मिक आघात से गौस मानो एकदम बूढ़ा हो गया है। उसके चेहरे पर थकावट और चिन्ता की लकीरें हैं। चमड़े के खोल में ढँकी तलवार को अपनी गोद में रख वह स्नेह के साथ मोती को सान्त्वना दे रहा है। कह रहा है, बाबा साहब उसे ढेर-सारा रुपया और ज़मीन दे गये हैं।

मोती बोली, "सुना है। मेरे पास भी दरबार से यह ख़बर भेजी गयी है।"

"तुम्हारे लिये अब कोई चिन्ता की बात नहीं रही, बेटी। ज़िन्दगी मज़े में कट जायेगी।"

जवाब में मोती मुस्कुराती है और कहती है, "रुपया लेकर मैं क्या करूँगी? एक ही तो पेट है, ज़िन्दगी मज़े में कट जायेगी।"

मोती को आज गौस पर कोई गुस्सा नहीं है। जिस दिन से मोती ने समझा कि गौस भी खुदाबख्श को प्यार करता है उसी दिन से उसने महसूस किया है कि एक ऐसा बिन्दु है जहाँ उन दोनों की स्थिति एक-जैसी है। इसीलिए उन दोनों में अनजाने ही एक समझौता हो गया है। एक प्रसंग के कारण ही वे दूसरे को श्रद्धा की दृष्टि से देखते हैं। हालाँकि उन दोनों की बातचीत में खुदाबख्श के नाम का कहीं उल्लेख नहीं रहता। क्योंकि यही एक स्थान है जहाँ दोनों के दिल में एक-जैसी चोट पहुँचती है।

आज मोती के प्रसाधन में वैराग्य है, कठिन साधना के साथ जीवन जीने का ढंग है। उसके व्यवहार में जो धैर्यशील नारी की तरह प्रशान्ति का भाव है। गौस को इन गुणों ने मुग्ध कर लिया है। मोती भी इस ममतालु कुशल सैनिक को श्रद्धा की दृष्टि से देखती है।

मोती की बात सुनकर गौस ने कहा, "तुम अपने बारे में मत सोचो, बेटी। इसकी चिन्ता मुझ पर छोड़ दो। लेकिन हाँ, इस सम्पत्ति से तुम अभी क्या करना चाहती हो?"

मोती ने विनम्र और स्पष्ट स्वर में कहा, "आप मेरे पिता तुल्य हैं। इसीलिए कह रही हूँ कि इन रुपयों से एक मस्जिद बनवा दी जाये और उसके साथ ही एक मुसाफिरख़ाना। उसके बाद जो रुपया बचेगा, उसे मैं आपके परामर्श के अनुसार किसी के पास जमा कर दूँगी। उससे अगर दान-ख़ैरात कर पाऊँगी तो मुझे खुशी होगी।

चन्द्रभान जी से मैंने अनुरोध किया है कि मेरा यह मकान ले लें। उनकी इच्छा होगी तो ले भी सकते हैं। मैं एक छोटा-सा मकान बनवाऊँगी और उसी में रहने चली जाऊँगी। चन्द्रभान जी ने कहा है कि नाट्यशाला के पुराने संगतियों की जमात के लोग इस मकान को उपयोग में ला सकते हैं। आपको मालूम ही है कि उन लोगों के लिए अब और कोई ठौर नहीं है।''

गौस अभिभूत होकर कहता है, ''सब-कुछ त्याग दोगी, मोती? सब-कुछ दे दोगी? जानता हूँ, तुम सोच-समझकर ही कह रही हो, फिर भी लगता है कि अगर तुम्हें मुश्किल या कठिनाई का सामना करना पड़े–''

मोती बेझिझक कहती है, ''उस वक़्त आपको सूचित करूँगी।'' उसके बाद कहती है, ''आप तो जानते ही हैं कि मैं बहुत कमज़ोर दिमाग़ की हूँ। इतनी ही कोशिश करती हूँ कि मुझसे कोई अन्याय न हो, किसी को दुःख न पहुँचे। कितने थोड़े दिनों की बात है... फिर भी ग़लती कर ही बैठती हूँ, अनजाने ही गुनाह हो जाता है।

मोती के स्वर में कोई शिकवा-शिकायत नहीं है। है तो केवल तपस्विनी साधिका की व्याकुलता। वह किसी को चोट पहुँचाना नहीं चाहती। यह ज़िन्दगी कितने थोड़े दिनों की हे। अभिभूत गौस उसे हृदय से आशीर्वाद देता है। उसके बाद वहाँ से विदा होता है। रास्ते में चलते-चलते सोचता है, मोती इतनी सहजता और विनम्रता के साथ इतनी मूल्यवान् बातें कैसे बोल गयी! आज भी क्या उसे क्षमा नहीं किया है उसने?

गौस के चले जाने पर मोती घर में रोशनी जलाती है। तानपूरे में मीठी झंकार जगाकर कहती है, ''हे श्याम, मैंने साधना नहीं की है, इसीलिए क्या तुम्हें पा नहीं सकी? अगर मैं जंगल का चरवाहा होती, तो गाय चराने के आनन्द में तुम्हारा बचपन मुझे प्राप्त हो जाता। कोयल होती तो तुम्हें प्रेमी की सत्ता में प्राप्त करती। योगी होती तो तुमसे आशीर्वाद की भीख माँग लेती। लेकिन मैंने कोई सुकर्म किया ही नहीं है। मोती का कण्ठ राजकुल वधू राधिका के अन्तर की आकुलता का आह्वान करता है। सुन्दर अनामिका में अग्निशिखा की तरह एक अँगूठी दमक रही है। जतन के अभाव में कबरी की केशराशि ग्रीवा पर आकर लहरा रही है। हलकी रोशनी से झलमलाते इस स्वप्निल परिवेश में मोती इस तरह लग रही जैसे वह स्वयं संगीत में रूपान्तरित हो गयी हो। उसमें वैसा ही एक कोमल, सुन्दर और अपार्थिव रूप खिल उठा है।

शाम होने-होने को है। लेकिन दरबार में बत्तियाँ नहीं जली हैं। असाबरदार काठ के पुतले की तरह खड़े हैं। आज उनमें कार्य व्यस्तता नहीं है।

अन्धकारप्राय विशाल दरबार-गृह में गौस खड़ा हो बाई साहब की प्रतीक्षा कर रहा है। आज उसके मन में बीस वर्ष पहले की घटनाएँ घुमड़ रही हैं। याद आता है कि कितने ही कारणों से इस कक्ष में चहल-पहल से भरा दरबार लगता था। ठीक इसी जगह खड़े हो वह राजा को सलाम करता था। निकट ही मलमल के परदे की ओट में राज-सिंहासन है जो धुँधला-जैसा दीख रहा है। आज वह आसन सूना है। लेकिन उसे लगता है, शोक से आतुर राजलक्ष्मी यहीं बेहोश पड़ी है, और उसकी रुलाई समूचे कक्ष में गूँज रही है। एकान्त दरबार-कक्ष में खड़ा गौस अचानक चौंक पड़ता है। लगा, कोई परदे के उस पार खड़ा है और उसकी अन्तरबेधी दृष्टि उस पर पड़ रही है। बिना किनारी की उज्ज्वल चन्देरी साड़ी महाराष्ट्रीय तरीके से देह में लिपटी है और साड़ी का छोर ज़मीन पर लोट रहा है। उसकी तर्जनी से अनुशासन की बिजली छिटक रही है।

दूसरे ही क्षण गौस की चेतना लौट आयी। वह तनकर खड़ा हो गया। ज़मीन तक झुककर उसने बाई साहब को सलाम किया। धीर-गम्भीर कण्ठ से आवाज़ आयी, "गुलाम गौस, आप मुलाकात करना चाहते थे।"

"जी सरकार।"

"मैं तो अब सरकार नहीं हूँ।"

"मेरी कोई दूसरी सरकार नहीं है, बाई साहब।"

रानी का स्वर सुनकर लगा कि उन्होंने बहुत कष्ट के साथ अपने मन की व्याकुलता को दबाया। फिर भी आवाज़ में भारीपन तिर आया। बोलीं, "यह मेरा सौभाग्य है। मगर खाँ साहब, कुछ भी नहीं हो पाया।"

गौस ख़ामोश रहा। उसके बाद टूटी आवाज़ में बोला, "सरकार जो कुछ हुआ वह मेरे-जैसे मामूली आदमी की समझ के बाहर की चीज़ है। सब कहते हैं, उन्हें छुट्टी मिल गयी है। मगर छुट्टी कैसे मिल सकती है, सरकार? आप मेरी मालकिन हैं, मेरी सरकार हैं, आपने मुझे छुट्टी नहीं दी है। इसीलिए मैं अपनी आरजू पेश कर रहा हूँ, यह शमशीर ले लें और मुझे छुट्टी दे दें। एक दिन इसी घर में खड़े हो पुण्यस्मृति शिवराव भाऊ ने यह तलवार..."

उसकी भाषा खो गयी। गौस को पुराने दिनों की वह बात याद हो आयी जब वह नौजवान था और दिवंगत राजा बालक थे। उत्तराधिकार की जटिल समस्या में सब उलझे थे। उस समय गौस ने ही उस अनाथ बालक का साथ दिया था। तैरना और बन्दूक चलाना सिखाया था। उसके बाद परदे के पीछे खड़ी विधवा रानी जिस दिन पहले-पहल दुलहन बनकर आयीं, उस दिन उनकी पालकी के पीछे-पीछे घोड़े पर सवार हो वह भी आया था। विवाह के दिन रानी के सम्मान में उसने ही तोपें

चलाने का आदेश दिया था। अनगिन यादों से राज-परिवार से जुड़ा हुआ उसका रिश्ता एक ही दिन में कैसे टूट सकता है?''

रानी को भी याद आया : इस अधेड़ पठान के बारे में वह अपने पति से कितने ही प्रशंसा भरे उद्गार सुन चुकी हैं। जब वह बच्ची थी तो किले में शिव की पूजा करने के लिए जाने पर गौस को कितनी ही बार देखा था। गौस हरेक तोप का नाम पुकारकर उसमें आग की लौ छुलाता था और सारी तोपें ज़ोरों से आवाज़ कर उसे सलामी ठोंकती थीं। समझ गयीं कि इस तरह के विश्वस्त अनुचर ही दुर्दिन में भरोसा करने लायक हैं। उन्हीं पर राज-परिवार का भला-बुरा निर्भर करता है। रानी बोलीं, ''खाँ साहब, आप अपनी तलवार रख लें। आपको छुट्टी देने का वक़्त अभी नहीं आया है। ईश्वर करे कि वैसा बुरा वक़्त कभी न आये।''

गौस ने अभिभूत हो सलाम किया।

रानी फिर बोलीं, ''आपका देश कहाँ है, खाँ साहब?''

गौस ने हाथ जोड़कर कहा कि उसे झाँसी छोड़कर कहीं जाने की इच्छा नहीं है। किसी दूसरे घर का उसे पता भी नहीं है।

दोनों चुप्पी में डूबे रहे। वह चुप्पी बड़ी ही बेधक थी।

असावरदार रोशनी लेकर आया। पीतल की पेंदेवाली बत्तियों को जला दिया। उसके बाद वहाँ से चलने के लिए रानी जैसे ही मुड़ीं, गौस को लगा कि उस धीमी रोशनी में उसने रानी की आँखों में आँसू देखे थे या फिर यह उसके मन का भ्रम ही हो?

उसकी पेशानी पर बल पड़े और उसके बाद वह स्वाभाविक स्थिति में आ गया। पठान अधिनायक की आँखें अगनित काँटों से बिंधने लगीं।

मोती ने हृदय खोलकर चन्द्रभान जी से सारी बातें कहीं। चन्द्रभान ने उसे आशीर्वाद दिया और कहा, ''तुम्हें देख-देखकर मेरा मन भी भरमा गया है। मैंने तीर्थयात्रा पर जाने की बात सोची है।''

''मैंने कोई अपराध किया है, गुरु जी?''

''तुम बेगुनाह हो, मोती। मैंने खुद महसूस किया है कि मेरा मन आज भी चंचल है। काफी उम्र हो चुकी है, मोती। हो सकता है फिर समय न मिले। इसीलिए सोचा है, चला जाऊँ। शुरू में मथुरा, वृन्दावन, काशी और गया जी का भ्रमण करूँगा। उसके बाद हरिद्वार चला जाऊँगा।''

किस ख़ामख़याल की मर्ज़ी से इस दुनिया में इस तरह का बेमेल काम होता है, मोती को इसका पता नहीं। आश्चर्य में आकर सोचती है, बुढ़ापे के कगार पर खड़े

होने के बावजूद मनुष्य के हृदय में नयी-नयी जिज्ञासा जन्म लेती है। उसे पिछला जीवन असम्पूर्ण-जैसा लगता है और उसे पूर्ण बनाने के लिए अज्ञात पथ पर निकल जाना पड़ता है। बार-बार अनुरोध करता है : मुझे भर-भर के प्याला दे, फिर भी प्याला खाली ही रह जाता है। जो प्यासा है, वह प्यासा ही रह जाता है।

उस दिन चन्द्रभान ने मोती को बहुत-सारी बातें बतायी थीं और वे बातें बाद में उसकी स्मृति की वीणा से मन्त्र की तरह झंकृत होती रही हैं। उन्होंने कहा, "यह न सोचो कि जीवन में हम सभी अतृप्त हैं। अपने अनुभव से मुझे जीवन को देखने का सुयोग प्राप्त हुआ है। यही वजह है कि मैं आदमी को प्यार और श्रद्धा की दृष्टि से देखता हूँ, मोती। तवायफ के घर में मुझे ऐसी दिलवाली औरत का परिचय मिला है कि हृदय परिपूर्ण हो जाये। काशी की रोशन और लखनऊ की गुलाब की मुझे जब भी याद आती है, मेरा सिर श्रद्धा से झुक जाता है। आज वे इस धरती पर नहीं हैं। लेकिन नौजवानी की उमंग में गर्व के कारण मैंने उनकी अवहेलना की थी। आज मैं उनके प्रति श्रद्धा व्यक्त करने के लिए सिर झुकाता हूँ। तुम मेरी लड़की के बराबर हो। इसके अलावा तुम्हें मैंने शौक से संगीत की तालीम दी है। मुझे ख्वाहिश थी, सुविधानुसार तुम्हें काशी, आगरा और ग्वालियर ले जाऊँगा। और भी अच्छे-अच्छे संगीत की तालीम दूँगा! मेरी वह आशा अधूरी रह गयी। फिर भी मेरी यह इच्छा है कि तुम जीवन भर संगीत की ही साधना करती रहो।"

कमल की बन्दकली जिस तरह अस्तगामी सूर्य की किरणों को ग्रहण करती है, उसी तरह मोती विनम्रता के साथ गुरु की बातें सुनती है। चन्द्रभान फिर कहते हैं, "मेरी सारी इच्छाएँ पूरी हों, यह चाहना भी शायद मेरा अहंकार ही है। फिर भी जो कुछ प्राप्त हो जाता है वही सत्य है और जो कुछ घटित हो रहा है उसका भी कोई-न-कोई अर्थ ज़रूर है। इसलिए मुझे कोई शिकायत नहीं है।"

फूलों के अर्घ्य की तरह मोती अपनी बात निवेदित करती है, "गुरु जी, मैं नालायक हूँ। आपके अधीन हूँ। आप जो भी कहियेगा, मुझे मंजूर है। यह आपकी मेहरबानी और मेरा सौभाग्य है।"

"हाँ मोती, यह बात सच है। लेकिन आज यह सब बातें छोड़ो। कोई गीत सुनाओ।"

"हुक्म दीजिये, गुरुजी। लेकिन—"

"लेकिन क्या, मोती?"

"एक विनती करूँ?"

"कहो।"

"आपकी मर्ज़ी हो तो मैं आपसे वही पुरानी आसावरी सुनना चाहती हूँ जो आज से सोलह साल पूर्व दिल्ली में विश्वेश्वर मिश्र ख़याली के घर आपने सुनायी थी।"

"उस गीत की बात तुम्हें आज भी याद है!" चन्द्रभान के स्वर में विषाद-भरा विस्मय है। उनकी आँखें किसी अतीत की ओर, जहाँ वे अपने सुन्दर दिन छोड़ आये हैं, मुड़ जाती हैं। स्मृति में फिर उन्हीं दिनों का सौरभ उन्हें महसूस होने लगता है। उस दिन उन्हें भले ही यह महसूस हुआ था कि गुलाब के बने हृदय का कारोबार करने से काँटे बिंधते हैं, लेकिन आज उन्हें काँटों की बातें याद नहीं आ रही हैं। स्मृति के आवेग में सब-कुछ सुरभित और सुन्दर लग रहा है। उसके बाद आहिस्ता से बोले, "यह क्या आज की बात है!"

दोनों को सब्ज़ी मण्डी के पीछेवाली तंग गली के आखिरी नुक्कड़ के पत्थर से बने दोमंज़िले मकान की याद आती है। मकान की निचली मंज़िल में मिश्र जी की स्त्री का बनवाया शिव का एक छोटा-सा मन्दिर था। दोमंज़िले पर मिश्र जी संगीत के जलसे में पूरब की ओर खुलनेवाले कमरे में बैठते थे। कमरे में सफेद चादर बिछी रहती थी। कोने में चौकी पर साजपोश से ढँका जोड़ा तम्बूरा, आलमारी में तबले की कतार। बग़ल में रबाब, सुरशृंङ्गार, सितार, दिलरुबा, इसराज, पखावज और करताल। जलसे के बीच चाँदी की थाली में पानी से भिगोया जूहीफूल का गजरा। निकट के शिव मन्दिर में उस कमरे में जलती चन्दन-धूप की मीठी गन्ध तैरती आती। दीवारें मूल्यवान् राजस्थानी चित्रों से सजी थीं। विश्वेश्वर मिश्र सिर्फ ख़याल के उस्ताद न थे। विशिष्ट रजवाड़े के दीवानवंश के इस पुरुष के गले में ईश्वर ने कला का अनुपम रस उँड़ेल दिया था। उसके पास जितनी प्रचुर सम्पत्ति थी, उतना ही वे उसका सदुपयोग करना भी जानते थे। चन्द्रभान को याद है कि मिश्र जी के अनुरोध पर उन्होंने तम्बूरा उठा लिया था और अवरोही ऋषभ में आसावरी का मुहरा ललित कण्ठ, निर्दोष स्वर और अपूर्व कारीगरी में स्थापित किया था—

'मन रे परस हरि के चरण'

गीत के शब्द नये-नये मुखड़े के विस्तार और अन्तरों की तरंग से मुट्ठी-भर फेन के फूलों की तरह श्रवण के सागर-तट पर फैल गये। उसके बाद बड़े विस्तार से उन्होंने आसावरी स्वर के एक ज्वार की सृष्टि की। समय का बोध खो गया, केवल अनुभूति पर आग्रह के साथ जगी रही। उस दिन उस आसावरी ने जैसे सचमुच ही स्वर्ग से निःसृत स्वर-तरंगिनी की पवित्र धारा बहा दी थी।

स्वर-पूजा की उस सार्थक, सुन्दर भौर पवित्र स्मृति ने चन्द्रभान की आँखों में आँसू ला दिये। बोले, "आज इतने दिनों के बाद तुमने फिर उस गीत की याद दिला दी, बेटी। भाग्यवान् थे मिश्र जी जो पहले ही परलोक चले गये। एक मैं ही हूँ जो यादों की गठरी थामे यहीं पड़ा हूँ। अहा, कितने अच्छे-अच्छे दिन बीत गये। वे दिन क्या फिर लौटकर आयेंगे?"

मोती स्मृतियों से व्यथित हृदय से कहती है, "गुरु जी, मुझे तो आपका वह ज़र्दा मुरेठा भी याद है। आपका गीत सुनकर मेरे मन में क्या भाव जगा था, वह मैं भूल नहीं सकी। उस स्मृति को बड़े जतन के साथ मन में रखे हुए हूँ। जब मन दुःखित हो उठता है तो उन्हीं बातों को याद कर लेती हूँ। गुरु जी, आप-जैसे समझदार आदमी हमेशा नहीं रहेंगे और उस समय मेरे-जैसे नालायक लोग अपनी नामवरी जाहिर करेंगे और जो लोग जमाने को हमेशा के लिए अमर करके रख गये हैं उनके नाम पर हाय-हाय करेंगे।"

चन्द्रभान की स्नेह दृष्टि ने मोती को निहाल कर दिया। कहा, "आज वह गीत रहने दो मोती। किसी दिन समय पर ज़रूर सुनाऊँगा। तुम्हीं एक भजन सुनाओ।"

गुरु की इच्छा सुनकर मोती ने अपने-आपको धन्य समझा। तम्बूरे को गोद में रख लिया। कबीर के भजन में अपनी श्रद्धा व्यक्त की–

'कैसे दिन बीती मैं बात न बतायो.....'

भक्त हृदय के एकान्त अनुनय से धवल केशी श्रोता का मन मुग्ध हो उठा।

गीत खत्म होने पर चन्द्रभान कुछ देर तक स्थिर बैठे रहे। उसके बाद बोले, "आज विदा के पूर्व मैं तुम्हें कुछ देना चाहता हूँ, मोती। वह तुम्हारे पास रहेगा तो मैं स्वयं को धन्य मानूँगा।"

मोती ने श्रद्धा के साथ आशीर्वाद स्वीकारा। वह मोती का एक चन्द्रटीका था। राजस्थान के राजघराने की लड़कियाँ इस गहने को माँग में पहनती हैं। मोती ने कहा, "यह तो बहुमूल्य गहना है, गुरु जी!"

चन्द्रभान पुनः वेदना मिश्रित हँसी हँसे। बोले, "तुमसे अधिक तो मूल्यवान् नहीं है।"

मोती ने चन्द्रटीका लेकर प्रणाम किया।

आज इस विदा के क्षण में चन्द्रभान को जात-पाँत के भेद का जैसे ज्ञान ही न रहा। अपना थरथराता हाथ उसके सिर पर रखकर आशीर्वाद दिया। बोले, "जानती हो मोती, कभी गुरु-शिष्य को तालीम देता है और कभी शिष्य ही गुरु को तालीम देता है। शिक्षा के क्षेत्र में उम्र का ख़याल नहीं किया जाता बेटी। इसीलिए सोच लो कि मैं तुम्हें दक्षिणा दे रहा हूँ।"

"गुरु जी!"

मोती पुनः प्रणाम करने जा रही थी। चन्द्रभान ने उसे उठाकर बिठाया। बोले, "सुखी और सफल होओ। विश्वास रखो कि दुःख के ये दिन बीत जायेंगे।"

चन्द्रभान के चले जाने पर मोती खिड़की पर खड़ी हो बहुत देर तक रास्ते की ओर देखती रही। ऋजुदेह-धवलकेश-शुभ्रवेश गुरु जी के साथ मोती के जीवन के एक

अध्याय ने ही जैसे विदा ले ली हो। मोती जानती है कि वह अध्याय अब फिर लौटकर नहीं आयेगा।

मोती को बीते दिन की बात याद आयी। एक दिन मोती को सान्त्वना देते-देते गुरु जी अपने जीवन के लुप्त अध्याय का इतिहास सुना गये थे। उस दिन मोती ठगी-सी रह गयी थी। शैशव से ही उसने गुरु जी को देखा है। वह अल्पभाषी, गम्भीर और आत्म-सम्मान के प्रति सचेत हैं। उसके बाद मोती बड़ी हुई लेकिन आचार-विचार, व्यवहार और मिलने-जुलने के मामले में चन्द्रभान जी ने हमेशा एक दूरी बनाये रखी। मोती ने कभी उस सीमा का उल्लंघन नहीं किया। लेकिन उस शाम चन्द्रभान ने जब अपने अतीत जीवन का इतिहास सुनाया तो उनके व्यवहार में कोई दूरी शेष न थी। उम्र की दूरी का भी उन्हें ध्यान न था। अपने जीवन की बात बताकर एक मित्र की तरह ही मोती को उन्होंने सान्त्वना दी थी। मोती ने अवाक् होकर सब सुना था। चन्द्रभान के उस विवरण से जैसे एक विस्मृत युग के ऊपर पड़ा परदा हट गया था।

वह पचास वर्ष पहले की बात थी तब चन्द्रभान जी ने कुल मिलाकर यौवन की दहलीज पर पाँव रखे ही रखें थे। किसी राजघराने के वे उत्तराधिकारी थे। किशोर अवस्था में ही गायकी का नशा उन पर सवार हुआ और वे रामपुर के मुस्ताक हमीद अहमद के शागिर्द हो गये।

राजघराने का लड़का होने के बावजूद चन्द्रभान ने गायकी के नशे को पेशे के रूप में स्वीकार किया। इससे बूढ़े उस्ताद को बड़ी ख़ुशी हुई थी। एक बार उस्ताद को पन्ना दरबार के कुँवर साहब को गीत सिखाने का आमन्त्रण मिला। इसी सिलसिले में वह चन्द्रभान को भी अपने साथ ले गये थे।

कुँवर साहब ने गद्दी पर बैठने के उपलक्ष्य में उनके सम्मान में एक दिन जलसे का आयोजन किया था। दमयन्ती कुँवर साहब की सौतेली बहन थी। दमयन्ती के सौन्दर्य की ख्याति आसपास के दरबारों में फैल चुकी थी। उसी जलसे में चन्द्रभान ने भी पहले-पहल दमयन्ती को देखा था।

उसके बाद?

उसके बाद जलमहल के चबूतरे पर एकान्त में दमयन्ती से जान-पहचान हुई प्रथम परिचय का वह रोमांच। शरीर की नसों में पहली मुलाकात का आवेग...

लेकिन बाद में चन्द्रभान जी ने महसूस किया कि उस दिन जान-पहचान न हुई होती तभी अच्छा रहता। क्योंकि अन्ततः दीये और पतंगे के उस चिरन्तन खेल में चन्द्रभान जी को केवल पतंगे की ही भूमिका अदा करनी पड़ी थी। इसीलिए दमयन्ती के प्यार ने उन्हें तृप्ति नहीं दी बल्कि प्यास ही बढ़ा दी। चन्द्रभान जी उस मदिर यौवना की अग्नि में दिन-दिन अपने को न्योछावर ही करते रहे। वह रिक्त हो गये, क्षत-विक्षत हो गये, लेकिन दमयन्ती को तनिक भी आकुलता का अनुभव नहीं हुआ।

उसके स्वभाव में अधिकार लोलुपता थी। रक्त में थी प्रभुत्व की आकांक्षा। इसलिए चन्द्रभान के जीवन का वह पहला प्यार चोट खाकर वापस चला आया।

चन्द्रभान ने उस दिन बहुत निहोरा किया था। कहा था, "मेरे साथ चलो दमयन्ती। हम कहीं और चले चलें..."

उत्तर में दमयन्ती सिर्फ मुस्कुरायी थी। उस हँसी में सम्भवतः तिरस्कार का ही भाव था। कहा था, "मैं बेवकूफ नहीं हूँ चन्द्रभान। अपना भाग्य तुम्हारे हाथों सौंपकर मैं अपनी जवानी बर्बाद करना नहीं चाहती..."

चन्द्रभान अवाक् हो गये थे। कहा था, "मैं तुम्हारी जवानी बर्बाद कर दूँगा? क्या कह रही हो तुम!"

दमयन्ती ने मुस्कुराकर कहा था, "तुम मेरी जिम्मेदारी लोगे? तुम्हारे पास है ही क्या?"

चन्द्रभान ने कहा था, "मेरे पास गीत हैं..."

दमयन्ती ने कहा था, "अपना गीत अपने पास ही रखे रहो। तुम्हारे गीत की लालच में मैं अपना भविष्य नष्ट कर दूँगी, यह मत सोचो।"

चन्द्रभान ने आने के पहले इतना ही कहा था, "यही तुम्हारी अन्तिम बात है, दमयन्ती?"

दमयन्ती ने कहा था, "अब मुझसे सवाल-जवाब न करो, चन्द्रभान..."

चन्द्रभान को फिर भी समझ में नहीं आया था। शायद मन में उस क्षण भी एक हलकी उम्मीद पल रही थी। कहा था, "क्यों?"

दमयन्ती ने कहा था, "तुम लौट जाओ, चन्द्रभान। मैं इस बात का उत्तर नहीं दूँगी।"

चन्द्रभान अन्ततः लौटकर चले आये थे। लेकिन आने के पहले कहा था, "आज मैं लौटकर जा रहा हूँ, दमयन्ती। मगर याद रखना, बुलाने पर फिर तुम्हारे पास नहीं आऊँगा..."

वहीं समाप्ति हो गयी। लेकिन चन्द्रभान को उम्मीद थी कि दमयन्ती उन्हें किसी-न-किसी दिन बुलावा भेजेगी। दमयन्ती स्वयं सम्भवतः एक दिन अपनी ग़लती महसूस करेगी। उसी उम्मीद में उन्होंने बहुत दिनों तक प्रतीक्षा भी की थी। लेकिन दमयन्ती ने पुनः बुलावा नहीं भेजा था। दमयन्ती-जैसी लड़कियाँ सिर्फ प्यार से सन्तुष्ट नहीं रह सकतीं। वे आश्वासन, आश्रय और अवलम्ब भी चाहती हैं। चन्द्रभान जी यह सब उसे दे पाते? दमयन्ती ने इसका प्रमाण देने का उसे सुयोग ही नहीं दिया। यह भी चन्द्रभान जी के लिए क्या कम दुःख की बात थी?

मोती के इस चन्द्रटीका को वह दमयन्ती के लिए ही ले आये थे। मगर देने का सुयोग नहीं मिल पाया था।

उसके बाद बन्धनहीन नाव की तरह चन्द्रभान जी ने जीवन के अच्छे-से-अच्छे दिनों को भी बेपरवाही के साथ बिता दिया। उसका जीवन अस्त-व्यस्त और ख़ानाबदोश हो गया। काशी की रोशन ने सचमुच ही उन्हें प्यार किया था। प्रेम और विश्वास देकर उनको बाँधकर रखना चाहा था। लेकिन फिर नये सिरे से मायाजाल में फँसने की चन्द्रभान को इच्छा नहीं रह गयी थी। इसीलिए उसको छोड़कर चले आये थे।

इतने दिनों से यह चन्द्रटीका पेटी में उपेक्षा के साथ पड़ा हुआ था। आज विदा के क्षण में वही वे मोती को दे गये।

मोती ने लम्बी साँस ली और गुरु जी को मन-ही-मन प्रणाम किया। पूरब से पश्चिम की ओर आये बिना सूर्य की परिक्रमा पूरी नहीं होती, उसी तरह किसी-किसी आदमी के जीवन में पूर्णता आने के पहले योग्य लग्न की आवश्यकता होती है। गुरु जी का जीवन तो पश्चिमी आकाश में झुक आया है। इसीलिए सन्ध्या के लग्न में ही प्रस्तुत होना होगा। उसके बाद जिस गहरे अज्ञात अँधेरे में नाव बहानी होगी, उसके लिए मानसिक प्रस्तुति की आवश्यकता है। चन्द्रभान सम्भवतः उसी तकाजे को महसूस कर रहे हैं, इसीलिए वह चले गये। इस चरम लग्न में लुकाचोरी खेलने का समय नहीं होता। समग्र ग्लानि के बोझ को हटाकर विशुद्ध निरहंकार चित्त से खड़ा होना होगा। केवल अपने-आपको लेकर दुनिया में आये थे। जीवन के रंगमंच पर हँसी और रुलाई का खेल समाप्त कर आज फिर अपने-आपको खींचकर बाहर ले जाना है। देह जर्जर हो गयी है तो हो, मन को शुद्ध रहना चाहिए।

मोती ने महसूस किया वही अन्तिम सूचना आज पहुँच गयी है, इसीलिए चन्द्रभान इस तरह चले गये।

गुरु जी का समय तो आ गया है लेकिन मोती का समय क्या अभी नहीं आया है? मोती ने याद किया कि उस दिन गौस से उसने क्या-क्या कहा था। फिर देर करने से लाभ ही क्या है? ऐसे ही काफी वक़्त बीत चुका है। योवन की तेज़ धार में पंख पसार कितने ही दिन कितनी ही रातें और कितने ही पहर बहकर चले गये। लगता है, जैसे हर क्षण उसके रक्त-बिन्दु में आँधी पैदा कर रहा हो। उसका जीवन जिन गाँठों से बँधा था, वे एक-एक कर खुल गयी हैं और उसे स्वतन्त्र बना गयी हैं। राजा साहब चले गये, गुरु जी भी जा रहे हैं। उसके बाद वह भी जा सकती थी लेकिन एक व्यक्ति...? वह तो स्वेच्छा से नहीं गया है, मोती ने ही जबरन उसे बेघर बना दिया है। इसीलिए उसे जाने का आदेश नहीं मिल रहा है। उसकी अनुमति के बिना मोती जा नहीं सकती।

उसके चारों तरफ की स्थिति ही उसके जीवन-व्रत के समापन में बाधक सिद्ध हो रही है। अगर ऐसी बात है तो मोती उस बाधा को सहज ही विदा कर देगी। कितने थोड़े से दिनों की बात है, मगर जीवन की सारी आशा-आकांक्षाएँ ही जैसे समाप्त हो गयीं। घर के बड़े-बड़े पलँग, मेजें, आईने, झाड़फानूस, अलगनी, झूले, कमरे-कमरे के गलीचे, परदे, कीमती बिस्तर, कुरसियों के गद्दे, मयूर, कबूतर और शुक-सारिका वगैरह ने उसे तरह-तरह के बन्धनों में जकड़ रखा था। आज उन चीज़ों को लोगों के बीच बाँटकर मोती ने अपने-आपको स्वतन्त्र बना दिया।

जूही ने झिड़की दी, ''तुम कोई जोगन तो नहीं हो।'' मोती मुस्कुराकर ख़ामोश हो गयी। नहीं, वह जोगन नहीं है। उसका संगीत-साधना का कमरा पहले-जैसा ही रहा, और जीवन-निर्वाह के लिए जो-जो चीज़ें बहुत ज़रूरी हैं, वह सब तो हैं ही। बोली, ''चाहने से ही क्या मैं जोगन बन पाऊँगी, जूही? मैंने वह सत्कर्म ही कहाँ किया है?''

पेटियों में कितनी ही पोशाकें थीं। चन्देरी किमखाब, मलमल, चिकन और बनारसी घाघरे, चोली, अँगिया, दुपट्टे, शलवार और कुरते। हर पोशाक के साथ किसी-न-किसी दिन की स्मृति जुड़ी हुई है। छोड़ना चाहे तो क्या छोड़ सकती है? घना नीला घाघरा, सुनहला दुपट्टा और लाल चोली राधिका के वेश में नाचने की पोशाक थी। इसी पोशाक में देखकर पहले-पहल खुदाबख़्श उस पर मुग्ध हुआ था। नहीं-नहीं, इस चम्पई रेशमी पेशवाज, अँगिया और दुपट्टे में उस प्रभातकाल की स्मृति जुड़ी हुई है। हलके हरे रंग की चन्देरी के सर्वाङ्ग में ग्वालियर और चन्देरी के कारीगरों ने अपनी सुई से जरी के मयूर काढ़े थे। मोती ने इस साड़ी को वनवासिनी शकुन्तला के वेश में पहना था। उसे याद है, एक बार राजा साहब ने आगरे से एक आसलामा चिकन मँगाकर इनाम दिया था। उससे मोती ने एक गरारा और एक कुरता बनवाया था। कपूर की गन्ध से सुवासित यह वही पोशाक थी। किसी समय मोती ने राजा के हुक्म पर महल में गीत सुनाने के समय अपने देश का शलवार या गरारा पहना था। उस समय इससे अधिक तड़क-भड़क करने का रिवाज़ भी तो नहीं था।

हाथी दाँत की पेटी में मोती को कण्ठी, चुन्नी और सोने की झुलनी, झापटा बाँसली और कमर की करधनी हैं। पाँव के झिंझिर। तरह-तरह के हैं। इसके अलावा रुई से ढँके जूही, चमेली, गुलाब और खस के कीमती इत्र हैं। कितनी ही तरह के सुरमे-टिकुली, तरह-तरह की बनावट के बालों के गहने, चाँदी के कश्मीरी जेवरात के अलावा राजस्थान के चाँदी और पीतल के गहने भी हैं। इस बक्से में, जिस पर सफेद पत्थर से ताजमहल उकेरा गया है, आठ-दस जोड़े नागरा जूते भी हैं जिन पर सोने का काम है।

उसने सिर्फ इन वस्तुओं को जमा ही किया है और अपना भण्डार भरा था उसका मन लेकिन विलासिता की जंज़ीर में नहीं बँधा था।

गहने की पेटी को सीलबन्द कर मोती ने गौस के पते पर भेज दिया। असबाब बाँट दिया, सिर्फ उन्हीं पोशाकों को अपने पास रखा जिनसे उसकी स्मृति जुड़ी हुई है। तवायफी नाच के कीमती पेशवाज, दुपट्टे, बनारसी घाघरे वगैरह सहेलियों के बीच बाँट दिये। बिन माँगे दान पाने के कारण कितने ही कंगाल और भिखारी उसे आशीर्वाद दे गये।

मोती को विश्वास है कि भार से मुक्त होने पर ही उसके और उसके प्रेमी के बीच की दूरी कम होगी। मन प्राणों से वह साधना करती है। गीतों के माध्यम से कहती है–

पिया हौं जोगन तोरी हौं
आवत तोरे नाम की सुधि मोंहि साँझ-सवेरी लौं....

'हे प्रिय मैं तुम्हारी जोगन हूँ। मेरे जीवन में सुबह-शाम तुम्हारी ही याद आती है'–मीराँ का भजन गाते-गाते उसे कभी-कभी प्रियतम की पगध्वनि सुनायी पड़ती है। मेंढक टर्राने लगता है, पपीहे का स्वर कानों में आता है। कभी-कभी कहती है, "तुम्हारे कारण सारे सुखों को त्याग कर, फिर भी हे प्रभु, मुझे तृषित क्यों रख रहे हो।" मोती के फूल के जैसे विकसित चरित्र के सौरभ से उसके जाने-पहचाने लोग मोहित हो जाते हैं।

तभी एक दिन दरवाज़े पर दस्तक पड़ो। कैण्टेनमेण्ट से प्यादा आया है। स्कीन साहब की सूचना आयी है। बड़े साहब ने छावनी में नाच-गीत की मजलिस का आयोजन किया है। साहब रमजानी तवायफों का नाच बहुत देख चुके हैं। मोती का नाम सुनकर ही वे लोग आकर्षित हुए हैं। पचास रुपये का मुजरा है। तीसरे पहर जाना है।

मोती परदे की ओर से बात सुनती है और अपमान से उसका हृदय जल उठता है। वैराग्य की साधना में व्यस्त रहने के बावजूद उसमें क्षमा-भाव नहीं आया है! सहिष्णुता नहीं आयी है! गर्विता नागिन की तरह जवाब दिया, "मैं नहीं जाऊँगी। प्यादा ने आश्चर्य और क्रोध से कहा, "लेकिन जानती हो न! यह छावनी की आज्ञा है।"

"है, तो मेरा इससे क्या आता-जाता है? तुम अवश्य ही परदेशी हो, इसीलिए मुझसे यह सब कहने की हिम्मत कर रहे हो। जाओ, और अपने साहब से कह दो कि मैं मुजरा वापस कर रही हूँ।"

"तवायफ...।"

"हाँ, अवश्य ही मैं तवायफ हूँ, लेकिन मैं तुम्हारी सरकार की तवायफ नहीं हूँ और न मैं किसी के अधीन हूँ।"

प्यादा लौटकर छावनी चला गया। एक मामूली नर्तकी की यह स्पर्द्धा! सुनकर कैप्टन स्कीन को आश्चर्य और क्रोध दोनों हुआ। तुरन्त किले के खजांची ज्वालानाथ पण्डित को बुलवा भेजा। कान में कलम खोंसे, चाँदी के चश्मे को आँखों पर रखते हुए पण्डित जी आकर हाजिर हुए। सब सुनने के बाद हाथ जोड़कर निवेदन किया, "यह बात सच है कि मोती साधारण तवायफ नहीं है। राजा ने उसे साधारण नाचवाली की तरह नहीं रखा था। वह शहर में जहाँ-तहाँ मुज़रा भी नहीं करती।"

"मुज़रा करना क्या उसके लिए रोज़गार का सवाल नहीं है? उसे क्या पैसे की ज़रूरत नहीं है?"

"इस बात का उत्तर मेरे पास नहीं है सरकार। लेकिन मुझे यह मालूम है कि कुछ दिन पहले ही उसने हज़ारों रुपये की खैरात-जकात की है। अब वह अपने घर में ही रहती है। उस घर की कीमत कम नहीं है, साहब।"

सुनकर स्कीन को आश्चर्य हुआ। चुप हो गया। समझ गया कि इस मामूली बात को महत्त्व देने से कोई लाभ नहीं है।

लेकिन यह ख़बर धीरे-धीरे पूरे शहर में फैल गयी। मोती ने फौज का हुक्म नहीं माना। साहब के प्यादे को दो टूक उत्तर दे दिया। इस बात के सन्दर्भ में लोग फुसफुसाकर चर्चा करते हैं। जाने कैसे तो यह ख़बर रानी महाल् में पहुँच गयी। सुनकर रानी को कौतूहल हुआ। याद आया कि उन्होंने मोती का गीत सुना था और वह देखने में बहुत ही ख़ूबसूरत भी है। राजा उसे स्नेह की दृष्टि से देखते थे। रुपया-पैसा, ज़मीन और रहने के लिए एक मकान भी दे गये हैं। लेकिन उसने ऐसा बर्ताव कैसे किया? उसे यह हिम्मत कहाँ से मिली? किस बल पर उसने विरोध किया? यह सब जानने के लिए उनके मन में कौतूहल पैदा होता है। रानी मोती को बुलावा भेजती हैं। साथ-ही-साथ यह ख़बर भी कि दुःख और शोक के कारण उनका वक़्त काटे नहीं कटता। अगर मोती को कोई आपत्ति न हो तो वह एक बार आये।

ख़बर मिलने पर मोती ने तनिक भी नहीं सोचा-विचारा। चादर ओढ़कर तामजान में जाकर बैठ गयी।

अब बहुत-सारे दरबारी अदब-कायदों को मुअत्तल कर दिया गया है। महल के अन्दर जाने पर मोती को वहाँ कोई राजसी ठाठ-बाट नहीं दिखायी पड़ता। इन्तज़ार करती दासियों से सलामी नहीं लेनी पड़ती है, बहुत-सारी कौतूहल-भरी आँखों को भी नज़र अन्दाज़ कर नहीं चलना पड़ता। घर परिव्यक्त है, महल सुनसान, दरबारी अदब-कायदे में शैथिल्य। रानी शयन-कक्ष के दरवाज़े पर बालक-पुत्र को गोद में लिये पत्थर की चौकी पर बैंठी थीं। वैधव्य के कारण एक कठोर पवित्रता उनके दुबलाये

चेहरे, रूखे-सूखे बाल और ललाट पर चर्चित चन्दन की त्रिवली से व्यक्त हो रही है। विलासिता से सज्जित पृष्ठभूमि में वह निराभरणा-जैसी प्रतीत हो रही हैं।

व्यथा और विस्मय मोती की ही आँखों में नहीं है, रानी भी उसे आश्चर्य से देखती हैं। रानी को मोती में वह लबालब जवानी की ख़ूबसूरती से भरी नर्तकी कहीं भी नहीं दीखती। उसके अंगों में गहने नहीं हैं। पहरावा है सिर्फ उजला वस्त्र। चेहरे पर स्वच्छ तपस्या की चमक। रानी हाथ के इशारे से उसे बैठने को कहती हैं।

मोती उन्हें सलाम करती है। निकट ही गोद में बच्चा लिये बैठी रानी को देखकर मोती समझ जाती है कि राजा साहब की मृत्यु से दुर्भाग्य की वास्तविक छाया कहाँ से उतरी है। लगता है, बिलकुल सूना करके चले गये। संवेदना और राजा साहब के प्रति श्रद्धा की भावना से मोती की आँखों में आँसू छलक आये। पलकों से आँसू की बूँदें टपकने लगीं। उस श्यामवर्ण स्थूलकाय ब्राह्मण शासक को उसने स्वेच्छाचारी और ख़ामख़याल शासक के रूप में ही देखा था। लेकिन मोती अब महसूस कर रही है कि वह उन्हें ठीक से पहचानती नहीं थी। वे एक पति और पिता भी थे। एक राज का बहुत बड़ा भार उन पर था। यह सब याद करके ही अब इस विधवा रमणी के दुःख और दुर्भाग्य की गहराई का मोती अनुमान कर रही है।

मोती की संवेदना और शोक ने रानी को भी बेचैन कर दिया। उनकी भी आँखें भर आयीं। कुछ क्षण यों ही बीत गये। उसके बाद रानी ने मोती से गीत गाने का अनुरोध किया।

मोती रानी के लड़के की ओर मुखातिब होकर कहती है, "कुमार साहब, आज आप फरमाइश करें! अब आप ही मेरे मालिक हैं।"

बच्चा माँ के कान में कुछ फुसफुसाता है। रानी कहती हैं, "हाँ, सब सुनेगी।" मोती से कहती हैं, "पूछ रहा है कि तुम उसकी सब बातें मानोगी या नहीं।"

मोती मुस्कुराकर कहती है, "मैं तो हुक्म का इन्तज़ार कर रही हूँ, कुमार साहब।"

उसके बाद रानी की आँखों का इशारा पा मोती गाना शुरू करती है। वह तुलसीदास जी की विनय पत्रिका का गीत गाती है। बालक राम के प्रति कौशल्या में जो स्नेह-भाव है, उसका वर्णन करता है। उसके बाद राम-वनवास के करुण परिच्छेद पर आकर गीत समाप्त करती है।

मोती के ललित कण्ठ की मिठास से खिंचकर महल की कई स्त्रियाँ एक-एक कर वहाँ इकट्ठी हो गयी थीं। वे दूर खड़ी होकर उसका गीत सुन रही थीं।

रानी की प्रशंसा थमने का नाम नहीं लेती, वे कहती हैं, "और सुनाओ, मोती। तुमने कानों को प्यासा बना दिया है।"

मोती झुककर सलाम करती है। उसके बाद अपना प्रिय गीत शुरू करती है,–

'जोगन बन जाऊँगी।'

मोती किसी दुःख की बात का ही बयान कर रही है। रानी को यह मालूम नहीं। फिर भी उन्हें लगता है, किसी गहरी वेदना से गुज़रे बिना गीत में यह दर्द और मिठास नहीं आ सकती। गीत का आवेदन इस तरह मूर्त नहीं हो सकता।

गीत ख़त्म होने तक शाम उतर आयी है। नौकरानी बालक को दूसरे कमरे में ले जाती है। उसके बाद अपने-पराये सभी अपने-अपने कामों में लग जाते हैं। शाम की शान्त और उदास छाया उतरकर एक मधुर परिवेश की सृष्टि कर जाती है। मोती को रानी में अपनी-जैसी ही व्यथा से आतुर किसी नारी की संवेदना प्राप्त होती है। लगता है, आज इस घड़ी कोई अन्य काम नहीं करना है। केवल एक मधुमय जागरण की प्रतीक्षा मात्र करनी है।

गीत कब का थम चुका है। रानी को ख़याल ही नहीं। मोती का मन भी कहीं खो गया है। गृह देवता के मन्दिर में सन्ध्या-आरती के घण्टे बजते ही मोती घबराकर होश में आती हैं। सीढ़ियाँ उतर वह चबूतरे पर आती है। रानी भी आगे बढ़ आती हैं। विदा के पहले मोती एकाएक मुड़कर ताकती है और कहती है, ''जानती हैं बाई साहब, जीवन की मैंने जैसी चाह की थी, वैसा हो नहीं पाया। सब-कुछ अस्त-व्यस्त हो गया। कोई अर्थ भी-खोजे नहीं मिला। लेकिन इस जीवन को फेंक नहीं सकती इस पर से मेरा सारा अधिकार समाप्त हो गया। ज़िन्दगी का मालिकाना हक बिक गया है। फिर भी ज़िन्दा रहना है। इन्तज़ार तो करना ही होगा। जितने दिनों तक दावेदार के पास हिसाब-किताब पेश नहीं करूँगी, छुटकारा नहीं मिलेगा।''

समुद्र को तो फिर भी मापा जा सकता है मगर मनुष्य के मन की गहराई का अन्त नहीं मिलता। इसलिए मोती की बात का कोई उत्तर नहीं दिया जा सकता। आश्वासन देने के समय संवेदना में रानी मोती को सुनाकर जैसे अपने-आपको सान्त्वना देने लगीं, ''कभी-कभी ऐसा भी होता है इससे घबराना नहीं चाहिए।''

दिन बीतते जा रहे हैं। रूखा-सूखा स्थान है लेकिन यहाँ भी ऋतुओं का परिवर्तन समारोह के साथ होता है। वसन्त व्यथा और व्याकुलता ले ही आता है। तपिश के कारण पलाश, गुलमोहर और तेन्दू के फूल खिल उठते हैं। चंचल वायु उदासी भरी दोपहरी ले आती है। पूनों की रात में विरही पपीहा यहाँ भी पुकार लगाते हुए रात बिताता है। मौलसिरी खिल उठते हैं। किसी के चरणों के नुपूर से झंकार नहीं उठती, फिर भी अशोक की मंजरी वसन्त का स्वागत करती है। उद्यान में जूही की बेल मौलसिरी को आलिंगन में भर व्यर्थ ही दो-चार कलियों में सुगन्ध भरती है। आम के झरे बौर गलीचा बिछाकर वनपथ को कोमल बना देते हैं। लेकिन मोती अब वहाँ नहीं

जायेगी झूले पर पेंगें मार कर सहेलियों से खेल करने के दिन बीत गये हैं। अनेक सुन्दर दिनों की मधुर सम्भावना को मोती ने स्वयं विदा कर दिया है।

लेकिन फिर भी फागुन चला ही आता है। आज भी होली का उत्सव मनाया जा रहा है। उत्सव के अवसर पर भी मोती घर के कोने के एकान्त में दिन बिताती है। प्रिय की स्मृति में उसका हृदय भी आग की होली खेलता है–

होली खेलो मना रे
बिन करताल पखावज बाजे
अनहद की झंकार रे!

गहरी रात में सुदूर आकाश की ओर देखता हुआ पपीहा जब पुकार लगाता है तो मोती को लगता है जैसे पपीहा उसका शत्रु है! जब वह ऊँघते आकाश को 'पिउ कहाँ; पिउ कहाँ' की पुकार से भर देता है, उस समय उसे मालूम नहीं पड़ता है कि एक और भी सूना हृदय है जो उसी शब्द की रट लगा रहा है।

खुदाबख्श ने गौस को जो खत लिखा था, मोती उसे बार-बार पढ़ती है। उसने इन्तज़ार करने को कहा है, धीरज रखने को कहा है। बार-बार पढ़े जाने के कारण खत जर्जर हो गया है। मोती ने उसे रेशमी कपड़े से जोड़कर श्वेत पत्थर की पेटी में रखा है, कपूर और चन्दन की माला से घेरकर।

ग्रीष्म के ताप के बाद कजरारी घटाएँ लिये वर्षाकाल भी आता है। काले आकाश की पृष्ठभूमि में मोती छत पर गोद में वीणा लिये बैठती है। किसी तरह कबरी बाँध गहरे नीले रंग की चिकन की साड़ी पहनती है।

सुनि मैं हरि आवन की आवाज़
महलान चढ़ि-चढ़ि जाऊँ मोरी सजनी
कब आये महराज......

गीत उसी के मन की बात कहता है।

उसके बाद किसी रात वर्षा शुरू होती है। नींद टूट जाती है। खुली खिड़की से छींटे आते हैं। भीगी मिट्टी से सोंधी गन्ध आती है। बिजली की चमक में दिखायी पड़ता है कि पेड़-पौधे भींग गये हैं। हवा के झोंके से जल के छींटे आते हैं और उसके मस्तक को छू जाते हैं। विक्षिप्त बादलों के इस उत्सव में क्या उसके प्रियतम का कोई संवाद उसे मिलेगा?–

मतवारो बादल आयो रे
पिया की सन्देश कछु न लायो रे
करिया अँधार बिजुली चमकत
विरहिन अति डरपायो रे।

प्रभात काल में वर्षा-स्नात धरणी श्यामल सज्जा में झलमलाने लगती है। प्रकृति की आँखों में नीचे अंजन की छाँह उतर आती है। हरे अंकुरों को मिट्टी में उगा देती है। दुर्योग भरी वर्षा में मोती शून्य मन्दिर में गीत गाती है। चपल बिजली की पत्र लिपि देखकर मन चंचल हो उठता है। प्रियतम प्रवास में है, अन्तर विरही, मन और प्राण तृषार्त्त। ऐसी रात में उसका भी मन अभिसार करने निकल जाता है। मोती स्वयं तो नहीं जा पाती इसलिए वह अपने मन को नीलाम्बर और फुल्ल मल्लिका के हार से सजाती है। किसी अलंघ्य कुंजपथ को पकड़कर उसका मन चला जाता है। इस अभिसार का अन्त कहाँ है। यह बात मोती को मालूम नहीं। इसीलिए सावन की रात में जब आकाश सघन मेघों से भरा रहता है, उसका अभिसारिका मन गीत का चरण पकड़े आगे बढ़ता है–

पिया मिलन की आस....

शरद् ऋतु के दिनों में बुन्देली बालिकाएँ कमल के फूल तोड़ डलियों में सजाती हैं और फेरी करने जाती हैं। मन्दिर-मन्दिर में शुभ पूजा का आयोजन होता है। विष्णु-आलय और मुरलीधर मन्दिर में शारदीया व्रत-पूजा के घण्टे बजने लगते हैं।

मोती को अपने हृदय में हलकी-सी प्रसन्नता का अनुभव होता है। अब वह जैसे खुद अपने भीतर न हो। मोती बहुत ही मधुर, कोमल और ममतामयी हो गयी है। उसकी आँखों से क्षमा और सहानुभूति टपकती रहती है। लगता नहीं कि किसी दिन इन आँखों में लास्य की विद्युत्-छटा खेलती थी। मोती के चरित्र में प्रेम की वेदना से उत्पन्न एक पवित्र भाव जग गया है। आदमी को देखने की दृष्टि में परिवर्तन आ गया है। परिचितों के हृदय में पहुँचने का उसे पारपत्र जो प्राप्त हो चुका है। पहले वह पहुँच के बाहर की पात्री थी। उसके रूप, संगीत और ऐश्वर्य ने एक वृत्त खींचकर उसे जन साधारण की पहुँच के बाहर रखा था। आज वह परिधि नहीं रही। मोती के प्रति जाने-पहचाने लोग प्यार और श्रद्धा करते हैं। साधारण लोगों से संवेदना पाना मोती को अच्छा लगता है।

धरती पर रीतेपन की ऋतु आती है। वैरागी शीत। मोती रूखे बाल और साधारण वेश में रुई के चादर से जाड़ा काट देती है और हर रोज़ तीसरे पहर दासी के साथ महल में जाती है। उसे देखकर राहगीरों की आँखों में संवेदना उमड़ आती है। उस समय रानी उत्सुकता के साथ पथ जोहती रहती हैं। उस दिन मोती ने गाया था–

जो तुम तोड़ो पिया मैं नहीं तोडूँ।
तोरी प्रीत तोड़ी किन संग जोडूँ॥
तुल भये सरोवर मैं तेरी मछियाँ।
तुम भये तरुवर मैं भई पखियाँ॥

तुम भये मोती प्रभु हम भये धागा।
तुम भये सोना हम भये सुहागा ॥

रानी ने उसकी ओर तीक्ष्ण दृष्टि से देखा था और कहा था, "वही 'दरश बिना' गीत गाओ न मोती।"

'दरश बिना दूखन लागे नैन'—तुम्हारे दर्शन के बिना मेरे नैन दुख रहे हैं। यह कहते ही मोती की आँखों में आँसू आ गये और वह चुप हो गयी।

रानी बोलीं, "तुम किसके लिए गीत गाती हो, मोती? यह सिर्फ मुझे ही सुनाने के लिए तो नहीं है।"

यह प्रश्न ही जैसे प्रशंसा का सूचक था। मोती ने मुस्कुराकर अभिवादन किया। बोली, "गाने के लिए ही गाती हूँ।"

रानी उस प्रसंग को टाल गयीं। बोलीं, "बीच-बीच में इच्छा होती है कि तुम्हें कुछ दूँ। लेकिन गहनों या कपड़ों के प्रति तुममें आसक्ति नहीं है, मोती। फिर बताओ क्या दूँ?"

रानी उम्र में छोटी हैं लेकिन श्रद्धा की पात्री हैं। मोती ने उन्हें पुनः अभिवादन किया। राजकुमार काशी की मदद से एक टट्टू को वश में लाने के लिए आँगन में दौड़ लगा रहा था। उसी की स्नेहभरी दृष्टि से देखकर मोती मुस्कुरायी और बोली, "सरकार, आप मुझे याद रखियेगा, कभी दूर नहीं ठेल दीजियेगा। यही मेरे लिये सबसे बड़ा इनाम है। इसके अलावा मैं कुछ भी नहीं चाहती।"

रानी के आदेश पर नौकरानी एक डलिया में गुलाब के फूल भरकर ले आयी। मोती ने सिर झुकाकर उन्हें सहर्ष स्वीकार किया।

जाते-जाते मोती ने एक बार मुड़कर देखा। रानी के लिए उसका मन करुणा से भर उठा। आज ही सुनने को मिला है कि अंग्रेज़ों की फौज शहर से मार्च करती हुई जा रही थी। यह जानकर भी कि इन्तज़ार करती हुई शिविका रानी की ही है, फौज के लोग हटे नहीं थे। हो सकता है यह उद्दण्डता नहीं, फौजी कानून हो। फिर भी इस बीच इस तरह की घटना और इसके पहले की घटनाओं को देखकर मन में शंका जगती है। यह जैसे किसी चित्र की प्रारम्भिक रेखाएँ हैं। एक ओर रंग भरा जा चुका है। बाकी अस्पष्ट है, लेकिन भयावह भी लगता है...

दिन अशान्ति में बीत रहे हैं। विक्षोभ का भाव है। जाने यह वर्तमान किस भविष्य को आगे ला रहा है।

दसों दिशाओं से नयी-नयी ख़बरें आ रही हैं। शाही सड़क पकड़े थकी-माँदी फौजों का जो अनथक जुलूस निकलता है तो वह कितनी ही ख़बरें फैला जाता है। चुनारकी

रिसाला पड़ाव कान लगाकर उन्हें सुनता है। खुदाबख्श संवाददाता बनकर निकटवर्ती छावनियों में ख़बर पहुँचा आता है।

सासाराम के जागीरदार के पुत्र अफगान बादशाह शेरशाह ने बंगाल से पेशावर तक को यह शाही सड़क बनाकर जोड़ दिया था। उस दिन क्या शेरशाह ने सोचा था कि यही सड़क हिन्दुस्तान के इतिहास में एक नयी ही भूमिका अदा करेगी कभी?

लेकिन इतिहास का अमोघ संकेत अनिवार्यतः आगे बढ़ता है। इस पथ को मध्य बिन्दु बनाकर धमनी की शिरा-उपशिरा की तरह कितनी ही सड़कें इसमें आकर मिल गयी हैं। दिन जैसे-जैसे आगे बढ़ते जा रहे हैं वैसे-वैसे इस नींद में खोये रास्तों में प्रतिक्रियाएँ जग रही हैं। सड़कों में जीवन्तता आ गयी है। लोग यहाँ से वहाँ पैदल, घोड़े और ऊँटों की पीठ पर सवार होकर जा रहे हैं। हर सड़क जीवन्त हो उठी है और बेहोश जनपदों की तन्द्रा दूर हो रही है, उनकी आँखों से नींद भाग रही है।

हिन्दुस्तान में सभी जगह एक ही कहानी दुहरायी जा रही है। बादशाही जमाने की रंगीनियों की लीलाभूमि आगरा, अयोध्या, इलाहाबाद, लखनऊ वगैरह भी इसके अपवाद नहीं हैं। हर गाँव में तरह-तरह के लोग वास करते हैं। उनकी जाति, धर्म और खान-पान अलग-अलग हैं। लेकिन जिस लोहे की हँसिया को लेकर किसान खेतों में उतरते हैं, उनके बीच कोई जाति-भेद नहीं है। उसी से हर आदमी फसल काटता है। और उस फसल को काटकर हर एक को दूसरे का गोदाम भरना पड़ता है। क्योंकि उस फसल पर उनका कोई अधिकार नहीं। इसीलिए किसानों को हर रोज़ अभाव का सामना करना पड़ता है। उसी अभाव को दूर करने के लिए किसानों को आज फौज में भर्ती होना पड़ा है।

चलो, चलो, फौज में चलो। रोज़ी-रोज़गार का और कोई दूसरा रास्ता नहीं है। फौजी ज़िन्दगी सुख की ज़िन्दगी है। वहाँ इज़्ज़त, पैसा और सुरक्षा सब मिलेगा। सिपाही होकर घुसोगे और सूबेदार होकर बाहर आओगे।

सिपाही से सूबेदार, सूबेदार से रिसालेदार—अभागे किसान के लिए अन्ततः यह सच्चाई भी झूठ में बदल जाती है।

हर महीने वेतन के तौर पर हाथ में चार पैसा, छह पैसा, एक रुपया, दो रुपया आता है। खाने को मिलती है दाल और रोटी। साग-सब्ज़ी तो विलासिता है। रुपये की हालत पहले ही ख़राब हो चुकी हे। और इज़्ज़त? इज़्ज़त तो साहब के चाबुक की मार से पहले ही मुँह के बल ज़मीन पर गिर पड़ी है। थोड़ी-सी भी ग़लती हो जाये तो बहुत बड़ी सज़ा मिलती है। कोर्ट मार्शल और ठण्डे घर का प्रबन्ध है। विद्रोह करना चाहो तो उन गँवारों की बात याद रखो जिन्हें फाँसी पर लटका दिया गया है या जो तोप के सामने उसी के धुएँ में खो गये हैं। विरोध मत करो, आँख उठाकर बात-चीत मत करो। साहब मालिक हैं, उनका कमाण्ड सुनकर नंगे पाँवों मार्च करो। मार्च करते

हुए अफ़ग़ानिस्तान, मद्रास और असम जाना है। ज़रूरत पड़ने पर जहाज पर भेड़-बकरी-सा लदकर बर्मा भी जाना होगा। मार्च करते जाओ...

कदम-कदम बढ़ाते जाओ। इस यात्रा का कोई अन्त नहीं। हज़ारों सवार और सिपाही मार्च करते हुए उत्तर और मध्य भारत के सीने को रौंदते हुए चले जा रहे हैं। एक छावनी से दूसरी छावनी में, एक बैरेक से दूसरे बैरेक में, एक कैण्टूनमेण्ट से दूसरे कैण्टूनमेण्ट में। कहीं कोई दूरी नहीं रह गयी है। फौज की अनथकी आवाज़ ने तमाम फासलों को मिलाकर एक कर दिया है। लेफ्ट-राइट, लेफ्ट-राइट, लेफ्ट-राइट। पाँव, बाल और भौंह धूल से भर गये हैं, गला प्यास से सूख रहा है। लेकिन चलते चलो। कहीं रुकना नहीं। रुकने का हुक्म नहीं है।

इस मार्च के धमाके से नींद में खोये जनपदों की तन्द्रा टूटती है। सिपाही और सवारों की आँखों में विरोध की चिनगारी जलने लगती है। हर छावनी में विद्रोह की तैयारियाँ चलने लगती हैं। अन्याय और अत्याचार के ख़िलाफ आमने-सामने लड़ाई लड़ने के लिए सिपाही बेताब हो उठते हैं। संवाददाता के माध्यम से चारों तरफ ख़बर पहुँच जाती है। नयी-नयी ख़बरें लेकर संवाददाताओं का जत्था अनवरत आता-जाता रहता है। हिन्दुस्तान का भाग्य नये सिरे से गढ़ने का पूर्वाभ्यास जारी हो जाता है।

हर रात पड़ाव के ऊपरी कोठे पर लालटेन जलती रहती है। कितने ही तरह के लोग बैठकर बातचीत करते हैं। आधी रात में खाने-पीने का आयोजन होता है। चिट्ठियों का मसविदा तैयार किया जाता है। फौजी छावनियों से समाचारों का आदान-प्रदान किया जाता है।

कानों-कान ख़बरें पहुँचती हैं, गोरों ने छावनी में आने-जानेवाले लोगों पर कड़ी निगरानी रखना शुरू कर दिया है।

खुदाबख्श को सभी पहचानते हैं। बिन्दकी के रिसाला मेजर साहब को डाली पहुँचाकर खुदाबख्श उससे थोड़ी-बहुत गप्पें लड़ाता है। रघुनाथसिंह को सन्देह होता है। वह खुदाबख्श से तरह-तरह के सवाल करता है—

"यह काम हाथ में क्यों लिया है?"

"कुछ-न-कुछ तो करना ही होगा, मेजर साहब।"

"हर छावनी का चक्कर लगाते रहते हो, कुछ अता-पता चलता है?"

"क्या पता चलेगा, बताइये।"

रघुनाथ एक परीक्षक की दृष्टि से देखकर मुस्कुराता है और कहता है, "तुम बड़े ही होशियार आदमी हो, खाँ साहब। बहुत सावधानी से बातचीत करते हो।"

खुदाबख्श हँसकर कहता है, "कोई डाक है? हमीरपुर कोई ख़बर पहुँचानी है?"

“रिसाले में जाकर पता लगाओ। रिसाला खुदाबख्श का दोस्त है। खुदाबख्श को पहुँचाते हुए चम्मन और जूना खाँ धीमी आवाज़ में कहते हैं, “चौथे रिसाले को सूचित कर सकते हो कि हमारे यहाँ निशान की ख़बर पहुँच चुकी है।”

“निशान क्या?”

“चपाती और लाल कमल।”

“इस तरह की चपाती?”

“हाँ। क्योंकि इस निशान से किसान लोग पूरी तरह परिचित हैं। टिड्डी-दल आने या फसल की पाला पड़ने से किसान लोग इसी निशान से प्रचार करते हैं कि दुर्योग आ रहा है।”

“यह ख़बर किसने भेजी है?”

“मालूम नहीं। लेकिन यह फौजी छावनी की ख़बर है।”

ख़बर बटोरकर खुदाबख्श पेड़ के नीचे आराम करने बैठता है। घोड़ियों के सईस चपाती सेंक रहे हैं। देखकर खुदाबख्श को आश्चर्य होता है। रोटी, जो घर-घर बनायी जाती है, वही निशान है! किसका निशान? इसमें क्या बात है? सबसे ज़्यादा व्यस्तता फौजी छावनी में ही क्यों है?

चौथे रिसाले में प्रवेश करते समय खुदाबख्श को रोक दिया जाता है। सन्तरी बिना तलाशी लिये जाने नहीं देगा। साहब की कड़ी हिदायत है। खुदाबख्श पर नज़र पड़ते ही नौजवान सरकारी कमॉण्डेण्ट मेलेन्सरी आगे बढ़ आता है। उसने बादामी रंग की एक अरबी घोड़े की फरमाइश की थी। हाथ हिलाकर वह सन्तरी को आदेश देता है। अन्दर जाने के समय खुदाबख्श सन्तरी की जेब में एक रुपया रख देता है।

बहुत ही ख़ूबसूरत घोड़ी है। बादामी रंग, मुलायम रोओं से ढँका चिकना बदन। खुर के ऊपर सफेद दाग। मेलेन्सरी बिना तारीफ किये रह नहीं पाता। कहता है, “कुछ तालीम-वालीम दी है?”

“हाँ साहब तालीम-याफ्ता घोड़ी है।”

“किसने तालीम दी है!”

‘मैंने।”

“कैसी तालीम दी है?”

“आप खुश हो जाइयेगा, हुजूर।”

“कितनी कीमत लोगे?”

“पाँच सौ।”

सुनकर मेलेन्सरी सिसकारी देता है। रिसाला मेजर को बुलाता है। नहलसिंह सत्ताल धीरे-धीरे आते हैं। बड़ी-बड़ी मूँछें और दाढ़ी के छोर ऐंठकर कान के पास चले गये हैं। बहुत ही तरतीब से पगड़ी बाँधते हैं। मेजर साहब शौकिया मिजाज़ के हैं।

जोधपुरी के ऊपरवाली फौजी कुरते की दोनों जेबों में हाथ रख घोड़ी को तेज़ निगाहों से देखते हैं। उसके बाद कहते हैं, "ठीक है, ज़्यादा नहीं माँगा है।"

मेलेन्सरी निश्चिन्तता की साँस लेता है। धीरे-धीरे रुपया लाने चला जाता है।

रिसाला मेजर खुदाबख्श की आँखों में झाँककर कहते हैं, "जाते वक्त मेरे घर से डाक लेते जाना।"

मेलेन्सरी गिनकर रुपया देता है। थैली को जेब के हवाले कर खुदाबख्श घोड़ी के पास खड़ा होता है। घोड़ी का लगाम शून्य में फैलाकर हुक्म देता है। "सलाम करो।" खेल के घोड़े की तरह घोड़ी सामने के दोनों पैरों को उठा सलाम करती है। मेलेन्सरी बहुत ही खुश होता है।

रिसाला मेजर साहब ने खुदाबख्श को बुलाकर चौकी पर बैठने को कहा। कहते हैं, "फैजाबाद में सैन्यवाहिनी आ रही है। तुम्हे चार गुम्बद मसजिद पार करने के बाद वह मिलेगी। वहाँ रिसालेदार स्वरूपसिंह को यह पत्र दे देना। याद रखना कि बाद में इस पत्र को जला देना है।"

"आपको मुझ पर तो यकीन है?"

"यकीन करने का पूरा भरोसा दूसरे आदमी से मिला है। विश्वासघात करोगे तो तुम्हें ही बेवकूफ बनना होगा। इस पत्र में कोई गड़बड़ी नहीं है। पढ़कर देख लो।"

खुदाबख्श पढ़ने लगता है। प्राथमिक शिष्टाचार के बाद लिखा है—भाई स्वरूप, जो मेला लगनेवाला था उसका थोड़ा-बहुत इन्तज़ाम हो चुका है। पूरा बन्दोबस्त हो जायेगा तो तारीख की सूचना दूँगा। तुम तो जानते ही हो कि एक जुलूस निकलनेवाला है। उसके लिए पचास हाथी, दो सौ घोड़ा और पाँच सौ पालकियों का इन्तज़ाम भी मुझे ही करना है। तुम अपने दोस्त-मित्रों से कम-से-कम सात हाथी का इन्तज़ाम करके रखना।"

खुदाबख्श चिट्ठी पढ़कर जेब में रख लेता है। कहता है, "लगता है, मेला ज़ोर-शोर से जमेगा।"

"उम्मीद तो है।"

"फिर मैं चलूँ।"

"कारोबार ख़त्म हो चुका है?"

"नहीं हुजूर, फिर आना है।"

"बिन्दकी का क्या समाचार है?"

"रघुनाथ जी ढेर-सारे चित्र बना रहे हैं।"

"किस तरह का?"

"दिखा रहा हूँ।"

लाल रंग के रुईदार काग़ज़ पर खुदाबख्श लाल स्याही से एक चित्र बनाता है। एक गोलाकार चक्र, उसके बीच डण्ठल पर एक अधखिला कमल। चक्र के बग़ल में उर्दू में लिखा है—चपाती।

नहलसिंह गौर से देखते हैं। दोनों एक-दूसरे की ओर कुछ देर तक ताकते हैं। उसके बाद खुदाबख्श काग़ज़ के टुकड़े को चिन्दी-चिन्दी कर ज़मीन पर फेंक देता है और नागरे से ठोंक-ठोंककर मिट्टी के अन्दर ढकेल देता है। नहलसिंह उसके साथ ही उठकर खड़े हो जाते हैं। कहते हैं, "फूल सफेद है या लाल? रघुनाथ जी ने किस रंग का बनाया था?"

"लाल कमल।"

दोनों एक-दूसरे की आँखों में झाँकते हैं। नहलसिंह खुदाबख्श को अलविदा कहते हैं। उसके बाद कहते हैं, "मैं अगले महीने छुट्टी पर जा रहा हूँ। उस समय तुमसे छोटे रिसालेदार साहब मुलाकात करेंगे।"

"जी।"

बाहर निकलने के समय कमॉण्डेण्ट साहब पर नज़र पड़ती है तो खुदाबख्श उसे बा-अदब सलाम करता है। साहब कहता है, "तुमने मेलेन्सरी को घोड़ी दी है?"

"हाँ साहब।"

"मुझे भी एक घोड़ी लाकर दे सकते हो?"

"पता लगाऊँगा।"

"कोशिश करना। मेलेन्सरी की घोड़ी मुझे बेहद पसन्द आयी है।"

रोटी और कमल का निशान हर फौज और छावनी में फैल जाता है। कोई अजनबी हाथ की बनी एक चपाती लाकर छावनी में पहुँचा जाता है। चपाती एक हाथ से दूसरे और दूसरे से तीसरे में चली जाती है। साहब आश्चर्य में आकर जानना चाहता है कि यह चपाती कौन ले आया। इससे क्या किया जायेगा?"

चुनारकी रिसाला हॉल्ट में ख़बर पहुँचती है कि आज यमुना के ऊपर हाट लगनेवाली है। मंगलवार को राधापुरा गाँव के ताल्लुकेदार के मैदान में हाट लगेगी। रविवार को कर्त्तारसिंह निहाल के मैदान में लोगों का जमाव होनेवाला है।

खुदाबख्श और परन्तप पीतल की मुँहबन्द सुराही और कुछ रुपये लेकर निकल पड़ते हैं।

हर हाट में कम-से-कम दस गाँवों के आदमी इकट्ठे होकर ख़रीद-फरोख़्त करते हैं। आसपास कोई छावनी होती है तो वहाँ से बाज़ार मुतसद्दी आते हैं और रसद ख़रीदकर ले जाते हैं।

शाम होने के बाद उजड़ी हाट के झोंपड़ी में मजमा जमता है।

और इधर साहब लोग हर छावनी के परेड के मैदान में आकर फौज और रिसाले से वफादारी का वादा कराते हैं। फौज सिर झुकाये खड़ी रहती है।

बिन्दकी के निकट विख्यात वैशाख-पूर्णिमा की हाट लगी है। खुदाबख्श और परन्तप वहाँ तीसरे पहर पहुँचते हैं। वैशाख की तपिश फन काढ़े खड़ी है। प्यासी मिट्टी में दरारें पड़ गयी हैं, जैसे वह लम्बी-लम्बी साँस ले रही हो। निकट ही पेड़ की छाँह के तले एक गन्ना बेचनेवाला दम्पती गन्ने का रस पेरकर बाँट रहा है। वह मिट्टी के सकोरों में गन्ने का रस देता है। घूँट लेने पर खुदाबख्श का गला तर हो जाता है।

हाट के पूरब कोने में हाथी की ख़रीद-बिक्री चल रही है। चादर के नीचे हाथ रख खरीदने और बेचनेवाले उँगलियों से दर-दाम कर रहे हैं। तीन उँगली तो तीन सौ रुपया और दो उँगली खड़ी और एक अधखड़ी हो तो अढ़ाई सौ रुपया।

खरीद-बिक्री के शोर-गुल, लकड़ी के दरवाज़े और पल्ला बेचनेवालों की टीन बजा-बजाकर ग्राहकों को आकर्षित करने की तेज़ आवाज़, बाँसुरी की आवाज़ और घोड़े की हिनहिनाहट को गौण बनाकर एक बहुत बड़ा शोर-शराबा आगे बढ़ता आ रहा है। खुदाबख्श और परन्तप उत्सुकतावश आगे बढ़ते हैं।

तीन घुड़सवार घोड़े की पीठ पर चढ़कर आगे बढ़ रहे हैं। वे लोग कुछ कहते हैं और जनता की भीड़ में कोलाहल मच जाता है। परन्तप सामने बढ़ जाता है और भीड़ ठेलकर आगे बढ़ने की कोशिश करता है। घुड़सवार घोड़े की रकाब पर पाँव रखकर खड़े हो जाते हैं। ऊँची आवाज़ में कहते हैं—मेरठ!... उसकी आवाज़ हज़ारों आदमियों के काले-काले माथों से टकराती हुई फैल जाती है—मेरठ में फौज ने बगावत कर दी है। छावनी जल गयी है, अंग्रेज़ अफसरों का कत्ल कर दिया गया है। हर कैण्टूनमेण्ट में यह ख़बर जंगल की आग की तरह फैल गयी है।

उत्तेजित जनता की चिल्लाहट दूर तक फैल जाती है। आँधी आने पर लहरें जैसे चारों तरफ फुफकार छोड़ने लगती हैं, उसी तरह चारों तरफ कोलाहल गूँज उठा।

परन्तप और खुदाबख्श एक-दूसरे के चेहरे को देखकर जैसे ही घोड़े पर बैठना चाहते हैं कि गन्नेवाला 'हाय-हाय' कर उठा। घोड़े ने उसके गन्ने के ढेर में मुँह लगा दिया था। परन्तप एक रुपया फेंक देता है। आश्चर्यचकित गन्ना-विक्रेता आभार प्रकट करे कि इसके पहले ही वे लोग घोड़ा दौड़ाते हुए निकल गये।

तीनों संवादवाहक घुड़सवार लापता हो गये।

बात का पता लगने के बाद जब लड़ाई का सचमुच मौका आ गया तो संशयात्मक स्थिति छा गयी।

मेरठ के बाद ही फौज दिल्ली में बहादुरी दिखाने पहुँचीं। खुदाबख्श और परन्तप उस जुलूस में शामिल हो गये।

अंग्रेज़ औरत, मर्द और बच्चे आतंक में आ दिल्ली छोड़कर भाग रहे थे। उनकी हत्या करना लोगों की समझ में कोई लड़ाई न थी। इसीलिए राह में भागते अंग्रेज़ों की गाड़ी को रोककर तलाशी लेते थे और उन्हें छोड़ देते थे। एक दिन एक नौजवान गोरे ने बन्दूक तान ली। खुदाबख्श ने उसके हाथ से बन्दूक छीन ली और कहा, "बन्दूक चलाकर अगर एक आदमी की भी हत्या की तो तुम लोगों में से किसी की जान नहीं बचेगी। होशियारी के साथ चले जाओ और जबान पर काबू रखो। हर आदमी मेरे जैसे ठण्डे दिमाग़ का नहीं है। आतंकित अंग्रेज़ महिला यात्रियों ने निहोरा किया और उस नौजवान की ओर से माफी माँगी। इस समय परन्तप ने कहा, "हिन्दुस्तान के मर्द तुम्हारे मर्दों की तरह औरतों की इज़्ज़त से खिलवाड़ नहीं करेंगे। जान की ममता है तो घुटने टेककर दया की भीख माँगो। जान बच जायेगी।"

नौजवान साहब इस हिमाकत को बरदाश्त नहीं कर सका। उसने परन्तप को भद्दी गाली दे दी। इसके जवाब में परन्तप ने घोड़े को घुमाकर उसके मुँह पर चाबुक दे मारा और कहा, "यह ज़ख़्म भर जाये तो आईने में मुँह देखकर सोचना की बातचीत करने का सही तौर-तरीका क्या है?"

दिल्ली में नये शाही कर्मचारी घोड़ों पर सवार हो अकड़ के साथ वहाँ के पत्थर से बँधे रास्ते पर गश्त लगा रहे हैं। शाम के बाद चाँदनी चौक, कोतवाली और किले के मैदान में फौजों और जनता का जमाव होता है। खुशियों में लोगों के होठों पर गीत गूँजता है—

दरिया में तूफान
बड़ी दूर इंगलिस्तान
जल्दी जाओ, जल्दी
फिरंगी बेईमान

इन गीतों के स्वर और शब्दों में किसी तरह की नक्काशी नहीं है। समय की आवश्यकता और मन के तकाजे पर इन गीतों की रचना की जाती है। इन गीतों में प्राण लेने या देने का जादू खेल रहा है—

हण्टर गोली खूब चलाया एक सौ साल पूरा
चूहे की तरह क्यों छिप-छिप भागे पलटनवाला गोरा,
जित्ता परेड चाहे लगाओ लण्डन पै मैदान
हमारा मुल्क हमको छोड़ो फिरंगी बेईमान

लड़ाई के तूफान में पड़कर खुदाबख्श ने जितनी बार झाँसी पहुँचना चाहा, उसे कामयाबी नहीं मिली। लखनऊ की आख़िरी सरहद पर जब वे आमने-सामने की लड़ाई में पराजित हो शत्रुओं से घिर गये तो अँग्रेज़ साहब तलवार की लड़ाई में खुदाबख्श को परास्त कर बोला, "इस शैतान को सबसे पहले फाँसी देनी चाहिए।"

लेकिन फतेहपुर से पाँच नम्बर रिसाले के आ जाने के कारण अंग्रेज़ लोग भाग गये और उसकी जान बच गयी।

उसके बाद लखनऊ को छुड़ाकर कानपुर की ओर रवाना होने के रास्ते में जिन लोगों से मुलाकात हुई उनके बीच चम्मन लाल भी था। छोटा-सा चेहरा, इकहरा बदन, उम्र लगभग चालीससाल। परन्तप ने उससे घनिष्ठता बढ़ा ली। क्योंकि इधर के रास्ते, घाट, खेत, तालाबों वगैरह को उसे भरपूर जानकारी थी। चम्मन लाल रहनुमाई करने लगा।

अंग्रेज़ लोग बीबीघर की हत्या का बदला लेने के लिए आगे बढ़ रहे हैं, इसलिए सावधानी से राह चलने की ज़रूरत है। उस समय खुदाबख्श के दल में अढ़ाई सौ सिपाही और चालीस रिसाले थे। सभी पुरानी पलटनों से आये हैं। उन लोगों के पास दो सौ से अधिक बन्दूकें भी थीं।

कानपुर से ग्यारह मील की दूरी पर खुदाबख्श का दल जब आराम कर रहा था चम्मनलाल को बुलाकर परन्तप ने कहा, "मैं चाहता हूँ कि तुम जरा आगे बढ़कर देख आओ कि रास्ता साफ है या नहीं, हम लोग आगे बढ़ें या नहीं।"

चम्मनलाल जैसे ही रवाना हुआ, परन्तप ने उसका पीछा किया। राम-निहाल और ब्रिजलाल पेड़ पर चढ़कर दूर-दूर देखने लगे।

दो घण्टे के बाद चम्मनलाल हाँफता हुआ आया और बोला, "सब ठीक है। अभी जाया जा सकता है।"

खुदाबख्श बोला, "ठहरो, परन्तप को आने दो। तुम यहाँ बैठो, चम्मन। बहुत ही थक गये हो। इतने परेशान हो गये हो कैसे चलोगे?"

"चलेगा नहीं।" यह कहकर परन्तप अकस्मात् अँधेरे से बाहर निकल आया। चम्मन की गरदन पर पंजे जैसा अपना हाथ रखा और बोला, "हम तुम पर दो दिन से निगरानी रख रहे हैं, चम्मनलाल। बहुत बड़ी चाल चले थे मगर बाजी मात नहीं कर सके। शैतान कहीं के, कब से अंग्रेज़ों का नमक खा रहे हो?"

चम्मनलाल का चेहरा एकदम सफेद पड़ गया। परन्तप के पैरों पर गिरकर ज़ोर-ज़ोर से रोने लगा। प्राणों के भय से सिकुड़कर वह और ही तरह का हो गया। परन्तप ने खुदाबख्श को एक चिट्ठी दी। खुदाबख्श ने ज़ोर-ज़ोर से पढ़कर सबको सुनायी।

"लेफ्टिनेण्ट क्रूफोर्ड साहब के मुत्सद्दी भवानी चरण से गुलाम गुलजारी, उर्फ मुफज्जल उर्फ चम्मनलाल की गुजारिश है कि आज शाम को दो सौ तिरपन सिपाही, चालीस रिसाले...उन लोगों के पास दो सौ-तीन सौ बन्दूकें....

घोर चुप्पी छा जाती है। चारों तरफ के लोगों के बाल बिखरे हैं, सिर पर धूल जमी हुई है, कपड़े मैले हो गये हैं, पैर फट गये हैं। उनकी आँखों में प्रतिहिंसा खौल

उठती है। खुदाबख्श उसके कुरते को पकड़ झकझोरता है। कहता है, "बताओ, दुश्मन की फौज कितनी दूरी पर है?"

"ढाई मील।"

"वे लोग कितने आदमी हैं?"

"डेढ़ सौ सवार।"

चम्मनलाल अपने सूखे होंठों को चाटता है। कुशल सैनिक सरजूप्रसाद कहता है, "चौहान जी, इस चूहे के बच्चे को लेकर कितना वक़्त बर्बाद करोगे? दुश्मन आ रहा है, तैयार हो जाओ।"

"हाँ, कहकर परन्तप चम्मनलाल के हाथों को पीछे की ओर घुमाकर मरोड़ देता है। उसके बाद कहता है, "खुदाबख्श, इसे ले जाओ।"

प्राणों की भीख माँगते समय चम्मनलाल की आवाज़ भय से फट जाती है, लेकिन वह ज़ोर से चिल्ला उठता है, "भाई साहब, मुझे बीबी और बच्चों का पेट भरना है..."

खुदाबख्श बात समाप्त करने नहीं देता। ठेलते-ठेलते उसे दूसरी तरफ ले जाता है।..."हाय परमेश्वर," चम्मनलाल के गले की विकृत चीख़ बीच रास्ते में ही रुक जाती है और दो बार गोली की आवाज़ चीख़कर चुप हो जाती है।

रामनिहाल और ब्रिजलाल पेड़ के ऊपर की चौकी से नीचे उतर आते हैं। सूचना देते हैं कि दो मील पूरब से अंग्रेज़ी फौजें जल्दी-जल्दी आगे बढ़ रही हैं।

पश्चिम तरफ भागना ठीक नहीं होगा। क्योंकि उस तरफ पेड़-पौधे और बगीचों की ओट नहीं मिलेगी। उधर नदी का चर, खुला मैदान और रास्ता है। उस तरफ जाने के मानी हैं अपने को शत्रुओं के हाथ में सौंप देना। उससे तो यह आम का बगीचा ही कहीं ज़्यादा निरापद स्थान है। खुदाबख्श का दल इधर-उधर बिखर जाता है।

अंग्रेज़ सैनिकों के घोड़े की टाप आँधी की तरह आगे बढ़ आती है। गोलियों की एक बौछार आती है और विस्फोट होता है। अंग्रेज़ों की फौज बगीचे में प्रवेश करती है। घने पेड़-पौधों की फाँक से इतने निकट से धुँधले प्रकाश में बन्दूकों की लड़ाई नहीं चल सकती। दोनों तरफ की तलवारें चमक उठती हैं।

खुदाबख्श दाँत से होंठ काटकर लड़ाई लड़ता है। शक्तिशाली हाथ का एक भी वार खाली नहीं जाता। खुदाबख्श वार-पर-वार करता है और गाली देता है। साहबों के घोड़े भय से दो पैरों पर खड़े हो जाते हैं। साहब धड़ाम से गिर पड़ता है और खुदाबख्श उस पर चोट करता है। तभी एक गोली आती है और उसके कन्धे में लगती है। खुदाबख्श पछाड़ खाकर गिर पड़ता है। आँखों के सामने हज़ारों रंग नाचने लगते हैं। उसके बाद अँधेरा सिमट आता है।

होश में आने पर खुदाबख़्श अपने दाहिने कन्धे से दर्द महसूस करने लगा। चारों तरफ देखने के बाद उसे लगा कि वह एक टूटे शिवमन्दिर में पड़ा हुआ है। उसके बाद उसने देखा कि परन्तप उसकी बगल में ही बैठा है। उसकी आँखें लाल हैं, बाल रूखे और पहरावा है मैला-कुचैला कपड़ा। खुदाबख़्श को होश में आते देख परन्तप के चेहरे पर हँसी तिर आती है। "मैंने सोचा था अब तुमसे बातचीत न हो सकेगी। तुम पूरे दस दिनों तक बेहोश रहे, भाई। सोचा था अब जिन्दा नहीं रहोगे।"

जहाँ दर्द था, वहाँ हाथ लगाते ही खुदाबख़्श का चेहरा यन्त्रणा से विवर्ण हो जाता है। वह सायास मुसकराता है। कहता है, "तुम्हारा चेहरा कैसा हो गया है परन्तप?" उसके बाद जरा रुककर कहता है, "हम लोग कहाँ हैं, परन्तप?"

परन्तप कहता है, "यह बिलकुल निरापद जगह है। यमुना के किनारे का एक शिवमन्दिर। यहाँ हम और दो दिन ठहरेंगे। उसके बाद झाँसी चलेंगे। रास्ते में हम लाल तागड़ पड़ाव में कुछ दिन ठहर जायेंगे।"

"झाँसी?"

"हाँ, बाकी सब जगह लड़ाई ख़त्म हो चुकी है, खुदाबख़्श। सुना है, एकमात्र वही जोर-खरोश के साथ लड़ाई चल रही है। कानपुर में अब लड़ाई नहीं होगी क्योंकि वह अंग्रेज़ों के हाथ में जा चुका है। काल्पी में चौरासी गुम्बद में ताँतिया ने बहुत बड़ी छावनी डाली है, लेकिन हम वहाँ क्यों जायें, खुदाबख़्श? हम लड़ना चाहते हैं मगर हमारे देखते-देखते लड़ाई ख़त्म होती जा रही है। इसीलिए सोचा है, जहाँ लड़ाई का सचमुच ही अवसर मिले, वहीं चलें।"

झाँसी की बात कानों में आते ही खुदाबख़्श रोमांचित हो उठा। बोला, "झाँसी की और-और ख़बरें बताओ, परन्तप।"

परन्तप कहता है, "झाँसी में अभी लड़ाई की तैयारियाँ चल रही हैं..."

परन्तप के स्वर में दबी हुई उत्तेजना है। बात कर रहा है लेकिन हाथ थरथरा रहे हैं। गरम पानी से खुदाबख़्श का जख़्म धोता है और धीरे-धीरे मलहम लगा देता है। कहता है, "भाग्य अच्छा था कि तुम बेहोश हो गये थे वरना क्या मैं कसाई की तरह छुरे से गोली निकाल पाता? तुम्हें जब घोड़े की पीठ पर ला रहा था तो लगता नहीं था कि तुम जिन्दा बचोगे। बुखार से तुम्हारा बदन जल रहा था और पानी पिया कि..."

और क्या? फिर क्या बुखार की बेहोशी में उसने बार-बार मोती का नाम लेकर पुकारा है? खुदाबख़्श शर्म से परेशान हो उठता है। परन्तप की आँखों से उत्सुकता झाँक रही है। वह जैसे एक नये खुदाबख़्श को देख रहा है। मगर खुदाबख़्श किन शब्दों से वार्त्तालाप चालू करे, उसकी समझ में नहीं आता। कहता है, "सात साल पहले..."

मगर बार-बार चेष्टा करने के बावजूद वह मुँह खोलकर मोती के बारे में नहीं कह पाता है।

परन्तप कहता है, "तुम जल्दी से अच्छे हो जाओ, खुदाबख्श।" उसके बाद बात को मोड़ देने के ख़याल से कहता है, "तुम किस हाथ से बन्दूक पकड़ोगे?"

"क्यों, इस हाथ से।"

"बहुत बड़े मर्द हो। मेरी जाति तो तुमने चौपट कर ही दी।"

"तुम्हारी कोई जाति भी थी, परन्तप?"

"नहीं थी?" कहकर परन्तप मूँछों को मरोड़ता है और कहता है–

"चार बाँस चौबीस गज अंगुल अष्ट प्रमान।
ता ऊपर सुलतान हैं मत चूको चौहान।।"

मैं वही चौहान हूँ–श्रेष्ठ राजपूत। ऐसा दिन था जब चौहान सरदार गद्दी पर बैठने के समय पाँव के अँगूठे से माथे पर टीका लगाते थे। जाति नहीं है तो तुम्हारी। तुम जितने गँवार हो उतने ही ज़िद्दी।" उसके बाद फिर कहता है, "एक बार झाँसी ले जाकर पटक दूँ तो फिर तुम देखोगे।"

"क्या करोगे?"

"किसी औरत से तुम्हारी शादी करा दूँगा! जंज़ीर में बँधने के बाद हो सकता है, तुममें अक्ल आ जाये।" यह कहकर वह खुदाबख्श के कन्धे की मालिश करने लगता है। परन्तप बहुत अधीर हो गया है। कहता है, "बैठे-बैठे मेरा ख़ून खौल रहा है। अब और बरदाश्त नहीं होता।"

खुदाबख्श कहता है, "तब दण्ड-बैठक करो और दौड़ लगाओ।"

परन्तप गुस्से में आ जाता है। कहता है, "तुम घोड़े होते तो अच्छा होता तुम्हारी अक्ल कितनी मोटी है और बात भी एकदम बेवकूफ की तरह!"

रास्ते में चलते-चलते परन्तप कहता है, "शायद हम लोगों का यही आख़िरी सफर है, खुदाबख्श–"

खुदाबख्श कहता है, "आखिरी सफर क्यों?"

परन्तप उत्तर नहीं देता। खुदाबख्श को लगता है, "हो सकता है परन्तप की बात में ही सच्चाई हो। यही उन लोगों का आखिरी सफ़र हो। इस सफर में बहुत-से आदमी शामिल होते हैं। हिन्दुस्तान के वीर सिपाही और जंगी रिसाले फाँसी के फन्दे से किसी तरह बचकर आते हैं। अंग्रेज़ उन्हें मौत के सिवा दूसरी कोई सज़ा नहीं देंगे। मरना ही होगा तो आख़िरी मौके से लाभ क्यों न उठा लिया जाये। इसीलिए वे लोग झाँसी जा रहे हैं। हत्या और लूट की विभीषिका पीछे छूट गयी है, सामने है तो आखिरी सहारे

का स्थान। खुदाबख्श, परन्तप और उनके साथियों की आँखों में एक ही बात है। जीवन की बाजी लगाकर लड़ाई में उतरे थे। वही लड़ाई अब ख़त्म होती जा रही थी। इसीलिए वे आखिरी लड़ाई लड़ने जा रहे हैं। यही उपलब्धि जैसे सखावत की राखी थी। आज सभी स्वयं को परन्तप के दृढ़ बन्धन में बँधा हुआ महसूस कर रहे हैं। कोई घायल है, किसी का घोड़ा जख़्मी है, किसी के कपड़े-लत्ते फट गये हैं। कुछ ऐसे भी लोग हैं जिनके घर-द्वार, सगे-सम्बन्धियों का कोई ठिकाना नहीं कि कहाँ गये किसी को ख़बर मिली है कि उसके बाप-भाई फाँसी के फन्दे से लटककर मौत के मुँह में समा चुके हैं। किसी के घर-द्वार को अंग्रेज़ों ने हाथी से रौंदवाकर मलबे में बदल दिया है।

ऐसे हालत में भी कोई दुःख और निराशा की बातें नहीं करता है। आपस में हँसी-मज़ाक चलता रहता है। उन्होंने जब यह जान लिया है कि मृत्यु क्या है तो बाकी ज़िन्दगी को हँसी से ही क्यों न भर दें?

धीरे-धीरे वे बरुआ सागर पहुँच जाते हैं। लूटपाट का निशान चारों तरफ दीखता है। रसद जमा करने में परेशानी का सामना करना पड़ता है। पैसा देने पर भी सामान नहीं मिल पा रहा है। अंग्रेज़ इधर नहीं आये हैं। फिर भी इस तरह के ज़ुल्मों को निशानी हर ओर क्यों है यह बात वे जानना चाहते हैं। गाँव के लोग बताते हैं, मौका पाकर पुराने दिनों के भुइयाँवत परिवारों के कुछ सरदारों ने मिल-जुलकर लूट-पाट का सिलसिला जारी कर दिया है। खुदाबख्श वगैरह से लोग चन्द दिन रुक जाने का अनुरोध करते हैं। उन्हें उम्मीद है कि दो-चार दिनों में ही झाँसी से कुछ फौज आ जायेगी।

परन्तप खुदाबख्श से कहता है, "दो दिन तक अब ठहरा नहीं जा सकता है? चाहता हूँ कि कुछ पुराने दोस्तों से मुलाकात हो जाये। खुदाबख्श तुम्हें दस साल पहले की बातें याद हैं?"

"ज़रूर! गर्जनसिंह से मुलाकात हो जाये तो बदला लेकर छोड़ूँ।"

"बदला लेने के अलावा और किसी बात की याद नहीं आती? पुराना दोस्त है, उससे मिलने पर खुशियाँ मनाने के बजाय सिर्फ हत्या और हत्या की ही बातें सोचते हो? छी-छी, तुम्हारे-जैसे दोस्त से मिलकर तो मेरी ज़िन्दगी ही बेकार हो गयी।"

खुदाबख्श हँसकर कहता है, "तुम्हारे साथ रहकर मेरी ही ज़िन्दगी कौन-सी बड़ी अच्छी बन गयी है?"

उसके बाद तय किया जाता है कि वे लोग बरुआ सागर में ही दो दिन रहेंगे। देखेंगे कि इस ज़ुल्म को बन्द कर पाते हैं या नहीं।

गाँव की कचहरी में रहने का बन्दोबस्त किया जाता है अब भी भरपूर गरमी नहीं पड़ी है। गाँव की सरहद पर नदी की एक शाखा है। यहाँ थके-माँदे सैनिक स्नान करते हैं। खुले मैदान में रसोई का इन्तज़ाम किया जाता है।

तहसीलदार की तत्परता से अच्छा चावल और घी मिल गया है? एक आदमी एक बकरा भी दे गया है। बहुत बड़ी दावत का इन्तज़ाम है। परन्तप ने गाँव के भी कुछ लोगों को न्यौता दिया है।

खुदाबख्श स्नान करने चला जाता है। सफेद रेत पर पतली जलधारा बह रही है। थोड़े-से ही पानी में चित लेटकर खुदाबख्श आकाश के तारों की ओर देखता है। निकट के गाँव से किसी बच्चें की रुलाई की आवाज़ आ रही है और उसके साथ ही किसी छोटी लड़की की लोरी की भी आवाज़ आ रही है। यह सब न देख पाने के बावजूद खुदाबख्श अनुमान लगाता है कि लड़की धूल से मलिन लाल घाघरा पहने है और उसकी देह पर उसी रंग के कपड़े की अँगिया है। पाँवों में कड़ा है, नाक में चाँदी की लौंग।

वातावरण बिलकुल शान्त है। पानी में तारों की छाया पड़ी हुई है। हवा में अनाम फूल की गन्ध। मन में बहुत तरह की बातें आकर इकट्ठी हो जाती हैं। किसी दिन उसने वादा किया था कि वक़्त आने पर आ जायेगा। फिर क्या वही समय आज आ गया?

रात में अचानक किसी चीज़ की हल्ला हुआ शायद आक्रमणकारियों के शोर-गुल जैसा। खुदाबख्श का दल जल्दी-जल्दी तैयार हो गया। लग रहा है, घोड़े की टापें आँधी के वेग से आगे बढ़ती आ रही हैं। सब लोग सतर्क होकर अपने-अपने घोड़ों पर सवार हो जाते हैं। कतार बाँधकर अपना-अपना हथियार लिये इन्तज़ाम करने लगते हैं। पता नहीं, आक्रमणकारी शत्रु है या मित्र। अँधेरे में दिखायी ही नहीं पड़ता।

"घुड़सवारों की संख्या का अनुमान लगाना मुश्किल है। बेतवा के तीर पर वे लोग चुपचाप खड़े हो जाते हैं। गम्भीर स्वर से आवाज़ आती है, "कौन है?"

"बाईसाहब की फौज।"

"तब ठहरो।"

पानी की पतली धार पारकर वे लोग आगे बढ़ आते हैं। उनके सरदार पर नज़र पड़ते ही खुदाबख्श के सिर पर पसीना छलछला आता है। दुबारा हुक्म मिलता है : "कतार में खड़े हो जाओ, देखूँगा।...नाम क्या है?"

खुदाबख्श घोड़े को आगे बढ़ाकर कहता है, "शमशेर पेश करने का हुक्म दीजिये, उस्ताद! मैं खुदाबख्श हूँ!"

"खुदाबख्श। कौन खुदाबख्श?"

"आपका खुदाबख्श।"

गौस घोड़े से उतर पड़ता है। खुदाबख्श भी उतरता है। उसके कन्धे पर हाथ रख गौस उसे सामने की ओर खींच लाता है। नागरे से धक्का दे धूनी में लकड़ी ठेलता है। आग लहक उठती है।

गौस रुँधे स्वर में कहता है, "खुदाबख्श!"

"उस्ताद।"

दोनों एक-दूसरे को आनन्द से गले लगा लेते हैं। खुदाबख्श के सिर और चेहरे को हाथ से सहलाकर गौर उसे आशीर्वाद देता है।

परन्तप आगे बढ़ आता है। अब तक वह तटस्थ द्रष्टा की तरह निकट ही खड़ा हो शकरकन्द खा रहा था। वह गम्भीर स्वर में कहता है, "खाँ साहब, मैं परन्तप चौहान हूँ। मुझे भी अपनी शमशेर पेश करने की इजाजत दीजिये। इतने दिनों के बाद इस बेवकूफ नालायक खुदाबख्श को यहाँ तक पहुँचा दिया है। अब मुझे छुट्टी मिली।"

गौस उसके गले-गले मिलता है। कहता है, "चौहान साहब, मैं आपकी छुट्टी मंजूर नहीं करूँगा। इतने दिनों के बाद आपने इसे ठीक जगह पर पहुँचा दिया है। आपको यहाँ उचित सम्मान मिलेगा।"

इन्तज़ार करते हुए सवार घोड़े से उतरकर आगे बढ़ आते हैं। खुदाबख्श संकोच और आनन्द के साथ बहरम, सागर, दुलीचाँद और छोटे जौहर से बातचीत करता है। हृदय आनन्द से भर जाता है।

दोस्तों के इस सम्मेलन में परन्तप और भी रंग ला देता है। वह बालू के चर से तरबूज ले आता है। नदी के किनारे बैठकर सभी तरबूज खाते हैं। गौस और खुदाबख्श के बीच बातचीत होती है। बीच-बीच में परन्तप से भी बातचीत होती है। थोड़ी देर बाद गौस कहता है, "डाकू-लुटेरों के द्वारा उपद्रव की बात सुनकर बाईसाहब एक बार खुद भी आयी थीं। उस समय बरसात का मौसम था, पानी के वेग से बेतवा के दोनों तीर लबालब भरे थे। गर्जनसिंह और भानु को फाँसी के फन्दे पर लटकवा दिया। कुछ आदमियों को कैद में रखा गया है। सोच रहा हूँ, लुटेरों से लोहा लेने के वास्ते कुछ आदमियों को यहाँ रख दूँ। कुछ फौजियों के आने की भी बात थी। चन्देरी भी चिट्ठियाँ भेज चुका हूँ। हमें आज ही लौटना है।"

गौस के शब्दों में एक कुशल योद्धा की गम्भीरता और आभिजात्य है। पहरावा है गाढ़े नीले रंग की पोशाक। पगड़ी पर एक लाल पताका उकेरी हुई है जिसके बीच सोने का एक तारा भी झिलमिला रहा है। रिसाले की भी वर्दी बहुत अच्छी है।

गौस समझ-बूझकर तरह-तरह के आदमियों के तरह-तरह के सवालों का उत्तर देता है, "हाँ, फौज की संख्या कुल मिलाकर ग्यारह हज़ार है। तीस तोपें हैं। बाईस तो हमारे पास ही थीं। बहादुर पलटन अंग्रेज़ों की हत्या कर दो और भी ले आयी थी।

ओरछा के नथे खाँ ने भी नौ तोपें दी हैं और बानपुर के राजा ने छह। रसद, रुपया-पैसा और तोपखाने का इन्तजाम हो चुका है। फौज की तैयारियाँ वैसी तो जबर्दस्त नहीं है, लेकिन, कोई बुरी भी नहीं हैं। मेरा तोपखाना कमज़ोर हो गया है। बाईसाहब खुद रिसाले में हैं तोपखाने के लिए कुछ बहिनें मिल गयी हैं।''

परन्तप उत्सुकता के साथ पूछता है, ''तो सचमुच ही औरतें भी लड़ाई के मैदान में उतर चुकी हैं।''

रात के आखिरी पहर वे झाँसी का रास्ता पकड़ते हैं। परन्तप, खुदाबख्श और गौस अगल-बगल चल रहे हैं। खुदाबख्श को देखकर गौस को आश्चर्य होता है। लगता है, इस आदमी से उसकी कोई जान-पहचान नहीं है। जो खुदाबख्श झाँसी को छोड़कर चला गया था वह एक नौजवान था। आज के खुदाबख्श में उसका कोई निशान नहीं है। खुदाबख्श का रंग काफी फीका हो गया है। शारीरिक परिश्रम और कष्टपूर्ण जीवन ने देह को पीट-पीटकर मजबूत बना दिया है। पेशानी पर रेखाएँ उभर आयी हैं। खुदाबख्श की दृष्टि से पता चलता है कि उसमें स्थिरता और एकाग्रता भी आ गयी है।

तीसरे पहर की रोशनी सरहद के ऊपर से जब मुड़ गयी, उस समय झाँसी का किला नज़र आया। लगता है, किसी चित्रकार ने तूलिका से एक चित्र बनाया हो।

खुदाबख्श झाँसी की ओर टकटकी लगाकर देखता है। छाती धड़कने लगती है। मस्तक पर पसीने की बूँदें छलक आती हैं। घोड़े की टापों से दूरी ज्यों-ज्यों कम होती गयी, किले की आकृति भी स्पष्ट-से-स्पष्टतर होती चली गयी।

नज़दीक पहुँच जाने पर गौस बहरम को एकान्त में बुलाकर कहता है, ''खुदाबख्श के आने की ख़बर मोती के पास पहुँचा आओ और उससे कहो कि किले के बाहर चली जाये।''

गौस के जत्थे को आते देख शहर से दूत ख़बर लेकर आता है। उससे बातचीत करने के बाद गौस सबसे कहता है कि वे उन्नाव फाटक से शहर में प्रवेश करेंगे।

शहर पहुँचते ही गौस खुदाबख्श से कहता है, ''चलो, पहले रानी से मुलाकात कर लें।''

परन्तप को लेकर उसके साथी किले की ओर बढ़ जाते हैं और गौस खुदाबख्श के साथ रानीमहाल में प्रवेश करता है। गौस चारों तरफ से मिलनेवाले अभिवादन को स्वीकार करता हुआ आगे बढ़ जाता है। उन लोगों को देखकर दो नवयुवतियाँ आगे बढ़ आती हैं। उनका पहरावा है मर्दाना पठानी पोशाक। कमर में तलवारें हैं।

गौस की आने की ख़बर पाकर रानी दरबार कक्ष से पठान युवक के वेश में बाहर आती हैं। लगता है, गौस के आने पर उन्हें बहुत ढाढ़स मिला है। कमरे के फर्श पर तेल की एक बहुत बड़ी बत्ती जल रही है। एक ओर मानचित्र की सरसरी नकल और

कुछ चिट्ठियाँ पड़ी हैं। गौस सलाम करता है। कहता है, "सरकार, सैंयर दरवाज़े पर अर्जुन कमान चलाने के लिए आदमी मिल गया है।"

खुदाबख्श आगे बढ़कर तलवार पेश करता है। रानी इस कद्दावर वीर युवक का ललाट और व्यक्तित्वपूर्ण चेहरा देख आश्चर्यचकित हो जाती है। उन्हें यह युवक अच्छा लगता है। उसके बाद कहती है, "बहुत अच्छी बात है। यह क्या बरुआ सागर में मिला?"

"जी हाँ, सरकार। अभी इसे आराम करने की इज़ाज़त दें। मैं इसके बारे में सारी बात बताता हूँ।"

रानी मुस्कुराकर खुदाबख्श को विदा करती हैं। खुदाबख्श के जाते ही गौस कहता है, "सरकार किसी दिन बाबा साहब से एक आदमी की जान की मैंने भीख माँगी थी। आज उसी को आपके सामने पेश कर रहा हूँ।"

सब सुनकर रानी संवेदना भरे स्वर में कहती हैं, "ठीक है, खाँ साहब। आपको पता है कि चन्दनसिंह गुप्तचर था और यह भेद खुल चुका है? पहले ब्रिगेड के स्टुअर्ट को वह हमारी तैयारी के सम्बन्ध में ख़बर दे आता था। चिट्ठी जब्त कर उसे कैदखाने में भेज दिया है। अभी भी बहुत होशियारी की ज़रूरत है।"

उसके बाद दोनों मानचित्र पर झुककर अंग्रेज़ वाहिनी की अग्रगति का अध्ययन करने लगते हैं।

सफर ख़त्म हो गया है। पथ पर चलते-चलते खुदाबख्श पथ का ही अभिनन्दन करता है। पत्थर पर घोड़े की टाप की आवाज़ प्रतिध्वनित हो रही है। खुदाबख्श एक हाथ से घोड़े की रास थामे है, दूसरा हाथ ठोड़ी पर है। उसकी तीक्ष्ण दृष्टि ममता से परिपूर्ण हो उठती है।

हर रास्ते पर लड़ाई की तैयारियाँ चल रही हैं। कार्य-व्यस्त नगरी, वहाँ का प्रकाश और कोलाहल खुदाबख्श के ध्यान में नहीं आ रहे हैं। लगता है, सब-कुछ सपना है। जैसे वह सपने के बीच से चला जा रहा हो। सच लगता है तो सिर्फ घोड़े की टाप की आवाज़ और रफ्ता-रफ्ता कम होनेवाला फासला।

मोड़ पर घूमते ही वही जाना-पहचाना दो मंज़िला मकान नज़र आता है। बगल में आले पर दीया जल रहा है।

खुदाबख्श घोड़े से उतरता है। लेकिन उसे अपनी पैर भारी और बेजान जैसे लगते हैं। घोड़े को बाहर छोड़ बगीचे की पगडण्डी तय करता है और दरवाज़े से घर के अन्दर प्रवेश करता है। वह स्वयं को बड़ा ही दुर्बल महसूस करता है। कानपुर में जब उसके

कन्धे में गोली लगी थी तो एक क्षण के लिए उसने मृत्यु से साक्षात्कार किया था। लेकिन उस समय भी उसे ऐसा तो महसूस नहीं हुआ था।

घर में सन्नाटा रेंग रहा है। सीढ़ियाँ चढ़ने के वक़्त अपने जूते की आवाज़ उसके कानों में बजती है। हर कमरे में एक-एक शमादान है। उसे यह धूपछाँही परिवेश स्वप्निल-जैसा लगता है।

साज-सज्जाहीन कमरों को पार करने के बाद वह जिस कमरे में प्रवेश करता है वहाँ एक गलीचा बिछा है। उस गलीचे में पैरों की आवाज़ डूब जाती है। आगे बढ़ते ही पाँव पसीने से भर जाते हैं। खुदाबख्श एकाएक थमकर खड़ा हो जाता है।

मद्धिम रोशनी में उसे भ्रम हुआ। लगा कोई रमणी तसवीर में खड़ी है। स्निग्ध प्रकाश से ही उसके देह की रचना की गयी है। उसका वस्त्र उजला है, वेणी रुक्ष और देह निराभरण। केवल भ्रमर-जैसे नेत्र बातचीत कर रहे हैं। बात करने में उसके होंठ थरथराने लगते हैं।

खुदाबख्श के कण्ठ से मात्र एक शब्द निकलता है, "मोती!"

मोती के पैर उससे विश्वासघात करते हैं। लड़खड़ाना चाहते हैं। खुदाबख्श उसे अपने बलिष्ठ हाथों से खींच लेता है। छाती से लगाकर प्यासे स्वर में कहता है, "मोती, मोती, मोतिया।" उसके बाद उसके प्यासे होंठ मोती के अधरों पर आकर विलीन हो जाते हैं।

वह दीन-दुनिया का होश खो बैठता है। मोती का अभिमान, अभियोग इतने दिनों से तिल-तिलकर रचे गये सपने और कल्पना सब-कुछ व्यर्थ साबित हो जाते हैं। उन दोनों का अस्तित्व ही चरम सत्य होकर रह जाता है।

मोती स्वयं को संयत करती है। उसके बाद आदर के साथ खुदाबख्श को पलँग पर बिठाती है। गीतों में उसने कितनी ही बार इस आसन की रचना की है। मोती घुटने मोड़कर बैठ जाती है। पाँवों से नागरा खोल देती है। उसके बाद घुटने टेककर वह अपना सिर खुदाबख्श की गोद में रख देती है और रोने लगती है। पुष्पित लता की तरह उसकी देह काँप-काँप उठती है। खुदाबख्श उसे रोकता नहीं। खुदाबख्श को मोती में अपनी माँ और एक व्यक्ति की छाया दीख पड़ती है।

मोती को उठाकर खुदाबख्श अपनी बगल में बिठाता है और उसके आँसू पोंछ देता है।

दोनों में कोई बातचीत नहीं होती। खुदाबख्श अपलक देख रहा है। वही ललाट है, वही उन्नीत ग्रीवा, वही अधर, वही आँखें। बिना जतन की बँधी कबरी, निराभरण देह और अनामिका में प्रवाल की एक अँगूठी। याद आता है, इसी अँगुली को एक दिन उसने अपने होंठों से स्पर्श किया था।

आँखें अभिमानिनी को ओट में रखे हुए हैं। शर्म, सम्भ्रम और आकुलता से तनी हुई देह और भी अधिक थरथरा रही है। बात करना चाहती है तो गले में काँटा बिंधने लगता है। उसके बाद बहुत मुश्किल से अपने-आपको संयत कर मोती कहती है, "आने में तुमने कितनी देर लगा दी।"

खुदाबख्श अधीर हो उठता है। जिसके चेहरे पर वह हँसी नहीं ला सका, उसे प्यार कर रुला किस साहस पर रहा है? खुदाबख्श उसे अपने निकट खींचकर सान्त्वना देता है। कहता है, "खत मिला था?"

"हाँ।"

"लिखा ही था कि वक़्त आने पर मैं पहुँच जाऊँगा, मोती।"

"लिखा था, मगर कहीं फिर तो तुम चल नहीं दोगे?"

खुदाबख्श थोड़ी देर बाद कहता है, "एक चीज़ कब से ढोये चल रहा हूँ। वह एक दुखिया की चीज़ है। तुम्हारे नाम पर छोड़ी गयी है।"

"क्या है?"

खुदाबख्श चेहरे पर मुस्कुराहट लिये अन्दर की जेब से एक मैला रुमाल बाहर निकालता है। रूमाल खोलते ही लौंग का फूल जड़ा एक जोड़ा सोने का कान-पासा निकल आया। बीच में लाल मीना की नक्काशी है। उसके साथ है सोने का एक पतला-सा हार।

अत्यन्त श्रद्धा के साथ मोती के हाथ में कानपासे रख खुदाबख्श कहता है, "माँ तुम्हें दे गयी हैं।"

चीज़ मामूली है, मगर मस्तक पर रखने लायक।

मोती ने कानपासे को माथे से छुलाया।

उसके बाद बहुत घुमा-फिराकर उन्हें अच्छी तरह देखती है। देखती है और सोचती है, माँ कितनी सुन्दर होंगी! सिर को झुका, दाँतों से होंठ दबाकर मोती दोनों हाथों से पासा पहनती है।

उसके बाद खुदाबख्श के सामने तनकर खड़ी हो जाती है। एक ही अलंकार है लेकिन उसी में वह राजकन्या-जैसी दीख रही है। खुदाबख्श मुग्ध नयनों से प्रिया के चेहरे की ओर ताक रहा है। एक क्षण के लिए मोती का चेहरा खुदाबख्श की दृष्टि से ओट हो जाता है और उसके सामने एक और प्रिय मुख का चित्र उभर आता है। वह मुखड़ा जरा दुबला और पीत वर्ण का है, माथे पर गोदने की बिन्दी है, बाल रुक्ष और पिंगल वर्ण के हैं। कानपासे के साथ वह मुखड़ा खुदाबख्श के हृदय में अंकित है। खुदाबख्श कुछ देर तक अनमना होकर मोती के चेहरे की ओर देखता रहता है। उसके बाद वह मुखड़ा आहिस्ता-आहिस्ता मोती के चेहरे में विलीन हो जाता है।

मोती कहती है, "क्या देख रहे हो?"

"कुछ नहीं।" सवाल को टालकर खुदाबख्श मोती का हाथ थाम खिड़की के पास चला जाता है और दोनों अगल-बगल खड़े हो जाते हैं।

नीचे राजपथ है। कार्यव्यस्त आदमियों का आना-जाना लगा है। खुदाबख्श का मन इसी रास्ते को पकड़कर किसी निरुद्देश्य पथ में लापता हो जाता है।

मोती खुदाबख्श के मन को समझ रही है। गहरी ममता से हाथ में हाथ रखकर कहती है, "क्या हुआ, खुदाबख्श?"

खुदाबख्श उत्तर नहीं देता। अपनी विक्षिप्त आँखों को मोती की आँखों में रख देता है। उसका सब-कुछ खो गया था। खोजने पर वही सब-कुछ उसे मोती की आँखों में मिल जाता है। कहता है, "जानती हो मोती, माँ आज रहतीं तो कितनी ख़ुश होतीं। दोनों शब्दों की स्थिति से परे हटकर कुछ देर तक एक-दूसरे की आँखों में डुबकी लगाते रहते हैं। उस मधुर और नीरव क्षण में नक्षत्रों की स्निग्ध प्रकाश-धारा मानो देहहीन आत्मा के कल्याण की कामना में ही झर रही हो।

अचानक बन्द दरवाज़े पर दस्तक पड़ती है। बहरम आया है। स्वागत का इन्तज़ार किये बगैर अन्दर चला आता है।

मोती के चेहरे पर शर्मीली हँसी तिर आती है। संकोचहीन बहरम ने जैसे कुछ देखा-समझा नहीं हो, उसी तरह वह जल्दी-जल्दी अपने कुरते की जेब से एक खत निकाल मोती की ओर बढ़ा देता है। कहता है, "ज़ोर-ज़ोर से पढ़ो, बहिन। खुदाबख्श भी सुनेगा।"

फौजी काम की ही चिट्ठी होगी। खुदाबख्श मोती के हाथ से चिट्ठी लेकर पढ़ता है। गौस ने लिखा है : मोती, जिस बेवकूफ नालायक को तुम्हारे पास भेजा है उसे आज रात किले में नहीं आना है। उसे कैद कर रखो।

सुगन्धित गरम पानी में नहाने से खुदाबख्श की थकावट दूर हो जाती है। देह हलकी लगने लगती है। उसके बाद खुदाबख्श ने चुस्त पाजामा पहना और गले के पास खास पठानी कायदे से जरीदार कपड़ा रखा। पाँवों में कुछ नहीं पहना। हलके लाल रंग की चन्देरी पगड़ी सिर पर करीने से बाँधी। देखने में ठीक राजा-जैसा लगने लगा।

बगल के कमरे में मोती कपड़ों का ढेर लिये बैठी है, मगर उसे अपनी पोशाक नहीं मिल रही है। आज उसे रंग, जरी, रेशम कुछ भी पसन्द नहीं आ रहा। उसके बाद बहुत उलटने-पलटने के बाद वह चम्पई पेशवाज और दुपट्टे का निर्वाचन करती है। मुँह को घिस-घिसकर लाल कर लेती है। बड़ी-बड़ी आँखों में सुरमा लगाती है,

जैसे काले भौंरे हों। देह पर घुमाकर दुपट्टा रखती है। अपना चेहरा हज़ारों बार आईने में देखती है।

चूँकि दिखाना है इसीलिए मोती स्वयं को घुमा-घुमाकर बार-बार देखती है। खुदाबख्श कब उसके पीछे आकर खड़ा हो गया है, मोती को इसका ख़याल ही नहीं। अचानक मोती की निगाह में एक लम्बा-चौड़ा, गठे बदन का एक जवान पठान आता है। मुड़कर वह खुदाबख्श को देखती है और लज्जित हो जाती है। सचमुच बहुत बेशर्मी का काम हो गया है। मोती दोनों हाथों से चेहरा ढँक खुदाबख्श की छाती पर रख देती है।

इस वक्ष के अतिरिक्त मोती के लिए छिपने का कहीं स्थान भी तो नहीं है। खुदाबख्श आत्मश्लाघा में सम्राट् की तरह हँसता है। मोती के माथे को चिबुक से छूता है और प्यार करता है। उसके बाद दोनों हाथों से उसके मुखड़े को पुष्पाञ्जलि की तरह उठाकर सूर्य की तरह देखता रहता है, पलकहीन, चुपचाप। बिखरे बालों को फूँक से उड़ाकर ललाट और गाल पर फैला देता है। दुपट्टा सिर पर रख देता है। खुदाबख्श के चेहरे पर उत्सुकता और एकाग्रता तिर आती है।

मोती टूटी आवाज़ में कहती है, "याद है, खुदाबख्श जिस दिन..."

"सब-कुछ याद है, मोती।"

दोनों की आँखों में होली का वह दिन तिर आता है। प्रथम मिलन का शुभ लग्न—जिस दिन आकाश, वायु, पलाश और सेमल ने आकुल होकर वसन्त के उत्सव को बना दिया था। वह यौवन का प्रथम उन्मेष था। उस दिन मिली मालिन की डलिया के चम्पा के फूलों की गन्ध खुदाबख्श अब भी अनुभव कर रहा है। मोती ने शायद उस दिन भी यही पोशाक पहनी थी।

खुदाबख्श कहता है, "लेकिन उस दिन तुम्हारे बाल खुले हुए थे और गले में मोती का हार भी था। याद है?"

उसकी अपलक दृष्टि के सामने मोती जैसे पिघलती जा रही है।

मोती उसी गुलाब की तरह थरथरा रही है जिस पर भ्रमर आकर बैठता है और उड़कर चला जाता है। खुदाबख्श कहता है, "और एक बात कहूँ?"

"बोलो।"

नीली आँखों में कौतूहल उमड़ आता है। खुदाबख्श कहता है, "तुम्हें एक और बात याद है न?"

"कौन-सी बात?"

"कि तुमने एक ही नज़र की चोट से घायल कर दिया और उसी दिन से बन्दा तुम्हारा कैदी हो गया।"

"जी", कहकर मोती मुस्कुरायी और इस बन्दी को उसने स्वीकार कर लिया। उसके बाद नक्काशी की हुई एक कश्मीरी पेटी से लाल मखमल पर जरी से बेल-बूटे का एक अँगरखा निकाल लाती है, "छह महीने तक अपने हाथ से बेल-बूटे काढ़े हैं।"

मोती अपने हाथ से खुदाबख्श को वही अँगरखा पहना देती है। वह हँसकर तारीफ करता है। सचमुच, बहुत फब रहा है। खुदाबख्श मोती को अपने पास खींच लेता है। आईने पर से जालीदार पर्दा हटा देता है। उस छाया को अपने अन्दर जज्ब कर आईना भी जैसे धन्य हो उठा। दोनों के चेहरे पर आज जैसे एक सपना सार्थक हो रहा हो। मोती कहती है, कल इसी वक़्त तुम कहाँ थे, खुदाबख्श?"

कल इस वक़्त नदी के पानी में था। पत्थर पर सिर रख चित लेटा था और तुम्हें याद कर रहा था। उसके बाद जरा रुककर कहता है, "और तुम?"

मैंने पत्थर पर ही सेज बिछायी थी, लेकिन नदी नहीं थी, आकाश नहीं था, कुछ भी नहीं था।

बादल चाँद को ढँक लेता है जैसे खुदाबख्श का मुखड़ा मोती के मुखड़े को ढँक देता है।

"मोती!"

"खुदाबख्श।"

"कल की बात छोड़ो, वह तुम्हें अच्छी नहीं लगेगी।"

"और तुम्हें?"

"मुझे भी नहीं। मैं वर्तमान को ही मानता हूँ—अभी इसको, तुमको और अपने को।"

"और कुछ भी नहीं?"

"कुछ भी नहीं।"

हृदय जैसे कानों-कान बातचीत कर रहे हों। मोती खुदाबख्श को रास्ता दिखाती बगलवाले कमरे में ले जाती है।

गलीचे के दो छोरों पर दो मोमबत्तियाँ जली हुई हैं। बीच में उसने रेशमी जाली कढ़े रूमाल के नीचे कुछ तश्तरियों को ढँककर रखा है। चाँदी की सुराही में शरबत। खुदाबख्श आँखो-ही-आँखों में तारीफ करता है। उसे हँसी भी आती है। कहता है, "पिछले कुछ महीनों के दरमियान हमने क्या खाया है, जानती हो? किसी दिन कुछ आलू मिल जाते थे तो सौभाग्य समझता था। रोटी के लिए आटा मिलता था तो आलू नहीं। शिकार मिलता था तो पकाने का बरतन नहीं। तीन दिन बाद कुछ शकरकन्द मिला तो खाने की फुरसत ही नहीं मिली। यह सुनकर कि दुश्मनों की फौज आ रही

है, छोड़-छोड़कर भाग आया। मगर तुमने यह क्या किया है, मोती? इतना-इतना आयोजन क्यों किया है?"

"कहाँ कुछ कर सकी हूँ!" मन-ही-मन मोती सोचती है, तुम्हारे लिये चाहे जो भी आयोजन करूँ, पर्याप्त न होगा। मेरी सामर्थ्य ही कितनी बड़ी है? कोई अगर पूरी दुनिया का भण्डार भी ला दे तो मुझे नहीं लगेगा कि पर्याप्त है।

'बड़े भाग से साजन पाये'—वह बड़भागी है कि उसका साजन उसके घर आया है। इसलिए वह जतन से उसकी सेवा कर रही है। धीरे-धीरे शरबत ढालती है और प्याला आगे बढ़ा देती है। फल और बादाम की तश्तरी से ढक्कन हटा देती है। हाथ धोने के लिए गरम पानी का कटोरा आगे बढ़ा देती है। मोती को देखकर उसे अपने घर-गाँव में मामूली सामानों से सत्कार करती माँ की याद आ जाती है। मोती उसकी इतनी जतन से सेवा करेगी, यह बात उसकी माँ जान पाती तो वह कितनी निश्चिन्तता की साँस लेती। उसके मन में गम्भीर ममता जगती है। सोचता है, इन बुरे दिनों में मोती ने कितनी तकलीफ से इन वस्तुओं को इकट्ठा किया होगा।

कमरे की खिड़की खोलते ही पहाड़ की सरहद से धुली हुई चैती बयार आती है। शमादान की बत्ती बुझ जाती है। भाग्य से आकाश में फीका चाँद था। इसलिए कमरे में मद्धिम प्रकाश की रेखा बनी रह जाती है।

खिड़की के पास ही सेज है। पलँग पर मुलायम गद्दा है। खुदाबख्श अपने थके जिस्म को तानता है। मोती उसकी बगल में ही बैठ जाती है। वायु के स्पर्श के कारण मोती के बाल और पोशाक से इत्र की ख़ुशबू आ रही है।

मोती धीमी आवाज़ में अनुमति माँगती है, "जरा पाँव दाब दूँ खुदाबख्श, आराम मिलेगा।"

खुदाबख्श मना करता है। थोड़ी देर बाद मोती कहती है, एक बात कहूँ?"

"कहो।"

मोती के स्वर में अनुनय है, "आज नहीं कहूँगी तो कभी कहना न हो सकेगा।"

"बोलो।"

"तुमने मुझे माफ कर दिया है न?" मोती खुदाबख्श के पाँव पर हाथ रखती है। उसकी आवाज़ से लगता है कि उसकी आँखें छलछला आयी हैं।

खुदाबख्श कहता है, "इस ओर तो निहारो, मोती।"

मोती निहारती है। हलकी चाँदनी में मोती की पलकों में आँसू की बूँदें दिखायी पड़ती हैं। खुदाबख्श गम्भीर लेकिन ममता भरे स्वर में कहता है, "मुझे भी तुमसे कुछ कहना है, मोती। तुम क्या इस पर यकीन करती हो कि मैं उस बात को याद रखे हूँ? हाँ, उस समय बहुत चोट लगी थी। लगा था, बरदाश्त नहीं कर पाऊँगा। तुमसे अपने अब्बा के बारे में बहुत-कुछ कह चुका हूँ। जानती ही हो कि मैं किसान हूँ।

ज़मीन जब बरसों तक मुँह मोड़ लेती है तब हम उसे नरम बनाते हैं। फिर वही हमें फल-फूल देती है लेकिन हम उसे छोड़ते तो नहीं। तुमने चोट पहुँचायी थी, फिर भी तुम्हें छोड़कर रह नहीं सका। उस्ताद का पहला खत मिलने के पहले ही मेरा मन तैयार हो गया था, मोती। किसी दूसरी को तुम्हारे स्थान पर मैं बिठा नहीं पाता। तुम्हें जब एक बार प्यार कर चुका था तो उस मन को लेकर कोई खेल नहीं खेल सकता था। बहुत-सारी बातें हैं जिन्हें मैं सहेजकर कह नहीं पा रहा, यह तुम जानती हो। हाँ, यह मुझे मालूम था कि तुम मुझे सही-सही समझोगी, क्षमा करोगी और मेरा इन्तज़ार करोगी। बताओ, वह विश्वास मुझे कहाँ से मिला? तुम्हीं ने दिया था। मेरा मन अजीब ही तरह का है, मोती। मैं एक ही बार प्यार कर सकता हूँ और वही मेरा ध्यान-पूजा बन जाता है। उसी को लेकर मेरी ज़िन्दगी बीत जाती।''

कुछ देर तक चुप रहने के बाद खुदाबख्श फिर कहता है। ''मोती, तुम ज़रूर सोचती होगी कि मैं कल की बात नहीं सोचता। किस भविष्य के बारे में सोचूँ? पिछले कई बरसों के दौरान कितनी ही मौतें, दुःख और शोक देख चुका हूँ। अपनी ही ज़िन्दगी में बहुत-सारे उतार-चढ़ाव देखे हैं। जब सँभलकर ज़िन्दगी जी तो सब-कुछ बेतरतीब होकर आँधी में उड़ गया। जहाँ कोई उम्मीद न थी वहीं सारी उम्मीदें इकट्ठी हो गयीं और सौभाग्य का प्याला लबालब भर गया। यह सब देखकर लगता है कि इस जीवन का शुक्रिया अदा करना चाहिए, सबका अहसानमन्द होना चाहिए।''

मोती को खुदाबख्श की बातों में समग्र जीवन की जिज्ञासा का बोध होता है। वह अपने मर्म में भी उसी बात की प्रतिध्वनि सुन रही है। खुदाबख्श और भी बातें सुनाता है। उसके स्वर में आकुलता है। मानो आज रात ही उसे यह सब बातें कहनी हैं। इसीलिए चाँद बादलों के दुपट्टे को हटाकर बाहर निकल आया है और तेज़ हवा अपनी मुट्ठी में जूही के फूलों की खुशबू लाकर बिखेर रही है।

खुदाबख्श कहता है, ''आज रात अंग्रेज़ों की जो फौज बीस मील के फासले पर है, हो सकता है कल ही वह किले के सामने आ जाये। उस समय यह सब बात कहने का मौका नहीं मिलेगा, मोती। इसीलिए कह रहा हूँ। तुम पुराने दिनों की बातें न करो।''

खुदाबख्श तुमने अंग्रेज़ी फौज तो ज़रूर देखी होगी।'' खुदाबख्श जरा मुस्कुराकर कहता है, ''एक बार बचपन में देखी थी।''

मोती उसका मुँह हाथ से ढँक देती है। वह बहुत बड़ा अन्याय कर बैठी है। खुदाबख्श मोती का हाथ खींच अपने दाहिने कन्धे पर रखता है। कहता है, ''अँधेरे में तुम्हें दिखायी नहीं पड़ता होगा, लेकिन यहीं जख़्म का एक निशान है। कानपुर में गोली लग गयी थी।''

मोती ममता से भर अपने हाथ से सहलाती है। खुदाबख्श कहता है, ''ख़ैर, ये सब बातें अभी छोड़ो मोती। अभी क्या यह सब सुनने-कहने का समय है?''

मोती खुदाबख्श की बाँह से टिककर बैठ जाती है। खुदाबख्श उसे अपने बाहुओं में भर लेता है। छाती से सटाकर उसकी धड़कनें सुनता है। एक के वक्ष की थरथराहट से दूसरे का वक्ष स्पन्दित होने लगता है। किले से तोप की नली ठीक करने की आवाज़ आती है। रात के समय जो पहरे पर रहेंगे वे ही सब रिसाले, सिपाही और तोपख़ाने के आदमी सदर रास्ते से गुज़र रहे हैं। घण्टे की आवाज़ दो बजे की सूचना देती है।

खुदाबख्श बाहरी दुनिया को हाथ से दूर ठेल देता है। उसकी छाती में एक तीव्र बुभुक्षा लिये प्यार की तरंगें जग पड़ती हैं और उसकी छाती से टकराने लगती हैं। एक अभूतपूर्व पीड़ा और आवेग की मिली-जुली तरंग से उसका हृदय आन्दोलित हो उठता है। शोणित में चंचलता आ जाती है। उसकी लम्बी प्रतीक्षा इस वेदना और आनन्द की घड़ी में सार्थक हो उठती है। आनेवाले युद्ध की पृष्ठभूमि में पुरुष अपनी प्रिया को आत्मीय बना लेना चाहता है। यह एक शुभ घड़ी है। खुदाबख्श चरम आवेग के साथ कहता है, ''मोती, मोती, मोतिया।''

मोती फूलों के गुच्छे की तरह उसके वक्ष से चिपक जाती है। बात नहीं करती। रात शब्दातीत की स्थिति में पहुँच जाती है।

चाँद थोड़ा झुक गया है। मोती जतन के साथ खुदाबख्श के माथे पर के बिखरे बालों को हटा देती है। खुदाबख्श प्यार-भरी दृष्टि से देखता है। कहता है, ''क्या सोच रही हो?''

''कुछ भी तो नहीं।''

''मोती।''

''हूँऽऽ?''

''तुम गीत गाती थीं?''

''हूँऽऽ।''

''कौन-सा गीत?''

''मुझे याद नहीं आता।''

''मैं सुनना चाहता हूँ।''

''तुम बड़े ही जिद्दी हो, खुदाबख्श।''

''जी हाँ। कम जिद्दी होता तो तुमसे मिल सकना मुश्किल था। तुम भी कोई कम हो?'' मोती ज़रा मुस्कुराती है। उस मुस्कुराहट में बेजोड़ सौन्दर्य है। जैसे सचमुच

ही मोती झर रहे हों। चाँद की रोशनी में फीकापन है। मोती राजकन्या-जैसी दीख रही है। हाथों के बन्धन में ही सिमटी है लेकिन लग रहा है कि कोई स्वप्नलोक की कन्या हो। खुदाबख्श कहता है—

"गीत सुनाओ, मोती।"

"तुम्हें याद है?"

"ज़रूर।"

"वही गीत गाऊँ?"

"नहीं मोती।"

"तो फिर चन्द्रभान जी के द्वारा उपहार में दिया हुआ गीत?"

"अन्धी लड़की का गीत, जिसे तुमने इनाम दिया था?"

"तुम्हें कैसे मालूम हुआ?"

"उस्ताद ने बताया है। मैंने बड़ा ही अन्याय किया है, मोती। याद है, एक बार और भी माफी माँग चुका हूँ। याद आ रही है वह चाँदनी रात? होली का शोरगुल मचा था।"

मोती को सब याद है। सिर्फ खुदाबख्श उसके निकट नहीं था। लेकिन उसकी स्मृतियों को बिना सूत के हार में गूँथकर विरह के दिनों में मोती ने उसे तसबीह की तरह पहना है। मोती उत्तर नहीं देती। गुरु जी का स्मरण कर गीत शुरू करती है—'तेरे कारण मैं जोगन बन जाऊँगी।' उसे महसूस होता है, गुरु चन्द्रभान जी मुस्कुराकर आशीर्वाद दे रहे हैं।

खुदाबख्श ध्यान लगाकर सुनता है, "तुम यही गीत गाती थीं, मोती?"

मोती हामी भरती है। खुदाबख्श को व्यथा का अनुभव होता है। वह स्नेह के साथ मोती के माथे पर आयी लटों को हटा देता है और पसीना पोंछ देता है। कहता है, "जोगन क्यों बनोगी, मोती? मैं तो तुम्हारा ही था, एक दिन के लिए भी तुम्हें नहीं भूला था।"

मोती उसकी बात पर यकीन कर ख़ामोशी ओढ़ लेती है। खुदाबख्श कहता है, "अब तुम सो रहो, मोती।"

मोती आज्ञाकारिणी लड़की की तरह आँख बन्द कर लेती है। खुदाबख्श खिड़की पर खड़ा हो जाता है। ठण्डी बयार के झोंकों को स्वीकार कर परम करुणामय के प्रति हार्दिक कृतज्ञता प्रकट करता है।

मोती अब सो गयी है। उसकी साँसें एक ही रफ़्तार में चल रही हैं। सुन्दर-स्वच्छ चेहरे पर शान्ति खेल रही है। खुदाबख्श उसके कपोल से लटें हटा देता है। कानों में कहता है, "मोती, अब मैं रिसाला पड़ाव छोड़कर गाँव चला जाऊँगा। वहाँ तुम्हें घर-द्वार दूँगा और बहुत दिनों तक प्यार करूँगा।"

मोती नींद में ही करवट लेती है। लगा जैसे, कुछ बोली भी। उसके बाद खुदाबख्श भी उसकी बगल में लेट गया।

मोती की नींद अचानक खुल गयी। बगल में लेटे खुदाबख्श को पुकारा, "सुन रहे हो खुदाबख्श, ऐ खुदाबख्श..."

खुदाबख्श घबराकर उठ बैठा। बोला, "मुझे पुकार रहे हो?"

मोती बोली, "कोई पुकार रहा है।"

"कहाँ?"

खुदाबख्श कान लगाकर सुनने लगा। बाहर से कोई उसका नाम लेकर पुकार रहा था।

खुदाबख्श ने उठकर दरवाज़ा खोल दिया।

सामने बहरम खड़ा था।

खुदाबख्श ने पूछा, "क्या बात है, बहरम?"

बहरम बोला; "सब गड़बड़ हो गया, भाई। उस्ताद गौस ने यह खत भेजा है।"

खुदाबख्श खत लेकर पढ़ने लगा। थोड़ी देर बाद वह विचलित हो उठा।

मोती अधीर हो उठी थी। बोली, "क्या ख़बर है, खुदाबख्श? कोई बुरी ख़बर है क्या?"

खुदाबख्श के पास तब बातचीत करने का वक़्त नहीं था। उसने जल्दी-जल्दी वर्दी पहनी और तैयार हो गया।

बोला, "मोती, तुम भी तैयार हो जाओ। अंग्रेज़ों की तोप हम पर गोलाबारी करने के लिए तैयार है। आक्रमण करने के लिए वे लोग तैयार हैं। गौस ने क्षमा माँगते हुए जल्दी ही आने के लिए ख़त लिखा है। हम लोगों की छुट्टी मंसूख हो गयी।"

बहरम इस बीच जा चुका था। खुदाबख्श भी घोड़े के पास पहुँच चुका था।

मोती ने पुकारा, "खुदाबख्श–"

खुदाबख्श पीछे मुड़ा और बोला, "अब बात करने का समय नहीं है, मोती–"

मोती और कुछ बातें कहना चाहती थी। लेकिन तब तक खुदाबख्श अँधेरे में ओझल हो चुका था। मोती कुछ देर तक खड़ी रही। अपने बिछावन के पास लौट आयी। उसके बाद उसने पता नहीं क्या सोचा और उसी बिछावन में मुँह छिपाकर लेट गयी।

बुर्ज़ पर खड़ा हो गौस आँखों में दूरबीन लगाता है और देखता है। साथ में रघुनाथसिंह और लाल भाऊ खड़े हैं। खुदाबख्श कपाल पर हाथ रखे खाली आँखों से

ही देखने की कोशिश करता है। बाग़ के बाद का कोई भी हिस्सा नज़र नहीं आता। ज़मीन ऊँची-नीची है। अंग्रेज़ों की फौजें कैण्टूनमेण्ट और स्टारफोर्ट को पार कर बहुत दूर आगे बढ़ चुकी हैं। ऊँची-नीची ज़मीन पर कभी वे दीख जाते हैं और कभी नहीं। वे लोग पुतले की तरह छोटे-छोटे दीख रहे हैं। बन्दूक के सामने संगीन झलक रहा है। रघुनाथसिंह खुदाबख्श को दूरबीन देता है। वह भी ग़ौर से देखता है। गौस कहता है, ''बीच में जो बूढ़ा-जैसा अंग्रेज़ दिखायी पड़ रहा है वही सर ह्यूरोज है। देख रहे हो न, उसके हाथ में भी दूरबीन है। किले की ओर ही ग़ौर से ताक रहा है।''

दूरबीन रखकर गौस कहता है, ''झण्डा ऊँचा करो।''

चटख लाल रंग का झण्डा ऊँचे पर फहराया जाता है। सुबह की धीमी बयार में झण्डा नीचे आकाश में लहराने लगता है। गौस कहता है, उन्हें देखना ही है तो अच्छी तरह देख लें।''

''फौज की संख्या कितनी होगी, उस्ताद?''

एकाएक सभी चौंक उठते हैं। पता नहीं, कब रानी आकर चुपचाप खड़ी हो गयी थीं। वह सबेरे की पूजा समाप्त कर लाल रेशम की बिना किनारी की साड़ी मराठी तरीके से पहने थीं। कबरी के गीले बाल बँधे हैं, मस्तक पर चन्दन, कण्ठ में मोती का एकलड़ा हार, हाथ में हीरे का कंगन, पाँवों में सफेद नागरा।

दूरबीन लेकर ग़ौर से ताकती है और कहती है, ''संख्या कितनी हो सकती है?''

गौस कहता है, ''रोज़ के साथ दो नम्बर ब्रिगेड आया है। एक नम्बर ब्रिगेड चन्देरी का चक्कर लगाते हुए आ रहा है। भोपाल की बेगम सिकन्दर के सात सौ को जोड़ा जाये तो फौज की संख्या नौ हज़ार के करीब होगी।''

''मेरा भी यही अनुमान है। लेकिन एक बात जानते हैं गौस, हम लोगों को जिस तरह उनकी ख़बर का पता चल जाता है, उन्हें भी हमारी बात का पता चल जाता है।''

''इस छल का कूल-किनारा कहाँ है, सरकार। ऐसी हालत में तो गोपाल राव को कैद में डाल देना चाहिए।''

''ज़रूर। बानपुरवाले राजा के साथ जब तक मुलाकात नहीं होती है, तब तक गोपाल राव की ख़बरों की जाँच नहीं हो सकती।''

''और चन्दनसिंह?''

''उसे तो आज ही ठिकाने लगा दूँगी। लड़ाई दरवाज़े के सामने रहने के बावजूद जो आदमी फिरंगियों के भले के लिए इस तरह का विश्वासघात कर सकता है उसका एक भी एक बूँद ख़ून ज़मीन पर नहीं गिरना चाहिए। ऐसा कर सकियेगा?''

गौस कहता है, ''जो भी हुक्म होगा, करने को तैयार हूँ, सरकार।''

रानी अपना कथन जारी रखती है, "उसका ख़ून जहाँ भी गिरेगा, वहीं की माटी भी बेईमान हो जायेगी। धरती का जिस्म झुलस जायेगा।" रानी का चेहरा घृणा और क्रोध से तमतमा उठता है।

सभी चुप रहते हैं। रानी फिर सामने की ओर ताकती हैं। अंग्रेज़ों की फौज किले से लगभग तीन मील की दूरी पर आकर रुक गयी है और छावनी डाल रही है। अंग्रेज़ अफसर घोड़े पर सवार हो निगरानी रख रहे हैं।

तैयारी करते-करते वेला टल जाती है। अंग्रेज़ों की तोप तीन बजे से गरजना शुरू कर देती है। गौस किले से हमले का जवाब देता है।

गौस दक्खिन बुर्ज़ की जिम्मेदारी किसी पर नहीं सौंपता है। यह सच है कि 'घनगर्ज' का निशाना ठीक करने में थोड़ी देर हो गयी थी। उसके बाद वह बड़ी कुशलता के साथ तोप चलाने लगा। मोती उसे बारूद और गोला लाकर देने लगती है। सैंयर के फाटक पर खुदाबख्श है। उस ओर देखकर गौस ने एकाएक कहा, "वह बहुत जगह से लड़कर आया है। अपनी जान बचाकर बहादुरी से लड़ेगा।"

खुदाबख्श सैंयर फाटक पर बैठा था। अंग्रेज़ों का गोला सागर दरवाज़े पर आकर गिरा। आखिरकार खुदाबख्श तीसरे पहर सागर दरवाज़े पर ही चला जाता है।

अंग्रेज़ों की तोप में बत्ती नहीं है, इसलिए निशाना लगाने में असुविधा होती है। चौकी पर बैठ खुदाबख्श दूरबीन से देखता है। प्रतिपक्ष शान्त है। लगता है, कल के लिए तैयारी कर रहा है।

आकाश तारों की भाषा में बातचीत कर रहा है। चाँद और बादल लुका-छिपी खेल रहे हैं। सागर दरवाज़े के तोपख़ाने में बैठा खुदाबख्श सोच रहा है। पता नहीं, किस लग्न में एक वन-विहंगी से उसकी मुलाकात हो गयी थी। आज जब वह उसकी पहुँच की सीमा में आ गयी तो यह विपत्ति आकर खड़ी हो गयी। खुदाबख्श आकाश में आँखें पसारे चुपचाप बैठा रहता है। उसमें जैसे चेतना नाम की चीज़ नहीं है। वह जैसे इन्हीं दिनों के बीच अचल हो गया है। जाने, कब लड़ाई फतह होगी, कब जीवन सफल होगा, कब मोती को अपने पास रखकर शेष दुनिया को दूर ठेल सकेगा! अब वह यहाँ नहीं रहेगा, अपने गाँव चला जायेगा। एक छोटी-सी झोंपड़ी होगी, एक छोटा-सा खेत होगा—और वहाँ वह और मोती रहेंगे। और कोई नहीं रहेगा, कुछ भी नहीं रहेगा।

याद आता है, मोती ने बहुत दिन पहले कहा था, "शायद एक दिन तुम मुझे भूल जाओगे, खुदाबख्श।"

मोती को भूलना क्या इतना ही सहज है! काश, वह भूल पाती! खुदाबख्श के जवानी के दिन यों ही बीत गये। खुदाबख्श के पास है ही क्या? मोती के सिवा उसके पास और कुछ भी तो नहीं है। लेकिन मोती को उसके अन्दर क्या कुछ मिला है?

रात में मोती ने पूछा था, "तुम्हें कोई अफसोस तो नहीं है न, खुदाबख्श..."

खुदाबख्श ने कहा था, "अफसोस! अफसोस यही है कि तुम्हें सुखी नहीं बना सका।"

मोती ने कहा था, "मेरे सुख का अभी कोई अन्त नहीं है, खुदाबख्श।" कहते कहते मोती की आँखें छलछला आयी थीं।

थोड़ी देर बाद उसने फिर कहा था, "जीवन जीना बड़ा अच्छा लग रहा है, खुदाबख्श।"

खुदाबख्श ने कहा था, "ज़िन्दगी में फिर ऐसा वक़्त सम्भवतः नहीं आयेगा।"

मोती ने कहा था, "ऐसा मत कहो।"

"क्यों?" खुदाबख्श ने पूछा था।

"मेरी बहुत दिनों की आशा आज पूरी हुई है, बहुत दिनों के दुःख का अन्त हुआ है। अब मैं जिन्दा रहना चाहती हूँ।"

"तुम जिन्दा रहोगी, मोती। अब हम लोग कभी बिछुड़ेंगे नहीं। मैं तुममें और तुम मुझमें हो और सदा ऐसा ही रहेगा।"

"और बातचीत करो, खुदाबख्श, सुनने में अच्छा लग रहा है।"

"तुम कहो, मैं सुनूँ..."

मोती ने कहा था, "तुम भये मोती मैं भई धागा, तुम भये सोना मैं तो सुहागा।"

बहुत देर के बाद खुदाबख्श ने कहा था, "अब तुम कुछ अपनी बात बताओ, मोती।"

मोती ने कहा था, "आज मेरी सारी बातें ख़त्म हो गयी हैं। मैं तुममें खो गयी हूँ। अपना कहने को मेरे पास कुछ भी बाकी नहीं है..."

घर अँधेरा। आनेवाला कल अनिश्चित। लेकिन उस अँधेरे में ही उनका प्यार एकाकार हो गया था। खुदाबख्श ने मोती को बहुत देर तक अपने कलेजे से लगा रखा था। मोती के वक्ष के स्पन्दन को उसने सुना था और साथ-ही-साथ उसके शरीर में एक अनास्वादित पुलक और रोमांच की सिहरन जग पड़ी थी।

लगता है, किले के दूसरे छोर पर अंग्रेज़ों की तोपें फिर गरजने लगी हैं।

भोर होते-न-होते चारों ओर व्यस्तता की धूम मच जाती है। सागर फाटक की चौकी पर बैठा खुदाबख्श चौकोने दूरबीन से देखता है। उसके फाटक के निकट ही

एक बहुत ऊँची अंग्रेज़ी तोप है।

जितनी दूर निगाह जा सकती है, केवल तोप और मोर्चाबन्दी है। अंग्रेज़ी फौज पंक्तिबद्ध खड़ी है।

खुदाबख्श तोप की नली ठीक करता है। सेना पंक्तिबद्ध हो दीवार के चारों कोनों पर बन्दूकें तानें खड़ी है। प्रकाश फैले इसके पहले ही गौस की घनगर्ज गरज उठती है। संकेत पा खुदाबख्श भी अपने पलीते में आग लगाता है। 'नलदार' ज़ोरों से गरजने लगता है। दिन-भर अंग्रेज़ों की तोपों का करारा जवाब दिया जाता है। शाम होने पर अंग्रेज़ों की तोपें शान्त हो जाती हैं।

खुदाबख्श का बायाँ हाथ जख़्मी है। बहुत अधिक परिश्रम करने के कारण उसका दाहिना कन्धा भी दुख रहा है। बहरम उसके जख़्मी हाथ में पट्टी बाँध देता है। दुश्मनों की तोपें एकाएक गरजने लगती हैं। खुदाबख्श दौड़कर अपनी चौकी पर जाता है। शहर पर आग का लाल गोला आकर गिरता है। आग जलने लगती है। घायल औरतों और मर्दों की चीख़ के साथ घोड़ों की हिनहिनाहटें एकाकार हो जाती हैं। खुदाबख्श का सहायक उसकी बगल में ख़ून से लथपथ पड़ा है।

खुदाबख्श चौकी पर बैठकर निशाना ठीक करता है। मशाल जलाकर पलीते में आग लगाता है। बहरम उसके हाथ में गोला थमाता जा रहा है। सागर फाटक की तोप की हिम्मत देख लक्ष्मी और सैंयर फाटक की सामयिक भ्रान्ति दूर हो जाती है। किले की 'गनगर्ज', 'गरनाला' और 'कड़क बिजली' के गर्जन से आकाश काँपने लगता है। अंग्रेज़ों का गोला उड़कर आता है और गिर पड़ता है। उसके बाद अंग्रेज़ों की तोप ख़ामोश हो जाती है। यही मौका है। खुदाबख्श एकाग्रता के साथ एक के बाद एक गोला छोड़ रहा है। किले की ओर से खुशियों से भरी चिल्लाहट आती है। गौस के गोले की चोट से अंग्रेज़ों की शंकर मन्दिर की तोप ध्वस्त हो गयी है। अंग्रेज़ों की फौज पीछे हटने लगी है।

तोप गरम हो गयी है। उसके मुँह से धुआँ निकल रहा है। उस रात हर आदमी अपनी-अपनी चौकी पर बैठा रहा। खुदाबख्श ने चारों तरफ निगाह दौड़ाकर अपनी सामरिक दुर्बलता और असुविधा को समझने की कोशिश की। अंग्रेज़ लोग बाहर हैं, वे लोग अन्दर। यह घनी आबादी का पुराना शहर है। अंग्रेज़ों के गोलों से इस तरह से काफी आदमी मारे जा चुके हैं। आग लगने के कारण भी बहुत बड़ी क्षति पहुँची है। घास में आग लगने से अधिक विपत्ति की सम्भावना है। इसके अतिरिक्त पानी की व्यवस्था करने का प्रश्न भी है। कुशल तोपची की कितनी कमी है, यह बात वह खुद भी महसूस करता है। रात बारह बजे हर चौकी पर खाना पहुँचाया जाता है।

अचानक एक लमहे के लिए मोती दीख जाती है। वह एक बालक सैनिक की तरह घोड़े की पीठ पर सवार हो तेज़ी से जा रही है। खुदाबख्श के मन में एक बार

विचार आता है कि वह मोती को पुकारे। उससे जैसे बहुत पहले मुलाकात हुई है। इतनी तीव्रता से उसने कभी मोती के सान्निध्य की चाह नहीं की थी। लेकिन तब तक मोती बहुत दूर जा चुकी थी। उसके बाद वह धीरे-धीरे सैंयर फाटक की ओर जाने लगती है। किले पर घनगर्ज ज़ोरों से गरजने लगती है। साथ-ही-साथ 'गरनाल' का भी घोर गर्जन सुनायी पड़ता है। प्रतिपक्ष के मॉर्टर और हाविट्ज़र गरजने लगते हैं।

किसी तरह एक सप्ताह बीत जाता है। अब समझ में आ रहा है कि लड़ाई का नतीज़ा क्या होगा।

नर-नारियों का ज्वलन्त देश-प्रेम, आत्म-त्याग सैनिकों की मौत की परवाह किये बगैर लड़ाई लड़ने की हिम्मत सब-कुछ जैसे व्यर्थ साबित होने जा रही है। नगरी के प्रस्तर-निर्मित प्राचीर में दरारें पड़ गयी हैं। घनी आबादीवाले अंचल के काफी मकान जल गये हैं।

सबेरे स्नान कर गौस अपनी चौकी पर आया। मोती उसी के इन्तज़ार में बैठी थी। वह उठकर खड़ी हो गयी। उसे भी एक बार घर जाना है। खुदाबख्श नीचे इन्तज़ार कर रहा है।

दोनों चलने लगे। आज रास्ता श्रीहीन और टूटा-फूटा है। चारों तरफ ध्वंस की ताण्डव-लीला हो रही है। सबेरे का समय है, फिर भी पक्षियों की चहचहाहट सुनायी नहीं पड़ती है। बच्चे भी नहीं रो रहे हैं। दुकानें उजड़ गयी हैं, राहगीर ख़ामोशी में डूबे हैं। किसी सद्यःविधवा की आँखें रोते-रोते सूज गयी हैं और वह अपने पुत्र की कमर में कमरबन्द बाँध रही है। उसके होंठ भिंचे हुए हैं। सैनिकगण लाशों को कम्बल में लपेटे कहीं ले जा रहे हैं। रास्ते के पत्थरों पर उनके जूतों से खट्-खट् शब्द निकल रहा है। वह खटखटाहट जैसे किसी अमंगल की पूर्वसूचना दे रही है। जले मकान के सामने मकान-मालिक माथे पर हाथ रखे बैठा है। उसकी पत्नी, पुत्र और कन्याएँ मलबे से गृहस्थी के सामान निकालने की कोशिश कर रहे हैं। कहीं मरा हुआ घोड़ा पड़ा है—उसकी पहुँच के परे कुएँ की जगत पर पानी जमा हुआ है। शायद वह प्यास के कारण ही वहाँ आया था। एक ओर घुड़सवारों का दल घोड़े की रासें थामे खड़ा है। बूढ़ा लोहार घोड़ों की नाल ठीक कर रहा है।

खुदाबख्श यह सब देखता है और कुरते की जेब में दोनों हाथ रखे अनमना-सा रास्ता चलने लगता है। मन में एक शंका उमड़-घुमड़ रही है। पराजय की सम्भावना से उसका मन उदास है। लेकिन उदासी का यह भाव उसे अच्छा नहीं लगता। वह

मोती की ओर निहारता है। मोती भी उसी की तरह चिन्ता में डूबी सिर झुकाये चल रही है।

आहिस्ता-आहिस्ता दोनों ने घर के अन्दर प्रवेश किया। ऊपर चढ़ने लगे तो एक कुत्ता दौड़ता हुआ बाहर निकल आया। मोती चिहुँक उठी।

घर के अन्दर जाने पर मोती ने कहा, "पहले तुम नहा-धो लो।"

खुदाबख्श ने नहा-धोकर चुस्त-दुरुस्त साफ वस्त्र पहने। मोती के लिए उसने सिन्दूरी रंग का एक नया वस्त्र निकाला। जिस पर सुनहले धागे से हंस मिथुन का चित्र काढ़ा गया था।

झिलमिली की फाँक से सवेरे की धूप घर के अन्दर चली आयी है और बिस्तर पर चित्र-विचित्र अलपना आँक रही है। एक भाषातीत गम्भीर अनुभूति ने पूरे परिवेश को अपने-आपमें समेट लिया है। खुदाबख्श नये वस्त्र से सज्जिता मोती की ओर अपलक निहारता है। विश्व की सृष्टि की प्रथम उषा की घड़ी में किसी दिन एक पुरुष और एक नारी दुर्निवार आकर्षण के कारण इसी तरह खड़े हुए होंगे। कुछ क्षणों के लिए दोनों देश और काल का बोध खो बैठते हैं?

खुदाबख्श आत्मलीन होकर हँसता है और कहता है, "बोल क्यों नहीं रही हो?"

"क्या बोलूँ।" मोती का चेहरा दयनीय-जैसा हो जाता है। वह असहाय-जैसी दीखती है।

खुदाबख्श पूछता है, "डर लग रहा है?"

आज मोती 'ना' नहीं कहती। आँखों में आँसू छलछला आये हैं। होंठ थरथरा रहे हैं। खुदाबख्श कहता है, "आज क्या डरने का दिन है, मोती? कितनी अच्छी घड़ी है! मुझे तो लग रहा है, मालिक ने एक और होली का दिन भेज दिया है। जिस दिन हम लोगों में पहले-पहल मुलाकात हुई थी, वह दिन तो तुम्हें याद है?"

मोती की आँखों से मोती-जैसे आँसू टपकने लगते हैं। खुदाबख्श सान्त्वना देना चाहता है मगर उसका गला रुँध जाता है। उसके बाद वह अत्यन्त कष्ट के साथ स्वयं को संयत करती है और चेहरे पर हलकी मुस्कुराहट का आभास लाकर कहता है, "अब देर करने से काम नहीं चलेगा, मोती।"

खुदाबख्श के शब्दों से मोती के चेहरे पर मुस्कुराहट तिर आयी है। उसके बाद दोनों कमरबन्द बाँधते हैं और नागरा पहनते हैं। आईने के सामने खड़ी हो मोती खुदाबख्श की पगड़ी बाँध देती है। उसके बाद खुदाबख्श की कमर में पिस्तौल बाँध देती है। नागरे के जोड़े को पोंछ देती है। दोनों सीढ़ियाँ उतरते हैं।

दोराहे पर खड़ा हो खुदाबख्श कहता है, "विश्वास मत खोना, दुश्चिन्ता मत करना।"

"कभी नहीं।" यह कहकर मोती आत्म-विश्वास के साथ अपना सिर उठाती है। उसके बाद वह मुड़ती है और किले का रास्ता पकड़ती है। एक बार भी मुड़कर नहीं देखती।

खुदाबख्श कुछ देर तक उस ओर ताकता है उसके बाद सिर झुकाकर अपने रास्ते पर चल देता है।

शत्रुपक्ष बहुत देर से ख़ामोश है। इसका अर्थ यही है कि सावधानी की ज़रूरत है। ठीक है, वह सावधान है। खुदाबख्श को मालूम है कि सैंयर फाटक के बाहरी हिस्से में दरार पड़ गयी है। कल रात मिस्त्री दरार नहीं भर सके थे।

अपने-आपको वह बहुत ही शान्त अनुभव कर रहा है। समय क्या होगा? दस से ज्यादा नहीं। खुदाबख्श किले की ओर नहीं देखता है।

ऐसे ही समय उसने होली की सुबह लक्ष्मी दरवाज़े के पास मोती को पहले पहल देखा था। उस पहली मुलाकात की मिठास में ज़रा भी कमी नहीं आयी है। उसने कितने ही गीत और कविताएँ सुनायी थीं लेकिन खुदाबख्श को कुछ भी याद नहीं। मन में सिर्फ दो अक्षरों का एक नाम जग रहा है—'मोती'—लम्बे विरह के अन्त में जिसे अपनी समस्त सत्ता से पुकारने की वह अधीनता के साथ प्रतीक्षा कर रहा था।

उसने क्या मोती के साथ कोई अन्याय किया है? उसे किसी तरह की तकलीफ दी है? जितनी तकलीफ दी है उससे कहीं अधिक स्वयं झेली है। इसलिए इस मामले में भी किसी तरह का कोई ऋण उस पर नहीं है। मोती का अगर उस पर कोई ऋण है तो खुदाबख्श उसे कैसे अदा करेगा? हृदय और मन देकर? मगर मोती का अस्तित्व तो उससे भिन्न नहीं है। ऐसी स्थिति में हृदय और मन की पुष्पाञ्जलि भी तो उसी के पास लौटकर चली आयेगी और उसके ही पाँवों पर गिरेगी। अपना ऋण कोई अपने-आपको अदा करता है? क्षमा माँगे? इतना कुछ करने का अवकाश कहाँ है?

इससे तो अच्छा यही है कि वह मोती के पास अपराधी ही बना रहे। क्षमा माँगने का एक चिरन्तन अवकाश बाकी ही रहे। यही अच्छा है।

मोती और मोती...। हे ईश्वर, तुमने इस धरती को कितना सुन्दर बनाया है। मनुष्य के मन में कितना प्रेम दिया है। शिशु को तुमने पवित्र सौन्दर्य दिया है। आकाश, वायु और माटी को कितनी मधुरता से भर दिया है! तुम्हारा ही नाम लेकर खुदाबख्श क्या उस ईश्वर का नमन करे? मनुष्य-मनुष्य को कहता है : तुम पर ईश्वर का आशीर्वाद बरसे। उसी ईश्वर को खुदाबख्श ने अपने कृतज्ञ हृदय का नमन प्रेषित

किया—हे ईश्वर, दिनान्त के बाद अपने प्राप्य अर्घ्य और निर्माल्य के ढेर में तुम उसे भी पहचान लेना।

खुदाबख़्श को अपने माँ-बाप की भी याद आयी। आज जब इस घड़ी उसका मन लबालब भरकर छलक रहा है तो उसे अपने प्रियजन याद आते हैं। खुदाबख़्श को अनवर के लम्बे-चौड़े शक्तिशाली शरीर और सुन्दर मुखड़े की हँसी की याद आयी। अपने पिता की अन्तिम बात भी याद आयी—"भूलना मत।" माँ की मोह-ममता भरी दृष्टि की याद आयी। उसके साथ ही लटों का एक गुच्छा भी याद आया जो चोटी के बन्धन को कभी मानने को तैयार नहीं होता था।

माँ-बाप मोती को देख नहीं सके। यह भी नहीं देख सके कि उनके खुदाबख़्श के जीवन को मोती ने प्रेम, त्याग और पीड़ा से कितना लबालब भर दिया है। हालाँकि खुदाबख़्श के लिए उन्हें गहरी चिन्ता थी।

पिता के सामने उसने जो शपथ खायी थी, उसे वह भूला नहीं है। उसे पूरा करने के लिए ही यह मौका उसके जीवन में आया है। इस ज़िन्दगी में उसे मोती भी प्राप्त हुई साथ ही साथ आजादी की लड़ाई में हिस्सा लेने का भी मौका मिला। ऐसी प्राप्ति कितनों को होती है? दोनों प्राप्ति एकाकार हो गयी हैं। उसका हृदय परिपूर्ण हो गया है। उसे अमृत का स्वाद मिल गया है।

बारह बज चुके हैं। ऐसे ही समय में हिन्दुस्तानी लोग स्नान और भोजन करने जायेंगे। आक्रमण करने का यही उपयुक्त समय है। लेफ्टिनेण्ट स्ट्रॉट दूरबीन नीचे करता है। मेजर रोजर का हुक्म मिलते ही गोलाबारी शुरू की जायेगी। स्ट्रॉट एक घण्टे से सैंयर फाटक की ओर ग़ौर से देख रहा है। चौकोने की ओट से साफ-साफ दीख रहा है कि एक गौरवर्ण युवक निशाना लगाये बैठा है। युवक पिछले आठ दिनों से बड़ा परेशान कर रहा है। इसे और किले की कुछ तोपों को अगर ख़ामोश कर दिया जाये तो अच्छा रहे। यह उन लोगों की कैसी जिद है कि हार निश्चित है, यह जानकर भी आत्म-समर्पण नहीं करेंगे। स्ट्रॉट ने दूरबीन उठाकर सैंयर गेट की दरारों को फिर ग़ौर से देखा। ये दरारें ही उनके लिए आशाप्रद वस्तु हैं। दीवार को ढाहकर मलबे में बदल दिया जायेगा। एक बार प्रवेश कर ले तो फिर? मेजर रोजर ने झाँसी के बारे में जो हुक्म दिया था, स्ट्रॉट को उसकी यादें आयी—हिन्दुस्तानियों को संगीन, गोली या फाँसी के फन्दे के सिवा कुछ नहीं मिलना चाहिए।

बारह बजते ही अंग्रेज़ों की तोपें एक साथ गरज उठीं। दोपहर की धूप में ताकना मुश्किल है, आँखें जलने लगती हैं। धमाकों के साथ गोले बरसने लगे। तोपों के गर्जन से आकाश काँपने लगा। नगरी में हाहाकार मच गया।

गोले के चोट से आसपास लाशों का ढेर बिखर गया है। खुदाबख्श उस ओर ध्यान नहीं देता, वह गोले के जवाब में गोला फेंकता जा रहा है। रेते के बोरे फट गये हैं और रेत बिखर गयी है।

सैंयर फाटक से गोला फेंकते देख किले में घनगर्ज के सामने खड़े गौस का मन खुशियों से भर गया। वह मोती की ओर गर्व से ताकता है। मोती भी हँसती है। गौस उमंग में गोला चलाता है और कहता है, "मेरा बेटा कैसी नामवारी दिखा रहा है, मोती।"

"जी...।"

"लड़के के योग्य यही काम है।" उसके बाद वह निशाना साधकर गोला दागता है। गरम हवा आग की चिनगारी बिखेर देती है। गौस के गोले की चोट से अंग्रेज़ों की तोप ध्वस्त हो जाती है। प्रतिपक्ष का एक हिस्सा विपत्तियों से घिर जाता है। वे लोग अपना स्थान छोड़कर दूसरी तोप के पास चले जाते हैं। गौस उमंग में आकर फिर गोला बरसाने लगता है। लड़ाई बेरोकटोक चलती रहती है।

तीसरे पहर का सूर्य नीचे झुक आया है। प्रतिपक्ष ज़ोर-ज़ोर से गोले बरसा रहा है। खुदाबख्श को लगता है, उसके चारों तरफ कई ओर से गोले आकर फट रहे हैं। अचानक चौकी से पचास हाथ दाहिने चौकोने पर एक गोला आकर टकराता है। चौकोना फट जाता है और वहाँ दरार पड़ जाती है। सैनिक तत्पर हो उठते हैं। महल से वे दो हलकी तोपें ले आते हैं। एक को खींचकर ऊपर उठाते हैं। बहरम तोप सँभालता है। उसके बाद वह एक सैनिक को पलीता जलाने को कहता है और खुद पलीते में आग की लपट छुलाता है। तोप गरजने लगती है।

एक जोड़ा तोप से प्रत्याक्रमण करने पर विरोधी पक्ष की तोप सामयिक तौर पर क्षतिग्रस्त हो जाती है। बारूद के धुएँ के अम्बार के बीच बहरम और खुदाबख्श एक-दूसरे की ओर देखते हैं और हँसने लगते हैं। दोनों के चेहरे धुएँ और कालिख से काले हो गये हैं। बहरम कुछ कहता है। खुदाबख्श कान के छेद में उँगली रख इशारा करता है कि कुछ भी सुनायी नहीं पड़ रहा है।

शाम उतर रही है। आसमान गहरे लाल रंग का हो गया है। पीछे के मकान गोले की चोटों से दह रहे हैं। आग की लपटें ऊपर उठ रही हैं। लकड़ियाँ तड़क रही हैं। जलते मकानों की ईंट, लकड़ी और पत्थर हरहराकर गिर रहे हैं। अचानक एक गोला खुदाबख्श के पीछे आकर गिरता है। धुआँ कम होने के बाद वह देखता है, उसका एक सहायक नौजवान औंधे मुँह पड़ा है। नौजवान का शरीर ख़ून से लथपथ है। ताज़ा गरम ख़ून लगने से खुदाबख्श के पैर भी लाल हो जाते हैं। उसका एक और सहायक था। वह कहाँ गया? खुदाबख्श आश्चर्य के साथ देखता है कि वह दीवार से होकर भाग रहा है।

"बेवकूफ!" खुदाबख्श की डाँट-फटकार पर वह ठिठककर खड़ा हो जाता है और रोने लगता है। चीखकर कहता है, "मुझसे नहीं हो सकेगा...।"

एक तो वह नया सैनिक है उस पर अभी किशोर अवस्था का ही है। लेकिन अभी रहम करने का वक़्त नहीं है। खुदाबख्श ने पिस्तौल उठाकर उसकी ओर ताना। वह डरकर लौट आया। रोते-रोते थरथराते हाथों से बारूद उठाने लगा। अचानक मोती का भयभीत स्वर सुनायी पड़ा, "होशियार खुदाबख्श।" खुदाबख्श चौंककर देखता है, मोती घोड़े पर चढ़कर आ रही है और घोड़ा आतंकित हो हिनहिना रहा है और पीछे की ओर मुड़कर भागना चाहता है। मोती के बाकी शब्द चारों तरफ के कोलाहल में डूब जाते हैं। केवल अन्तिम शब्द उसके कान में आता है, "ओरछा दरवाज़े पर जा रही हूँ।"

"नहीं, वहाँ नहीं जाना है।" खुदाबख्श के शब्दों में आदेश का पुट है। "यहाँ चली आओ, मेरा एक जवान मर गया है। दूसरा भी बहुत भयभीत है। उसके अनाड़ी हाथ में गोला लग जायेगा तो वह भी मर जायेगा। तुम उसके पास खड़ी हो जाओ–जल्दी।"

मोती खुदाबख्श के द्वारा बताये गये स्थान पर खड़ी होती है। उसके बाद कुशलता से गोला उठा-उठाकर देने लगती है। गोलाबारी कर वे लोग सिर नीचे की तरफ झुका लेते हैं। अंग्रेज़ों का गोला निशाने से बहककर सूखे घास के ढेर पर गिर पड़ता है। आग की लपटें फैल जाती हैं। हवा उसे चारों तरफ फैला देती है। घोड़ा आतंकित हो हिनहिनाने लगता है और सवार को नीचे गिरा देना चाहता है। रकाब पर पैर रखे मृत सवार पत्थर के रास्ते पर लुढ़क पड़ता है।

"डर तो नहीं लग रहा है मोती?"

"नहीं खुदाबख्श।"

गोला पुनः फटता है। रेत के भीगे बोरे पर गिरकर शान्त हो जाता है। आग की रोशनी में खुदाबख्श का चेहरा दमकता दीख रहा है। कहता है, "अब हम लोग कभी जुदा नहीं होंगे, मोती।"

हवा जलती हुई घास उड़ा लेती है। आग की लपटों के शोर में मोती की तरफ से किसी की आवाज़ आती है–"नहीं-नहीं।"

खुदाबख्श गरम तोप में गोला भरकर मशाल लगाता है। उसका चेहरा पीला-जैसा लग रहा है। दोनों तरफ की दीवारें काँप रही हैं। गोले आग की पिण्ड की तरह आसमान से उड़ते हुए जा रहे हैं। आसमान धूल और धुएँ के कोहरे से भर गया है। गोले की चोटों से पत्थरों के टुकड़े उड़ रहे हैं। उस ओर ओरछा फाटक की चौकी से दो सिपाही घायल तोपची को कन्धे पर ढोकर लिये जा रहे हैं। हिन्दू और मुसलमान सिपाहियों के कण्ठ से 'हर-हर' और 'दीन-दीन' आवाज़ मुखरित हो रही है।

आकाश को अपने बाहुओं में समेटे रक्तिम सन्ध्या उतर आती है। लग रहा है आज ही धरती का अन्तिम दिन है। आग की लपटों के प्रकाश में सैनिकगण प्रेत मूर्तियों-जैसे दीख रहे हैं।

तपे हुए पत्थरों से उत्ताप निकल रहा है। खुदाबख्श को देखने पर लगता है, जैसे वह नशे में है। सर्वनाश का अमृत पीकर नशे में धुत्त है। गोला बरसाकर वह मोती की ओर देखता है और हँसता है। कहता है, "बताओ मोती, इससे कोई अच्छा समय मिल सकता था?"

"नहीं।"

"मान लो मोती कि इसी आख़िरी दिन हमारी शादी हो रही है।"

"हाँ खुदाबख्श... अवश्य ही।"

खुदाबख्श निपुणता के साथ लड़ाई लड़ रहा है। गोले चलाने के वक़्त उसकी बलिष्ठ बाहु फूल-फूल उठती है। मोती खुदाबख्श की दक्षता पर मुग्ध हो जाती है। लेकिन खुदाबख्श को इस समय कुछ देखने की फुरसत नहीं है। वह संत्रस्त हाथों से गोला उठाकर देती है और बारूद की बुकनी लकड़ी के चम्मच से भरती है।

अचानक सैंयर फाटक की दीवार के कुछ हिस्से ढाहकर जो एक गोला तीव्र निनाद के साथ फट पड़ता है उस गर्जन से खुदाबख्श की आवाज़ डूब जाती है–मोती, मोती, मोती।

धुआँ हटने के बाद मोती देखती है, खुदाबख्श सीढ़ी पर बैठा है। उसका शरीर ख़ून से लथपथ होता जा रहा है। खुदाबख्श दाँत से होंठ काटकर कहता है, "चलाती जाओ मोती, बन्द मत करो।"

मोती होंठ काटकर पलीते में आग लगाती है। तोप गरजने लगती है। धुआँ और मृत्यु की मधुर ध्वनि के बीच कोई दौड़ता हुआ अन्दर आता है और निकट बैठकर कहता है, "खुदाबख्श दोस्त!"

"बहरम!"

"खुदाबख्श।"

मोती तोप छोड़कर आ नहीं पाती। अधीरता के साथ पूछती है, "कहाँ लगा है, खुदाबख्श? कहाँ?"

दर्द से गोरा चेहरा विवर्ण हो गया है। पेशानी पर नीली नसें उभर आयी हैं। नीली आँखें दहक रही हैं। खुदाबख्श कहता है, "दाहिने हाथ में।"

ख़ून से लथपथ हाथ झूल रहा है। बायें हाथ को दाँत से काटकर खुदाबख्श चीख़ दबाने की कोशिश करता है। बहरम को पकड़ वह खड़ा हो जाता है। कहता है, "यह आखिरी चोट नहीं है, मैं फिर लड़ूँगा।"

खुदाबख्श मोती के हाथ से मशाल ले लेता है। बायें हाथ से पलीते में आग लगाता है। तोप गरजने लगती है। खुदाबख्श के ख़ून का फव्वारा तोप पर पड़ता रहता है।

बहरम कहता है, "मैं अभी तुरन्त आ रहा हूँ मोती। किसी को साथ ले आऊँ। तुम यहाँ रह सकोगी न?"

"ज़रूर रह सकूँगी" मोती के गले से शब्द नहीं निकल रहा है। फिर भी वह कुशल हाथों से तोप चलाती है। खुदाबख्श सीढ़ी पर बैठ तोप के पहिये पर अपना सिर टिका देता है। होंठ काटता है। होंठों पर ख़ून छलक आता है। बहुत तकलीफ के साथ हँसने की कोशिश करता है।

कहता है, "मोती, भूलना नहीं।"

"कभी नहीं भूलूँगी।"

मोती की तोप के जवाब में कुछ प्रतिपक्ष जान पर खेलकर ही जैसे गोले दाग रहा है। चारों ओर से घिरी नगरी के लड़ाकू सैनिक पराजित हो रहे हैं। स्ट्रॉट ने आज दोपहर किले के पानी का हौज उड़ा दिया है। अब भी क्या यह दुःसाहस बरदाश्त किया जा सकता है? उन लोगों का गोला फिर आकर फटता है। चारों तरफ धुआँ भर जाता है। खुदाबख्श का सिर नीचे लटक जाता है। फटी-फटी आवाज़ में कहता है, "जवाबी हमला करो, मोती। लड़ाई जारी रखो। अर्जुन!"

वह तोप को सम्बोधित करता है। कहता है, "अर्जुन, तुम बोल क्यों नहीं रही हो? अर्जुन, जवाबी हमला करो।"

परन्तप को अपने साथ ले बहरम दौड़ा-दौड़ा आता है। उन लोगों को देखकर खुदाबख्श कुछ बोलने की कोशिश करता है।

परन्तप उसे बातचीत करने से मना करता है। उसके बाद ममता और दर्द के साथ कहता है, "खुदाबख्श, भाई, बात तो ऐसी नहीं थी...।"

वह सावधानी से खुदाबख्श को उठाता है। खुदाबख्श की आवाज़ दर्दीली हो उठती है, "लड़ते रहो..."

उसके बाद परन्तप खुदाबख्श को घोड़े पर लादकर अपने बलिष्ठ हाथों में थाम लेता है। खुदाबख्श का सिर झूलने लगता है। मोती बगल के घोड़े पर बैठ जाती है और उसका बायाँ हाथ थाम लेती है। बात करने में उसका कलेजा फटने लगता है। फिर भी कहती है, "खुदाबख्श।"

"मोती।"

घोड़े के चलने से खुदाबख्श को झटका लग रहा है। वह बातचीत करना चाहता है लेकिन उसकी आवाज़ गले में फँस जाती है। फिर भी नशे में चूर व्यक्ति की तरह कहता है, "मोती..."

खुदाबख्श न तो दर्द की बात कहता है न प्यार की—बस कहता है, तो सिर्फ एक शब्द "मोती!"

मोती की छाती का अन्तिम हिस्सा चरमराकर टूटता जा रहा है। उसे महसूस होता है कि किसी ने उसके कलेजे को लोहे के हाथ से कसकर दबा रखा है। वह उसे रोने नहीं देगा। परन्तप की उँगलियों से ऊपर उठकर खुदाबख्श का ख़ून टपक रहा है और वह ख़ून खुदाबख्श की गोद को ही आर्द्र कर रहा है! बहरम की आँखों में अनवरत आँसू टपक रहे हैं। फिर भी वह खुदाबख्श के ख़ून को रोकने की नाकामयाब कोशिश करता है।

किले में अभी शोरगुल और घबराहट है। सिपाही मशाल लिये दौड़ रहे हैं। तोप के गर्जन से प्रस्तर निर्मित कक्ष काँप रहे हैं। परन्तप और बहरम खुदाबख्श को लाकर सामने की कोठरी में सुला देते हैं। पानी चाहिए, पंखा चाहिए...ख़ून बन्द करना होगा....बहरम भागा-भागा चला जाता है।

ख़ून से मिट्टी भींग गयी है। मोती जितनी ही बार पोंछती है, ख़ून का फव्वारा उतनी ही बार फिर से चालू हो जाता है। पत्थर पर ख़ून गोंद की तरह जम जाता है। इतना ख़ून कहाँ था? मोती उसके चेहरे पर झुक पड़ती है। और कहती है, "खुदाबख्श।"

मरणोन्मुख देह की चेतना तक वह आवाज़ पहुँच नहीं पाती है। दर्द के कारण खुदाबख्श की चेतना में कोई भी अनुभूति नहीं जगती। जीवन और मृत्यु के इस मिलन-क्षण में पहुँचकर उसकी चेतना में एक बहुत बड़ी अनुभूति कौंध उठती है। फिर क्या यही मृत्यु है?

एकाएक उसे पिता की बात याद आती है.... "बदला लेना बेटा, भूलना नहीं।"

नहीं, वह भूला नहीं है। जी-जान से उसने लड़ाई की है। अपने पिता का भरपूर बदला लिया है...अपनी सामर्थ्य-भर उसने लड़ाई की है। अब वह छुट्टी मनाने जा रहा है।

..."खुदाबख्श!" किसी की आवाज़ उसे बहुत दूर से पुकार रही है। लड़ाई पूरी होने के पहले ही उसे छुट्टी मिल गयी। अब दूसरे-दूसरे लोग लड़ाई में शामिल होंगे। फिर भी उसे ही क्यों पुकारा जा रहा है? कौन पुकार रहा है?

मोती! बिजली की चमक की तरह उसकी चेतना लौट आयी। खुदाबख्श ने बहुत कष्ट से आँखें खोलीं। मोती क्या उसके चेहरे पर झुकी है? वह क्या उसी को देख रहा है? आँखें धुँधली होती जा रही हैं, चारों तरफ की रोशनियाँ बुझती जा रही हैं। फिर भी खुदाबख्श मोती को ही देखने लगा। बन्द आँखों की पलकों को जबरन खोलकर खुदाबख्श अपने चेहरे पर मीठी मुस्कान ले आता है। थरथराता बायाँ हाथ हवा को छूकर वापस आ जाता है। बहुत धीरे-धीरे, इतने धीरे-धीरे कि सुनायी न पड़े,

उसने कहा, ''मोती...पूरा हो गया।'' हाँ, सब-कुछ पूरा हो गया! मोती की पुकार से ही खुदाबख्श में प्रतिक्रिया जगी और मोती की ओर ताकते-ताकते शेष चेतना भी लुप्त हो गयी।

मोती उठकर खड़ी हो गयी। सब-कुछ समाप्त हो गया। कुछ बाकी नहीं बचा है? उसे अपना दिमाग़ बहुत हलका लग रहा है। लगता है, पैरों के नीचे अब ज़मीन नहीं है। वह खुली हवा के ऊपर खड़ी है। किसी के रोने की आवाज़ आ रही है?

परन्तप रो रहा है। मोती ने उसकी ओर विस्मय के साथ देखा। परन्तप शोक मना रहा है! मगर वह नहीं रो पा रही है। टूट नहीं पा रही है। फिर क्या उसके लिए और भी काम बाकी रह गया है? हाँ-हाँ, एक काम तो बाकी ही है। गौस को सूचना देनी है। गौस घनगर्ज के पास है। मोती के लड़खड़ाते पैर आगे बढ़ने लगते हैं लेकिन घनगर्ज ख़ामोश क्यों है? किसी भी तोप की आवाज़ सुनायी क्यों नहीं पड़ रही है? किला बिलकुल गूँगा क्यों हो गया है? वह किससे दरियाफ्त करे? मोती दौड़कर जाने लगती है। उसके मन में कोई भयंकर शंका बार-बार जग रही है। यह चुप्पी उससे बरदाश्त नहीं होती।

''घनगर्ज ख़ामोश क्यों है?'' रघुनाथसिंह रिसालेदार ने उसके सवाल का जवाब नहीं दिया। वह बच्चे की तरह रोने लगा। उसके चौड़े कन्धे काँपने लगे। मोती ने उसे झकझोरकर दुबारा सवाल किया, ''घनगर्ज ख़ामोश क्यों है?''

रघुनाथसिंह बेकल होकर रोने लगा। सब-कुछ बर्बाद हो गया। प्रतिशोध के संग्राम की नींव हिल उठी है। घनगर्ज का गर्जन हमेशा-हमेशा के लिए बन्द हो गया। अब घनगर्ज नहीं गरजेगा। अचानक गोला लगने के कारण गौस के उस्ताद गुलाम गौस की मृत्यु हो गयी है।

मोती के पैरों के नीचे की ज़मीन क्या सचमुच हिल रही है? उसका सिर क्या चकराने लगा है। यह क्या हो गया? अब वह कहाँ जाये? क्या करे?

रानी घनगर्ज के पास बैठी थीं। गौस की देह लाल रंग की पताका में लिपटी पड़ी है। गौस का सिर अपनी गोद से उतार रानी उठकर खड़ी हो गयीं। कुरते की जेब में दोनों हाथ रख आगे बढ़ गगीं। दीवार से माथा टेक फूट-फूटकर रोने लगीं। नौकर-चाकर और लड़ाई लड़नेवाले स्त्री-पुरुष सिर झुकाये चुपचाप खड़े रहे।

''आप रो रही हैं, सरकार?'' मोती हैरत में आ गयी। रानी रो रही हैं? रघुनाथसिंह, दिलीप, जवाहर और परवार राजपूत वंश के योद्धागण आज रो रहे हैं? बहरम, गुल मुहम्मद, खुदाबख्श-जैसे विश्वस्त सैनिक भी क्यों रो रहे हैं? सब ख़ामोश क्यों हैं? इस तरह कहीं शोक मनाया जाता है? योद्धाओं के शोक की अभिव्यक्ति की भाषा क्या आँसुओं की बूँदे हैं? उनका शोक तो शत्रुओं पर वज्र बनकर बरसता है, बिजली बनकर टूटता है—फिर ये आँसू...वह समझ नहीं पाती।

ये लोग ग़लती कर रहे हैं। ये लोग बहरे और अन्धे हैं। मोती जो चीज़ देख रही है, ये लोग उस चीज़ को क्यों नहीं देख रहे? ये लोग वह आवाज़ क्यों नहीं सुन रहे जो मोती सुन रही है? मेघमन्द्र स्वर में आदेश ध्वनित हो रहा है, सूर्य के आलोक से पथ आलोकित हो रहा है, लेकिन फिर भी कोई आगे क्यों नहीं बढ़ रहा है? कितना मूल्यवान् समय बीता जा रहा है! यह बात क्या ये लोग समझते नहीं?

तुमने मुझसे क्या कहा था, खुदाबख्श? मैं इसी तरह तुम्हारे लिये शोक मनाऊँ? तुम क्या यही चाहते हो? इससे क्या तुम्हारी मृत्यु की मर्यादा बढ़ जायेगी?

"कभी नहीं, मोती।"

उस्ताद गुलाम गौस खाँ, आपसे भी मेरा जो सम्बन्ध है, वह हृदय की गहराई के किसी दृढ़ बन्धन से बँधा है। बताइये, आपका मुझ पर कौन-सा कर्ज़ है? उस कर्ज़ को क्या मैं आँखों के आँसू से ही भरूँ?

"कभी नहीं, बेटी।"

मोती आगे बढ़ गयी और स्पष्ट शब्दों में बोली, "आप लोग पीछे चले जाइये। गौस खाँ तोप की आवाज़ के अलावा दूसरी कोई जबान नहीं जानते थे। उनकी जबान से ही उन्हें सलामी देनी होगी। आप लोगों में से कोई एक आदमी आगे बढ़ आये।

चाबुक की मार से जैसे चेतना लौट आयी। श्वेत केश वृद्ध किशोरसिंह परवार आगे बढ़ आये। बारूद और गोला उठाकर देने लगे। घनगर्ज फिर गरजने लगा। गम्भीर विवाद में घोषणा की कि उसने हार नहीं मानी है।

प्रतिपक्ष भौंचक-सा रह गया। रात का पहला पहर। शत्रुपक्ष को आज आखिरी चोट भी पहुँचायी जा चुकी है।

फिर भी जवाबी हमला कैसे आ रहा है? उन लोगों ने भी तोप की नली ठीक की।

आकाश थरथराने लगा। अँधेरे को चीरकर आग के गोल लोंदे की तरह गोले किले पर बरसते हैं। मोती बिना आँसू बहाये रो रही है। खुदाबख्श, यह अच्छा ही हुआ। इतने दिनों के बाद मैं तुम्हारे इतने समीप पहुँच सकी हूँ। अब कोई फासला नहीं रह गया।

अंग्रेज़ों के गोले आकर फट रहे हैं लेकिन मोती संकल्प की स्थिरशिखा की तरह लड़ रही है। कापू टेकरी पर निर्मित अंग्रेज़ों की तोप तहस-नहस हो गयी है।

तुम्हारा प्रेम कितना विराट् है, खुदाबख्श! तुमने मुझे कितना प्रेम दिया है। अभी तो तुम मेरे निकट हो, मेरे अन्दर हो, मुझे घेरे हुए हो। तुम मुझसे लड़ाई जारी रखने को कह रहे हो—फिर अफसोस की बात ही क्या है?

अंग्रेज़ों का गोला घनगर्ज के सामने आकर गिरता है। तीव्र निनाद और तेज़ रोशनी फैल जाती है। पीछे के सैनिक हाहाकार कर उठते हैं। यह सोचकर कि बहुत बड़ी बर्बादी हुई है, अंग्रेज़ तोपची दुबारा गोला दागता है।

प्रकाश और प्रकाश! प्रकाश की यह वन्या कितनी ज्योतिर्मय है! इतना प्रकाश कहाँ छिपा था? इस प्रकाश के मन्त्र से तुम अब 'तुम' न रहे खुदाबख्श, मेरे साथ मिलकर एकाकार हो गये।

दिन जैसी रोशनी की प्रखर कौंध फैलाकर जो गोला फटा था, उसका धुआँ जब कम हो गया तो मोती ख़ून से लथपथ दीख पड़ी। कुछ आदमी उसे उठाकर ले आये और खुली जगह में लिटा दिया।

लगा, मोती कुछ कहना चाहती है—उसके होंठ थरथरा रहे हैं। बहरम नीचे की तरफ झुका। बोला, "मोती।"

"खुदाबख्श!"

"मोती!"

"खुदाबख्श!"

"हाँ मोती, ज़रूर..."

उस समय मोती ने सूनी-सूनी आँखों से देखा! उसकी आँखें हर आदमी के चेहरे को छूकर वापस चली आयीं। मोती ने आँखें बन्द कर लीं। उसके चेहरे पर एक मृत्युञ्जयी हँसी की रेखा उभर आयी। वह हँसी बड़ी ही मधुर थी। उसने अन्तिम शब्द कहा, "आयी...।"

"मोती! मोती!" बहरम ने विक्षिप्त की तरह पुकारा। किसी तरह की कोई प्रतिक्रिया नहीं हुई।

चादर से मुख ढँककर बहरम उठकर खड़ा हो गया।

आधी रात का समय। सैनिकों ने अगल-बग़ल दो कब्रें खोदी हैं। रानी के हुक्म पर महल से लाश के नीचे बिछाने के लिए बेशकीमती रेशमी कपड़ा, इत्र और फूल लाये गये हैं। उसके बाद दो कफन लाये गये।

लाल रेशम की चादर से लपेटकर बग़ल में तलवार और बख़्तरबन्द रख दिये गये।

परन्तप, बहरम, रघुनाथ, जवाहर, किशोर, गुलमुहम्मद वगैरह कब्र के चारों तरफ नंगे सिर खड़े हो गये। आँसू पोंछकर श्रद्धा अर्पित की। मित्र सैनिकों के शोकार्त्त हृदय की अनुभूति ही महायात्रा के पथ पर खुदाबख्श और मोती के लिए पाथेय बन गयी।

उस क्षण बन्धु सैनिकों को एक चरम उपलब्धि हुई—मृत्यु को भी मरना पड़ता। खुदाबख्श और मोती ने यह प्रमाणित कर दिया कि प्रेम कितना अजेय होता है। जब तक यह धरती रहेगी तब तक मनुष्य नया-नया इतिहास गढ़ता रहेगा। मनुष्य के

अविराम संघर्ष को पराजित करने में मृत्यु को बार-बार मुँह की खानी पड़ेगी। मनुष्य के सीमाहीन प्रेम से नया दिन जन्म लेगा, नया इतिहास लिखा जायेगा और धरती सुन्दरतर हो उठेगी।

मित्रों ने आँसू पोंछ लिये। परन्तप और बहरम घुटने टेककर बैठ गये। मुट्ठियों में माटी लेकर कब्र भरने लगे।

माटी-पर-माटी गिरने लगी। समाधि परिपूर्ण हो गयी।

तारों के भरे आकाश और आधी रात की तेज़ हवा ने किसी अपनाये गीत को गाकर अपना नमन निवेदित किया। मिट्टी ने अत्यन्त ममता के साथ उसे अंगीकार कर लिया। माटी का बेटा खुदाबख्श और माटी की ही कोख से जन्मी वह अनमोल 'मोती' माटी की ममता भरी गोद में एकाकार हो गये।

नटी ने अपनी भूमिका के साथ पूरा न्याय किया था। झाँसी किले का हर पत्थर, हिन्दुस्तान का हर इतिहासकार युगों तक झूम-झूमकर उस भूमिका की दाद देगा जो सैंयर फाटक के उस ख़ूनी रंगमंच पर 'नटी' निभा गयी थी....

●●●